纵横精华第二辑·历史的侧影

主编：刘未鸣

战殇：血泪记忆

中国文史出版社

《纵横精华》编辑委员会

主　编：刘未鸣

执行主编：金　硕

编　委：全秋生　孙　裕
　　　　李军政　胡福星

目 录

我被骗卖的两年

——第一次世界大战中的华工苦难

———

陈宝玉

我已年过古稀，风风雨雨地经过了好几个时代。从民国、北洋军阀、抗战直到新中国成立，虽经社会动乱、家境变迁，可是，我始终精心保存着几件物品，从未遗失，也从未损坏过。这几件物品是——

一份用中文和英文对照印制的合同；

一份英文的华工证件；

四张20世纪初法国东北部昂得瑞克镇的图片；

一张华工公墓前悼念牌坊的照片。

对一些不了解情况的人来说，这些物品也许算不了什么，更不是什么"传家宝"。但对我来说，这是一个华工被奴役的血和泪的活生生的记录，这是殖民主义者、帝国主义者欺压中国人民的罪证；这是我们控告北洋军阀丧权辱国、戕害同胞的状纸；这是旧社会统治阶级欠下我们劳动者的一笔永远还不清的血泪账！

我常常摊开那张几十年前华工公墓前悼念牌坊的照片，每当看到那副挽联：

血洒欧西庄世运

魂还祖国挽神州

我总是老泪纵横。看着它，我似乎又看到了那无数具丢弃在异邦他乡的白花花的尸骨，似乎又听到了在洋人皮鞭下十几万华工沉重的呻吟、愤怒的呼号。它使我又想起了自己亲身经历过的两年华工生活……

应 募

我家原住天津城隍庙附近。

1917 年秋，我在万国桥畔看见了英商仁记洋行承办招募华工的旗子和告示。当时我 31 岁，虽然年轻，我还是知道，当华工就是跳火坑。但是，我父母双亡，一家数口衣食无着，正走投无路。无奈何，还是胆战心惊地报了名。当时报名当华工的，都是穷人。

报名后便由英国医生进行了严格的体检。检验时全身皆需脱光，各处均一一检查，如有皮肤病、痔疮、沙眼、牙齿不全等，一概不合格。合格者由英人在背上用白色药物粉笔涂上英文字母，三月内即使用皂液也擦洗不掉。

第二天便将应募华工运往山东威海卫。海行三日，听着船外哗哗的浪涛声，就像许多人在嚎啕大哭的声音，这使我回想起一家人告别时相抱痛哭、生离死别的情景，真如同万箭穿心，泪流不止。

各地招募的华工均集结于威海卫，再经严格的体检复查后，方能签订合同。因前已验过，所以很少有不合格的。凡验取合格者便被编号。号码是在一个铜箍上打好了的，用机器扎在华工的右手上。然后英人再把号码写在一块小石板上，每人手捧石板号码放在胸前照相，相片贴在华工证件上。我的编号是：43138。

紧接着就是编队。每班 15 人，也叫"一棚"，三棚为一排，三排为一连，三连为一营。班、排、连分别设有工头，称"一道""二道""三道"（因其衣服袖口有不同道数的红布带，故称）。营里设有翻译二人（也是招募的华人）、英国营长一人（到法国后还要加英军华工总部工头）。

经过几天时间才办完一应出国手续，这主要就是在本文开头提到的那份合同（实际是卖身契约）和华工证。华工原从家里所带衣物均不准带出国，说是怕有传染病，而新衣物质量极为粗劣，一双轻便皮鞋未穿到法国便掉了底。这都是经办人员从中赚了钱的缘故。

五天以后，当我们被整队带上英国轮船，离开祖国大陆的时候，我们才明白，我们这些华工实际上是被当成炮灰、廉价劳动力骗卖给英、法帝国主义了。在第一次世界大战期间，二次执政的段祺瑞政府，为实现其军事独裁的野心，以对德宣战为名，向日本大量借款，不惜出卖国家主权，甘当日帝走狗。而参加这一场欧洲大战的英、法帝国主义者，也因战事吃紧，诱迫北洋政府参战，所达成的协议就是在华招募十几万华工去欧洲战场，以补充英法在军事建筑工程、辎重运输方面兵力的不足，以及工业生产劳力的严重减员……

当我们挤卧在轮船的最底层，感觉到船离祖国越来越远的时候，心里难过极了，许多人都在默默地流泪。

途 中

我们搭乘的是英国太古公司轮船，船上载有二三千名华工，皆乘下层通舱。舱内各有搭好的三层马槽形的卧铺。天气又闷又热，华工晕船人多，呕吐物遍地皆是，因之空气十分恶劣。华工要求到上面透透空气，一律不准。

海行七日，船到日本大阪上煤加水。华工很想下船呼吸些新鲜空气，见见日光，但虽停六天，英籍工头仍坚决不准我们离舱上岸。船到横滨、长崎又各停一天，装卸货物，并对华工再进行一次防疫检查。海上船行 18 天之久，华工没有一点活动机会，加上晕船害病，健康状况很坏，很多人不能吃、不能喝，面色白，昏卧不起。及至到了荒凉的加拿大梵科瓦码头，才得下船上岸。仅休息一天，即又登上火车，经过七八个日夜的行程，横穿加拿大国土，到哈利法克斯。沿途不准下车活动，闷坐车内，如同牢狱，多数华工患了便秘等症。

车到哈利法克斯略事停留后，即换乘英国的一只大运输舰开往英国，舰上共载华工 7000 名，外有加拿大军队 5000 人。华工仍乘下等舱。

同行的还有四只运输舰，四周有鱼雷艇护航，以防德国潜水艇的鱼雷攻击。舰上警报频传，随时均有被炸沉危险。后来听说数万死难华工中，就有不少是在海途中船被炸沉，葬身大海的。

又经过八个难熬的日夜，船到英国的利物浦港。然后又换乘火车穿过英国中部到达英格兰东岸的福克斯火车站。福克斯镇上已经聚集了先到的很多华工，皆是等待过英吉利海峡去法国的，因为德国飞机、潜艇不断袭扰，轮船不能按时开航。

不久，我们即乘坐一艘快艇，抢渡英吉利海峡，登岸后即乘车去骆耶尔英国华工总部。

骆耶尔是法国东海岸的小村子，英国华工总局设在这里。在四周用铁丝网围着的几个帐篷里，住着等待重新编队再派往各地的华工，门口是荷枪实弹的英兵把守，不准华工随意走动。

在法国重新编队时我被编入一○二队。我因会木工手艺，经考试，取为二等木工。其他华工有的被派作别的工种，有的被拉上火车，到最前线去挖战壕。

后我又和另外 17 名华工被调到十八大队，驻昂得瑞克，开始了我为期二年的苦难生活。

歧　视

昂得瑞克是距法国前线仅 300 里的小镇，是英法联军的总后勤基地。它四面皆山，风光美丽，但到处可见战争给它带来的痕迹：青葱的树木被炸得东倒西歪；到处是储有大批弹药和军需用品的仓库和各种兵工厂；只有两千余户的集镇上百分之八十是妇孺老人，即便是修铺公路工程，亦皆是 60 岁以上的老人担任，青壮年大都上前线去了。

我被派在木工厂做工。厂内除华工外，还有英国木工。英工的技术和操作技能远不如华工。连英监工也不得不承认：华工能吃苦耐劳，活又快又好。但英、华工待遇却极为悬殊，华工倍受歧视：华工每月工资是 15 法郎，而英工每月却是 70 至 80 英镑；英工有专设的厨房，食宿皆不与华工在一处，自是高于华工几等，而十八大队华工共 500 余人，配给的食物常常食不饱肚。

招工局规定华工每周工作七日，中国节日也不放假，后由先到华工经过一番斗争，英招工局怕华工怠工闹事，才准许有星期日和中国春节及阳历年等假日。春节期间由华工自己组织文娱活动，演出京剧、梆子、评戏、杂耍、狮子龙灯、小车会等精彩节目。当地居民也前来观看，称赞不已。当地法国人民对华工很友好。居民食物因是配给制，生活很苦，华工有时假日到法国农民家里做客，就将自己的食物、物品与法国农民一起分用，遂逐渐结成朋友，直到我们回国时还恋恋不舍。

华工因重病不能做工者，须经英籍军医签证方能休假，否则按旷工扣罚工资。偶有触犯，或被送拘留营，或被送华工总局按军法科刑。

昂得瑞克专设的华工拘留营，英监工称之为"好汉营"。所谓违反管理规则而被送入"好汉营"的华工，每日被罚做力不能支的重体力劳动，如同牛马。有时英人竟残忍地强令被罚华工背负重物跑步，不令停止，直到跑得力竭晕倒为止。

在英国人的眼里，根本不把华工当人看待。华工劳作异常繁重，但经常吃不饱，要求增加粮食供给。一天，英招工局总办普登来了。这个普登原出生在中国，是有名的"中国通"，庚子年八国联军入侵天津时，他任英军高级军官，残杀过许多天津居民。此次他招收并训练了一批中国流氓，专任华工大队的"红道"，帮助他迫害华工。因其脸形酷似哈巴狗，故华工暗地称他"普八狗子"。普登一到，就把全体华工召集起来训话。他说："给你们的定量粮食，不是不够，因为你们在中国吃惯了粗粮，把肠胃涨大了，现在一吃黄油面包，就感到不饱，我看还是遵守规则努力劳动要紧，违反者即送'好汉营'。中国现在夜不闭户路不拾遗，你们知道为什么吗？就因为你们这些人来到欧洲才安静了！我对你们不怕，我是有办法的。"他还说："你们来欧洲，是我们花了很大代价买来的，每一个华工曾给你们政府 50 两银子，因此你们必须好好做工！"

作为一个中国人，听到这样的讥讽、嘲笑、诬蔑和侮辱，肺都要气炸了！可是，由于我们的祖国不强大，没有人给我们做主、撑腰，敢怒不敢言，火在胸中烧，泪往心里流。

斗 争

管理华工队的中国"红道"，是些心狠手毒、奴才相十足的民族败类，他们常与英监工串通一气，欺压中国同胞。华工们早已忍无可忍了。

一〇三队有个姓张的"三道"，早年曾追随英殖民者到非洲淘金，是个极无耻的洋奴。他对英监工说："中国人经常吃食不好，不给他们吃好饭菜，他们也一样做工。"这家伙还不准华工互相往来，有时下工后还强令工人下操，使华工不得休息。

1917 年 12 月间的一个星期日，有外队的五名华工到一〇三队看望同乡，被姓张的"三道"看见，即将此五人用绳子捆起，押在一间屋内。夜里这五名华工挣脱绳索逃归本队后，向众华工诉说经过，一下子激起了大家的公愤，长时间来对这个媚外欺内的哈巴狗子的仇恨一下子涌了上来。大家拍案而起，手持木棒找张去讲理。张理屈词穷，竟凶相毕露，拿起上了刺刀的步枪刺伤了两名领头的华工，张的同伙也要来帮着打，华工此时已怒不可遏，一拥而上。其他"红道"见势不妙，抱头鼠窜。张持枪继续行凶，又刺伤数人。华工此时气愤已极，遂立即乱棒齐飞，将张当场击毙。此事英监工深知祸由张起，既不愿事态扩大，又觉是中国人对中国人的事，就未再深究，只把一〇三队解散，撤换队中全部中国"红道"、把工人编入别队了事。

事后英人知道了中国人的性格，不能硬压，气焰比以前降低。而华工心里逐渐像镜子一样明亮起来：华工要想生存下去，不被欺凌，大家必须一条心，拧成一股绳，团结起来，斗争！

三个月以后，又发生了一件事。

昂得瑞克驻有一部分美国军队，假日华工到镇内集市上去，不时与美军相遇，美军就用英语骂华工"劣等民族"，华工中有懂英语的，愤极反骂，美军竟上前殴打。美军常一伙十余人，华工人少，只好避开。久之，美军竟得意忘形，更加猖狂，认为华人软弱可欺，每至假日，美军竟故意寻衅。华工报告中国"红道"，"红道"们惧外媚上不敢多事；几次向英领队反映，英人袒护美军，反斥华工出外惹事。

1918 年 3 月中旬的一个星期日下午，有几名华工在镇内散步，碰到一伙美军（有 20 余人），他们对华工又用"劣等""黄种""病夫"等恶语肆意挑衅侮辱，华工积愤在胸，忍无可忍，与美军对骂。美军恃人多势众，竟将几名华工团团围住殴打致伤。这时在镇内散步的许多华工闻讯立即赶来，大家想到半个世纪以来的国家仇、民族恨，以及眼前苦难同胞的被凌辱，不由怒火中烧！愤怒的拳脚立即雨点般地落在了美国兵身上！美军被怒目圆睁的华人吓怕了，他们想象不出这些衣粗食劣的黄皮肤人，何以有如此厉害的拳脚！闻讯惊慌失措的英国驻军立即开来 200 余名，将华工和美军分开。美军官也急忙赶到，把美军带走。这次血案华工受伤 20 余人（我是当时受伤中的一员，至今头部、腿部尚留有伤痕），美军也有十余人负伤。受伤华工由英监工送入医院，其余华工经劝说归队。昂镇全体华工听到此事，群情激愤，一致要求英领队同美军交涉，惩办肇事者，担负受伤华工医疗费用，不达目的，即行罢工。

英美方面闻讯丧胆，一则他们看到华人被激怒时团结起来的力量，二则怕华工真的罢起工来影响生产，贻误前线军需供应。遂由美军派员到医院慰问受伤华工，并保证美军不再有侮辱华工事件发生，答应受伤人员医疗费用由英华工总部负担。

一场风波始告平息。中华民族在异国的一场反欺压、反凌辱的民族自强斗争，以胜利结束！

回　国

1918 年 12 月 11 日上午，只有一条主要街道的昂德瑞克小镇还静静地躺在阳光下。中午的时候，突然，各处笛声齐鸣，报童振臂雀跃，报纸上大号标题写着德国投降的消息！街上一下子挂满了法国国旗，老弱妇孺都拥到街上来了，英军来了，华工亦来了！大家互相拥抱，欢呼舞蹈，整个小镇沉浸在欢乐里，直至深夜人群还不肯散去。

大战结束后，屡经兵险、饱尝痛苦的华工思归心切。1919 年春节，一〇一队的华工，在庆祝牌坊上写出"又是一年别故土，依然万里侨番邦"的对联。而英帝不但不履行"战争停止即遣送华工归国"的诺言，反而强令华工留在白骨累累，地雷、炸弹埋弃遍野的西欧，做清除军事危险物的工作，以致有不少华工误触地雷炸弹，惨被炸死炸伤。

清理工作一直进行到当年 7 月。8 月，英帝才决定将华工解雇回国。

昂镇有华工公墓一处，埋葬着 400 余名死难华工。公墓由华工组织专人管理，每至清明，华工们便去扫墓祭奠一次，以寄托大家的哀思。

华工要回国了，行前在墓地召开了一次追悼大会。到会华工 2000 余人。站在荒凄的坟冢前，望着牌坊上字字滴血的"血洒欧西庄世运，魂还祖国挽神州"的挽联，想起他们曾与我们朝夕相处、患难与共，国内嬴老弱子日日顾盼亲人归，而今却已成异乡国土上的冤魂，大家不禁失声恸哭！

我们这一批回国的华工共 3000 余人。到骆耶尔集结后仍由英商轮运载，途经地中海、日本回国。路过日本各港口时，华工们闻知日帝仍霸占山东、青岛等地，一致决定抵制日货。大家说："谁买，把他扔在海里。"前后停泊六天，日本商贩没能卖得一文。

华工在青岛登岸。我们历尽艰险终于回到了离别二年的祖国。但当我们登岸后所见依然是疮痍满目，东、西洋人耀武扬威的时候，像是一盆凉水浇头，意冷心灰，失望极了。

在一处搭好的席棚内，管理人员用机器除下了我们戴了整整两年的卖身记号——轧有编号的铜制铁箍。

英招工局对回国华工每人只发给 10 元现洋，作回家路费，并说为照顾直隶省、天津等地华工，给包了一列胶济路火车免费送到济南，以后即不再管。华工到济南后，各自背着行李卷，分头找小店住下。手头仅有的一点路费，许多也被地痞、流氓等搜刮一空。我次日即乘火车回到离别二载的天津。死里逃生，家人相见，抱头痛哭，泣不成声。

我卖身两年，依然两手空空回国，除了身上穿的，只有一条遮不住寒的床毯，其他均被英监工扣留。过去所领工资英人强令存入外国银行，回国后要凭证到招工局指定的外国银行按当时市价换取中国纸币。我当华工苦命挣扎两年，共储存 700 法郎，回到国内却只领到 50 余元纸币！

时光如逝，而今我已至耄耋之年，回想起几十年前华工被骗卖漂落异国的悲惨情景，特别是想起那留在昂得瑞克 400 余名罹难的华工，我总是心潮翻滚，感怀涕零！但不知昂得瑞克的华工公墓还在否？是否还有人照管？

现在，我们可以告慰九泉下的冤魂：祖国已经崛起于世界的东方，昂立于世界民族之林了！

海拉尔要塞劳工血泪深仇录

曹晋杰

　　从"九一八"事变开始的日军侵华战争，直到日本宣布无条件投降，长达 14 年，日军在大半个中国，制造了数不清的"万人坑"。

　　在中国北部边陲重镇海拉尔，一个曾当过劳工的张玉甫，当年曾为日本关东军第十六师团岩仲工兵少佐骗来修筑海拉尔要塞，后来因瞎了左眼又染上重病，被打发到病号房等死，这才寻机逃跑保住了一条命。中华人民共和国成立后，张玉甫在海拉尔卫生队做清洁工，如今已退休。十年前，日军海拉尔要塞旧址作为日军侵华罪证对外开放，张玉甫领着日军海拉尔要塞旧址的工作人员，来到了埋葬遇难劳工的"万人坑"，用铁锹挖去不到一尺的沙土，便露出各种形状扭曲绞结在一起的白骨，有的被粗铁丝从肩部穿过，五六个人连在一起，面部着地，头插在白骨丛中；有的被用铁丝捆绑着，头部断裂，似为棍棒或枪托打击致死；有的颅骨有弹洞，是被枪弹击中；有的缺腿少脚，嘴形张开，似被活埋时还在高声呼叫……其惨烈之状，令人目不忍睹。

　　张玉甫向日军海拉尔要塞旧址工作人员，倾诉了他所经历的这段血泪史。张玉甫说：

1935 年 2 月，正是数九寒天。我因回家探望贫病交加而去世的父亲，被锦州一家日本人开的煤矿开除了。我穿着一件露着棉花的破袄，蹲在郑家屯街头，冻得浑身直打战，正走投无路，忽然听到有人吵吵嚷嚷地喊道："招工了！招工了！快来报名！"只见好几个穿着日本服的中国人，手里摇着小旗，上写"招工"二字，边摇边喊。我当时那股劲儿简直没法说，三步并两步地跑到摇小旗的人面前，哀求地说："先生，求求你，给我报个名吧！"那人说："你叫什么名字？""我叫张玉甫。"我又追问一句："先生，到哪儿去？做什么活儿？多少工钱？""叫你们到东山里去开荒种地，每天是三顿白馒头，一天 8 小时的活儿，每日的工钱是 1 元 5 角。"正在这时，只听摇小旗的人又大声喊道："自愿报名者，先领 15 元。"说着拿出厚厚的一叠钞票，在我面前用力地晃着。我立刻报了名。旁边还有不少的中国人，也一手接过钞票，一手写上了自己的名字。刚写上自己的名字，马上就身不由己了。我们这些报了名的人，被几个穿着日本军服的人叫到一旁，编上号，马上就被送到有人看守的一个四合院的旅馆里，再也不能随便行动了。

第二天一早，我们 400 多名劳工，被押到了火车站。招工时说乘客车走，到火车站一看，等着我们的是四节"大瓦罐"。一帮日本兵连骂带赶把我们送入黑洞洞的车厢，就听"咔嚓"一声，把车门锁上了。我的心"怦怦"地跳了起来，每个人都不解地互相对视着。有一个去过东山里的人，对当地的地形熟悉，他对我们说："这不是去东山里，这是往北开，到满洲里下煤窑。"我们大家才知道受骗了，但也没办法，因为想跑也跑不掉了。

两天两夜的旅途，把人们折磨得死去活来，每天只给一顿干粮吃，喝不到一口水。第三天深夜，火车突然停了。车门打开，紧接着就听到："起来，起来，站着队下车！"人们按照次序下了车，车厢外边一片黑，只有地上的白雪，反射出了一点微弱的光亮。当我们走下车来，抬头一望，啊呀！一排气势汹汹的日本宪兵，早已在等着我们。他们一个个手持大枪，枪上的刺刀，寒光耀眼，真叫人胆战心惊。

点了名，早已准备好的几十辆军用大卡车又向我们开来。"上车，上车！"领队的中国狗腿子，向我们大声喊叫着。日本宪兵端着枪，横眉竖目地吆喝着。我们刚上了车，又听中国狗腿子喊道："不准说话，不准东张西望！"话音刚落，十几辆大卡车便飞一般地向荒无人烟的山里驶去。

天亮了，这时才知道已经把我们给拉到海拉尔的北山上了。山上布满了长排的工棚，再就是蛛网般的铁丝网和一个接一个的岗楼。在山顶最高处有一个瞭望塔，上面有两个日本兵向四周瞭望，别的啥也看不见。

我们一直在山上等到天亮，一个个冻得像猫咬一样难受。又等了一会儿，一个胖得像猪样的中国狗腿子开始给我们训话，除了讲些要我们好好干、干好早些回家之类的话以外，说："你们手里的钱和物品可以交给我们保存，等你们挣够了钱回家时，统统还给你们。"在郑家屯他们预发的 15 块钱，又原封不动地还给了他们。

从此苦难的劳役开始了。我们所干的活儿，说起来只有一种——修筑军事地洞。在山上干活的人少说也有两三千人。日本鬼子对劳工严加监视，不许劳工们互相交谈。我们私下互相询问，方知不是被骗来的就是被抓来的，家乡大都是辽宁南部和河北一带的。劳动的强度简直叫人无法想象。无论打洋灰、挖洞子、挖沟，没有一样是轻松活。八米多深的壕沟，一锹锹把土扔到上边，干上一天，两肩就别想再抬起来。可是在皮鞭和棍棒的威逼下，劳工们不得不咬牙拼命干，偷不得半点懒。饥饿、劳累、疾病、事故以及日本鬼子、监工们的洋刀和皮鞭，随时都会夺去劳工们的生命。

是真的每天只干八小时的活吗？那全是骗人的鬼话，每天不见太阳出工，太阳不落不收工，走回工棚常常是摸黑吃饭。

一天下午，天气十分炎热，简直叫人喘不过气来。一个年轻的"苦力"已经连续打了好几天的洋灰（这活最重），这时他直起腰来，用手擦了把汗，喘了口气，正想再干，不料被监工发现了。他气冲冲地走过来，一把夺过他的铁锹，当头就砍，这个可怜的不知姓名的"苦力"晃了几下身子，再也没有爬起来。接着这个杀人不眨眼的监工冲着我们说："谁要磨洋工，谁就跟他一样。来人！把他拖走。"不大工夫，这个监工在另一地方用洋镐把又打死了一个"苦力"。

面对这些血淋淋的事实，虽然我们当时敢怒不敢言，可是都看在眼里，记在心中，心里都像火一样地燃烧，有人转过脸去，偷偷抹掉眼里的泪水。可是，那些野兽般的日本鬼子和中国狗腿子，每当杀害了中国人却扬扬得意地说："中国人大大的有，死了几个没关系！"

干起活来把我们这些"苦力"当牛马，而在生活上，却连牛马也不如。早晚吃的都是高粱米稀粥，午饭是又酸又硬的混合面馒头，不管饱不饱，一律给四个。每天三顿咸盐豆，喝的是生水，许多人闹肚子，连拉两天就不像人样了。可是还得坚持出工，要不打入"病号房"就更倒霉了。

提起住的简直没法说。一排席棚子足有半里长，每间是 12 米左右，对面二层铺，向下就不能翻身。工棚阴暗、潮湿，得疥疮、寒腿的人不计其数。

有一次白天劳累了一天，收工后躺在铺上就睡，疲乏得竟连小便都没有知觉了。尿在凉席上，又漏在下铺。这事被看守知道了，一下子从铺上把我拖下来，随手拾起洋镐把，劈头盖脸就是好几下，打得我鼻子冒血，至今胳膊上还有一个伤疤。这样的事，几乎每天夜里都会发生。

一个工棚住着100多人，为了看守方便和不易逃跑，只在中间留一个小门；晚上有人大小便时，非等凑够四个人，拿着四个牌子，一齐出去，再一齐回来；逃跑了一个其余三个人负责。有时不够四个人，就得等，把人憋得满棚乱走。

我到北山后没发给一件衣服，比我来得早的"苦力"说，冬天只给他一套麻袋一样的更生衣，这怎么能抵住零下40多度的严寒？无奈，只好把洋灰袋用绳子绑在身上、腿上，那种可怜的模样，简直连"要饭花子"都不如。每年冬天冻死的人，就没法计算了。打死、病死、饿死的人越来越多，日本鬼子一天比一天看管得更紧了。事情越来越清楚，我们这些"苦力"的命运，不管迟早最后只有一条道：死！但每个人的心里都有一个念头：跑！有机会就跑出这个吃人的阎王殿，跑出这个杀人不眨眼的魔窟。

几个月的折磨，我已经瘦得不成样子了。不久，就病倒了。最初是从眼睛开始的，左眼突然发红，渐渐就模糊不清了。想治，可上哪儿去找医生？上哪里去弄药？几天以后左眼就瞎了。日本鬼子一看我瞎了眼，身上又害了病，知道离死不远了，于是发了"善心"，把我打发到病号房去了。

提起病号房真叫人伤心透顶，一个席棚子住着六七十个病号，日本鬼子说劳工得病送来隔离，以免传染。实际上送进了病号棚，就等于送进了停尸房。据我所知，当时没有一个病号能回工地去的。病号痛苦的喊叫和呻吟声，听了真叫人心酸。这些病号都是卧床不起、米汤不入的，只要还能拿动铁锹，谁也不愿到这里来等死。

得了病不但不给治，反倒每天只给一顿高粱米稀汤喝，据说这是日本鬼子怕劳工们泡病号采取的办法。天天都有新病号送进来。

每天早晨，看守都要到病号房里去检查一遍，逐个用脚踢几下，发现僵硬的尸体，便命令拖出去，每天至少三四个多至七八个。把这些病死的人都堆到一个大席棚里，用卡车拉走埋掉。我在病号房里除了"养病"以外，还有一个特别的差使，每天往外拖死尸，装到卡车上，送到海拉尔河边的沙地里。我共去过两次，所以记住了这个沙地，即今天的"万人坑"。

我在病号房住了些日子，趁机逃跑的念头就更强了。因为病号棚离工棚较远，看守的也比较松。虽然总想跑，可是心里有点害怕，万一跑不成被抓回来那可怎么办？

那还是我到病号房以前的事。一个不知姓名的"苦力"半夜跑了出来，没等他越过铁丝网，日本鬼子便带条狼狗把他揪了回来。第二天我们站队去上工，发现在道旁的电线杆上，五花大绑高吊着一个血肉模糊的"苦力"，身上被剥得光光的，鲜血从身上流到地上。这个有骨气的中国同胞，虽然身遭毒鞭，但一声不吭。我们再也不忍心看下去了，可是恶毒的日本鬼子，为了杀一儆百，非叫我们看着打不可，并大声地向我们说："谁要逃跑就和他一个样子……"这个中国人一直被吊打了两三天才悲惨地死去。

一想到这些我心里着实有点胆怯，可是又一想，不跑也没活路，万一跑出去也许还能有条生路。跑！主意就这样打定了。

1936 年 7 月的一天夜里，是我永生难忘的日子，这天深夜，天黑得伸手不见五指。病号们的呻吟声渐渐低弱下来，门口的看守在用口琴吹着日本小曲，突然，口琴声停止了，不多时门口又传来了轻微的鼾睡声。"看守睡着了？"我心里猛地一亮，就轻轻地光着脚下了地。走近门口一看，看守果然坐在那里抱着枪睡了起来。"好机会！"我顾不得多想，小心地拉开门，从看守面前走了过去，随后我就使出全身力气撒腿跑了起来。

我分不清东南西北，也不知道该往哪个方向跑才对，只是往黑暗的地方用力地跑。可是跑了不远，一道铁丝网就横在我面前。我过去只听说这里有高压电网，现在遇到的是不是呢？当时真是吓糊涂了，用手一摸没电，于是我就用手扒个空子，用力钻了过去。衣裳被撕破了，手上流着鲜血，我还是一个劲地往前跑。又跑了几十米，又是一道铁丝网，接连一口气爬过了七道铁丝网，最后还有一道深沟。这时，我全身没有一点好地方。我满山遍野地跑着，遇到山坡就滚下去，遇到深沟就爬过去，也不知道跑了多远，一直跑到天亮，才知道我已经跑到西山松树林里了。

在西山松树林里，我整整躲藏了两天两夜。白天我不敢露面，藏在草棵子里，晚上出来找点野菜充饥。两天两夜真比两年还难熬啊！

第三天早上，我已经饿得昏昏沉沉了，想找点野菜吃也爬不动了，我心里暗说："张玉甫呀！虎口狼窝你都闯过来了，难道今天就活活饿死在荒山上吗？"我不禁落下了眼泪。

正在这时，忽然有车马的声响，我赶忙又藏起来，心想这回可算完了。走近一看，原来是几个中国人，谈论着打秋草的事，我这才放心了。我壮了胆子向他们走过去。他们见了我吓了一跳，因为当时我头发有半尺多长，又瞎了一只眼睛，蓬头垢面，是三分像人七分像鬼呀！这几个中国人给了我几张大饼吃，帮我用刀割掉了长发，救了我一条命，又指给我安全去路。我谢了他们，一直向大草原走去……

张玉甫是幸运的。张玉甫在山上认识的三四百人，其中有不少他的老乡。1949年后他曾到处打听这些人的下落，但没有一个人活着。日军海拉尔要塞包括敖包山、北山、南松山、东南山、东山五处主阵地，还有东台、北松山、满头山三处辅助阵地，共占地 21 平方公里，分地面和地下两层，全部钢筋混凝土建筑，结构严密，规模宏大，1934 年 5 月开工，1937 年底竣工，前后历时近四年，参加施工人数达数万人。地下军事工事一天天延伸，万人坑的白骨一天天增多，工程结束时，为了保密，竟将劳工分期分批、甚至把数名劳工肩胛骨穿在一起集体枪杀、活埋。总共有多少中国劳工被害死，迄今为止尚不清楚。

满洲筑垒地域：牵动百万劳工命运的"远东马其诺防线"

程鹏汉

　　第二次世界大战时期，日本帝国主义逞其一贯的侵略本性，曾多次暴露出觊觎苏联西伯利亚的企图，并先后于 1938 年 7 月和 1939 年 5 月，分别于张鼓峰和诺门坎发动了对苏的军事挑衅，均遭惨败，使其"北进"战略遭到沉重打击。但日本帝国主义者并不甘心他们的失败，仍在我国东北与苏联接壤地带进行周密的战争准备，其直接表现就是精心修筑了 17 处用于军事行动的庞大的秘密筑垒地域。这些筑垒地域的规模到底有多大，它是怎样建成的？有什么样的军事价值？多少年来一直鲜为人知。为此，黑龙江省革命博物馆、东北烈士纪念馆组成专家考察小组，于 1995 年开展日本关东军所建筑垒地域的专项考察，通过一年多的工作，终使关东军的这一罪恶大白于天下。

一、筑垒地域：庞大的军事工程

　　1937 年"七七"事变后不久，关东军在制订《昭和十二年度至十六年度满洲国战争准备指导计划》之后又提出"鉴于目前形势，依照日满共同防卫的观点作为对苏诸准备的一环，要加强北满开发的一个主要部分的国境方面的国防建设，使之与增强在满洲的军备、开发产业、五年计划的措置相适应，要积极有力地发挥日满综合力量为基础，集中彻底实行这一措施。"（［日］片仓衷：《战陈年录》第305页，1972年东京）于是，日军关东军一方面大力完善它在满洲的各种军事设施，先后建成20个空军基地，133个飞机场，200多处降落场；所建军营可配置55至60个步兵师，最大限额为70个；配置了拥有75000张床位的150所野战医院；大量的补给基地和仓库、粮食、弹药、燃料等物资的总容量可供180至200个师战时应用。另一方面，还在我国与苏联、蒙古接壤地区秘密构筑了1000多公里长的17处筑垒地域——地下军事要塞，这些筑垒地域都是沿着面向苏联的山脉走向构筑的，每一筑垒地域都筑有75至300个各种永备工事，有的相当庞大，分上、中、下三层（如东宁筑垒地域），地下交通坑道蜿蜒数十公里，有的直接通到地面部队所集结的营地。这些筑垒地域，一般都是构筑在能随时根据战时需要，以便集结部队并在最有力的方向实施进攻。它们四通八达，进可攻，退可守，可谓设计精良。

构筑在茂密的山涧和丛林暗处的筑垒地域具有很好的隐蔽功能，即使在白昼，也无法发现。在通往地下要塞的军用道路上边的草丛中，有简易厕所、仓库、监视哨所等，这些设施一般用于平时的警戒和演习，也可以在战斗初期使用，一旦有意外情况可掩人耳目，同时又能作为地下要塞的伪装物。筑垒地域一般都是通过在山中的地下坑道相连接。有的正面达50至100公里，纵深约50公里，具有3至7个抵抗枢纽部，每一个抵抗枢纽部由3至6个支撑点组成。这些抵抗枢纽部和支撑点通常又都构筑在制高点上，相互连接并有火力联系。其侧翼一般依托于难以通行的山林地带或森林沼泽地带。

所有筑垒都是当时最先进的工事，其中有钢筋混凝土的炮兵和机枪永备火力点、钢帽堡、装甲观察所、土木质火力点，步兵掩体及机动战壕，反坦克壕和铁丝网、弹药库和粮库，发电站，供水系统，浴室，以班排为单位的兵营、会议室、医务所、电话总机房、指挥室等，一般都装有现代化的暖气设备。

为防御飞机轰炸和大口径重炮火的轰击，各地下工事都根据战斗需要，依托山体坚硬的岩石，分别在山体的中部和底部挖掘，其顶部和四周都浇灌水泥混凝土，一般厚度20至50厘米，重要部位厚度达3米。日本关东军还根据战术、战斗的需要，在这些地下要塞的地表上，沿着山脉的走向，利用山坡、丘陵，构筑成环绕山体的战斗掩体和交通壕，形成具有交叉火力的地面战斗工事。这些工事与地下要塞之间有通道、观测所、射击孔和通讯联络设施，使地上地下的军事设施连为一体。为防止敌方的攻击，在进入地下的每一个入口处都筑有厚度1至3米不等的钢筋混凝土碉堡，这些碉堡有明有暗。

关东军称为"掩护地带"的国境筑垒地域由三道阵地组成：第一阵地，纵深为3至10公里，包括有前方抵抗枢纽部和支撑点；第二阵地，纵深为3至5公里，由基本抵抗枢纽部组成；第三阵地，距第二阵地10至20公里，纵深为2至4公里。这些抵抗枢纽和支撑点相互联网，一旦战斗打响，便可互相支援，达到战略目的。可见，筑垒地域规模之大、构筑之强固，战术配备之精密，在当时都是首屈一指的。难怪关东军称东宁、虎头等地的军事要塞为"东方的马其诺防线"。

17处筑垒地域和地下军事要塞的分布情形，经过一年多的实地考察得到明确：

西南部的张家口方向的于张北镇附近。张家口是华北和内蒙古交界的重要交通枢纽，这个筑垒地域掩护着通往张家口的道路。

在大兴安岭山脉的中部，为掩护索伦方向，构筑了阿尔山筑垒地域和地下军事要塞。在海拉尔方向，呼伦池以北和以东，有扎赉诺尔—满洲里、海拉尔筑垒地域及地下军事要塞。

在北面的黑河地区瑷珲方向，有瑷珲、孙吴筑垒地域及地下军事要塞。

关东军为策应和掩护松花江方向，构筑了兴山镇筑垒地域、富锦筑垒地域和松花江筑垒地域和地下军事要塞，同时沿黑龙江的南岸和松花江的一些岛屿上还构筑了支撑点和抵抗枢纽部。

在东部边境，构筑了有松花江方向的饶河筑垒地域，在靠近兴凯湖方向的有虎头筑垒地域和密山筑垒地域及地下军事要塞。

在兴凯湖和波谢特湾之间，关东军共构筑了五个筑垒地域及地下军事要塞，即绥芬河筑垒地域，东宁筑垒地域，东兴镇筑垒地域，珲春筑垒地域和庆兴筑垒地域。这五个筑垒地域的规模较大。在黑龙江东南面一线对苏联构成了强大的战略威胁。

在滨海方向的虎头筑垒地域和地下军事要塞特别坚固，正南占地面积达100多公里，纵深达40至45公里，由6个抵抗枢纽部和3个独立支撑点组成。最强固的虎头抵抗枢纽部在一公里左右的前沿阵地就配置有7个火炮永备火力点和12个机枪永备火力点，8个机枪土木质火力点，6个观察所，2个钢帽堡，6个暴露的炮兵阵地。

在千岛群岛和萨哈林岛（库页岛）较大的岛屿上同样构筑了海岸炮兵阵地及各种地下要塞工事，并修建了23个飞机场。

筑垒地域的修建费用惊人，又由于伪满政权的腐败，致使满洲的大量财富被野蛮掠夺。每年都源源不断地向日本运送木材、稀有金属、铁矿石、煤炭等资源，用于修建筑垒地域的也为数不少，据不完全统计：

大米 7 万吨、小麦 5.4 万吨、大麦 8 万吨、蔬菜 10 万吨、肉类 4 万吨、香烟 33 亿支、煤炭 660 万吨、木材 3000 多万立方米、钢材 7.1 万吨、干草 10 吨，还有 5 万匹马。修建资金的超支部分则全部由伪满政府承担，从 1934 年到 1945 年 8 月全部经费高达 4.5 亿元之多，这些沉重的经济负担都转嫁到了东北人民身上。

二、筑垒劳工的命运

为完成繁重的筑垒任务，关东军在投入巨额资金的同时，强征动用了百万劳工，这些劳工来自何方？他们是怎样建设筑垒地域和各种军事设施的？他们的命运如何？与满洲筑垒地域的修建一样，这些也是鲜为人知的。虎头之战中生还的日军守备队部分士兵和满铁路警队的士兵以及东宁县健在的劳工李有财、赵金宝、黄师义、李志福等人的证言，从一个侧面揭示了劳工悲惨生活的真相。

"七七"事变前，参与修建筑垒地域和各种军事设施的劳工，主要来自满洲。"七七"事变后，大量的中国战俘和闯关东的贫民，或被征发，或被诱骗，统统被秘密押往满洲各地和边境战略要地，在关东军的铁蹄下从事强制性的劳动。曾在虎头国境守备队司令部当通讯员的中道圆一郎回忆：当时进入要塞阵地，日本军人都必须持有关东军司令部发放的通行证。修筑要塞工事的劳工一被送到有关筑垒地域，就别想再出来。军事工程一结束，关东军就以各种手段将他们秘密杀害。

每一处筑垒地域都能容纳一个师团以上的兵力，如此巨大的永久要塞，需要多少劳力才能建成，完工后那些建设者如何，当时驻虎头的日军中有许多传言。曾在虎头第 851 部队炮兵服役的加纳传三说：他入伍的第一年，亲眼目睹中猛虎山背后有许多暴弃于山野的劳工尸骨。

曾在密山铁道警备队任乘警的古川三男说：在一次执行乘警业务

时，看到一列开往虎头的货车中挤满了苦力，这些苦力来自中国山东，是被送往虎头去修筑军事要塞的，出于对军事设施的保密，这些外出挣钱的苦力是没有可能返回故乡的。根据他在东北两年零八个月的观察来推断，构筑要塞所投入的劳工数量是相当大的。他说他从来未看到过一个返回的中国劳工，可以想象中国劳工的悲惨结局。（〔日〕冈崎哲夫著《战尘之心》）

在日本士兵生还者的证言中所提到的劳工，有一支是中国战俘组成的特殊工人。据曾在虎林停车场司令部工作的铃木正已证实，来自华北及其他地区的大量战俘经虎林，被送往完达、虎头方面从事修筑工事。他还证实，劳工被塞满了几十辆闷罐车。这些战俘修完工事之后，几乎无一人返回。他们在虎头被称为太郎田部队，"这些特殊工人由日本技术人员监督，他们总是被蒙上眼睛带到地下工事，分配在各个工区，或走廊通道、或室内房屋从事建筑"。（〔日〕冈崎哲夫：《秘录·北满永久要塞》）

残酷的役使，非人的待遇，加上缺乏营养和超强度的体力劳动，造成了大批劳工死亡，在冬季，劳工尸体往往被直接扔在草甸子上，或弃尸于荒野山岭，尸体被野兽撕咬吞噬，惨不忍睹。许多劳工因不堪忍受折磨和苦役而逃亡。原虎头国境守备队步兵第三中队长岛田丰作回忆说：那些从山东运来的苦力，不堪忍受苛重的体力劳动，一些人企图逃往对岸（苏联）……他们尚未跑到河道中央，便被打死。（〔日〕每日新闻社：《特别记录·虎头国境守备队的末日》）

要确切弄清满洲17处筑垒地域和各种军事设施的修筑究竟动用多少中国劳工？又有多少劳工被折磨致死或被枪杀？已是相当困难的事情。据"每年春季约2000多中国劳工和满洲国报国队员被送到要塞从事修筑军用道路和火炮阵地"，（同上）仅从1934年开工到1939年完工的六年间，共计强征中国劳工 12000 名，这仅仅是一处筑垒地域中一两个军事工程设施的统计人数，而所有筑垒地域的军事要塞都有地上地下各种各样的军事设施达 300 个以上，如此计算起来，强征的中国劳工至少有百万人之众！由于筑垒地域和地下军事要塞的修筑是在秘密状态下进行的，为防军事机密泄露，劳工要么被折磨致死，要么被秘密杀害，生还者寥寥无几。

"昭和十八年（1943 年）的某一天，由于要塞设施已基本完工，俘虏、劳工被集中在猛虎山西麓猛虎谷的洼地里，举行完工酒宴，用酒菜酬劳他们……突然重机枪喷出了火舌，刹那间，宴会场化为血腥屠场，到处是刺鼻的血腥味和堆积如山的尸体。"（同上）

日本关东军为修筑虎头筑垒地域及地下军事要塞强征动用了十几万中国劳工，修筑东宁筑垒地域的劳工比虎头还要多，因为满洲 17 处筑垒地域当中东宁筑垒地域是日军两个最大筑垒地域之一（另一个是海拉尔筑垒地域），它的规模要比虎头筑垒地域庞大得多，设施也比虎头多而齐全。除设有野战医院、被服厂、妓院、采煤厂、发电厂外，东宁筑垒地域还有四个进攻区域：兴隆屯、狼洞沟、泡子沿、郭亮船口。这四个进攻区域场配置有坚固的地下工事和多处炮兵阵地，每一区域都可容纳一个旅团的兵力，主要用以掩护关东军从这里出击进攻苏联。除此之外，东宁筑垒地域还有四个庞大的地下军事要塞：蚂蚱山要塞、日照山要塞、勋山要塞、大肚川要塞。这些地下军事要塞兼有各种军事设施和永备工事达 400 余个。除有重武器炮兵阵地等外，还有两个飞机场（在三岔子和八家子）和分别通往山体要塞据点内部的公路和铁路。在大肚川村草帽山的山体巨型弹药库（长 30 米×宽 9 米×高 8 米）就有 32 个、万鹿沟村 6 个。这些军事设施全部是由钢筋混凝土建造，有的时至今日还相当完整坚固。

据健在的劳工李有财、赵金宝、黄师义说："民国21年（1932年）关东军进入东宁，康德二年（1935年）开始在东宁周围各山修公路铁路，路修完之后，运来大量的石头、木材、钢筋，开始开山挖洞，修建各种工事，盖发电厂（神洞村）造机场等，劳工多得数不清，能有十多万人；累死病死饿死打死的天天都有。我们三人当时是被派去专门拉运尸体的，哪天都得拉走两三个，多的时候十来个，埋在乱死岗下。干活的劳工都在固定的地方，不许调换。我们这些劳工是专门修建军需库的。修军需库的劳工都是吉林省榆树县的，共有4700多人；这里还流行过霍乱病，工程干完之后，都被秘密杀害了，只有少数几个人逃命回家了。东宁镇内乱死岗（万人坑）有好几个，哪个工事不远的山脚下都有被小鬼子折磨、打死的人。这仅是修军需库一个地方死的人，东宁镇的工事多着呢，被日本鬼子枪杀的、打死的、累死饿死的劳工，说不清有多少！"

为日军宪兵队做饭的厨师李志福说："有的劳工饿得受不住了，偷点喂马的豆饼吃，被小鬼子抓住就去喂狼狗，那惨状就别说了！"

另据饶河的当地老人说，就连萨哈林岛（库页岛）和千岛群岛的筑垒地域都是中国劳工修建的，工程完工后，也被秘密杀害了。

死里逃生的中国劳工的控诉，声声泪，字字血，雄辩地揭露了日军残暴奴役中国劳工的历史事实。用中国劳工的血泪和生命堆砌起来的满洲筑垒地域要塞遗址，默默地向后人诉说着中国劳工悲惨的苦难史。

半个世纪过去了，关注劳工命运的人们一定会问：这些劳工都埋在什么地方，有无集中代表性的坟群？这是专家考察小组的项目之一。在采访过程中，居住在各种遗址附近的村民都说，他们上山采药或开种山田时，发现过不少白骨和坟包群，有的知道这是过去为日军修造工事被杀害的，有的说不清楚。

为了找出日军杀害中国劳工的典型例证，专家考察小组不辞辛苦，终于在当地群众的帮助下发现了中国劳工坟群。

这个中国劳工坟群，位于黑龙江省东宁县西南方向的老城子沟胡萝卜崴村的南山。蔚蓝的天空下，茂密的丛草中排列着大小不同的坟包。随着半个多世纪的风雨侵蚀，小的坟包几乎已夷为平地。这些数不清的坟包一直伸延到南山的西坡和北坡，望着这块坟地，我们的心中升起一种难以言状的凄楚！

20 世纪 60 年代搬到这里的村民告诉我们，当时的坟地比现在还大得多，一直到山周围的坡底下，漫山遍野，现在大部分已经开垦种田了。据拉运劳工尸体的车夫李有财等人说，大的坟包都是在一天中被日军杀害或累死饿死的劳工，他们同时被埋在一起。大坟包里少则三至五具尸体，多至十来具。这些掩埋尸体的地方，距地表只有一尺深。为了考证证言的真实性，考察小组在黑龙江省考古所专家的帮助下，于 1994年 5 月至 11 月，先后挖掘了八个大小不同的坟包，整理了三具不尽完整的尸骨，其中有两位劳工在掩埋之前就已经残废，经考古专家检测分析，是在日军残酷暴行致死后掩埋的。通过科学验证，证明了这里就是具有典型意义的死难劳工的埋藏地——劳工坟。

三、满洲筑垒地域和要塞的覆灭

1943 年，第二次世界大战发生了有利于反法西斯同盟国的根本转变。这时日本关东军见进攻苏联已失去战略机遇，被迫转入战略防御。至此，满洲苏满边境地区的筑垒地域也就越来越明显地变成了关东军守备队的防御工事。

1943 年夏季以后，美军在西、中太平洋以陆海空军联合反击的攻势加紧反击日本，日军开始节节败退。至 1945 年春，美军在海上对日本本土形成了钳形进攻态势，使日本在南方战线上的局面日趋被动。为了挽救在南方战线上的败局，日军大本营被迫将一些预定的侵略计划进行修改或中止。开始从其国内，从关东军、从中国和朝鲜相继抽调部队至南方战线，企图阻止美军的进攻。除 1943 年组建 12 个新师团，以图增强军事力量外，又于 1944 年 2 月从满洲各筑垒地域调军南下，如驻绥阳的第八师团；驻佳木斯的第十师团和第七十一师团；驻伯力的战车第二师团；驻牡丹江的第九师团和野战重炮兵第一联队及独立速射炮第三、第七大队、战车第二十七联队；驻哈尔滨的第二十八师团、第一一一师团、第一二〇师团、第一二一师团；驻林口的第二十四师团；驻东宁的第十二师团；驻宁安县的第一战车师团；驻齐齐哈尔的第十四师团等均调往南方。与此同时，大量的武器、弹药、燃料，包括为进攻苏联而特制的重型火炮也被征调南方。至 1944 年底，受过良好训练的师团驻扎在满洲的已为数不多，坦克、飞机、火炮和军火燃料的储存也大为减少，号称"精锐之师"的关东军的战斗能力大为削弱，关东军的末日就要到了。

随着苏军攻克柏林，德国法西斯于 1945 年 5 月 9 日无条件投降，日本已是孤军作战。苏联于同年 4 月 5 日将废除《苏日中立条约》的决定正式通知日本。并将欧洲的苏军通过西伯利亚铁路秘密运到远东，苏联的对日宣战已是指日可待的事。

面对难以避免的对苏作战，日本大本营不得不重新部署满洲各筑垒地域承担的防务，并向关东军下达了"对苏全面持久作战计划"，把攻击作战方案改为持久作战，意味着关东军的作战方针已发生根本性的转变。1945 年 5 月 30 日，日本大本营再次下达关东军作战命令，把同苏军进行持久战的地区划定在南满，即新京—图门以南、新京—大连以东，与朝鲜交界构成的以通化为中心的地区。这表明关东军已经没有能力采取进攻态势，甚至在战争开始就准备放弃东北部分地区。当日本本土分别遭到美军原子弹"残酷"轰炸后，日本政府惊恐万状，日本军队更是一蹶不振，士气低落。在满洲的关东军也把其部队大规模地进行调整和部署。

1945 年 8 月 8 日，苏联政府对日宣战。

8 月 9 日零时，苏军百万之师在威力强大的炮火准备之后，在 4000 多公里长的战线上以排山倒海之势分四路对关东军发起了总攻。后贝加尔方面军从蒙古东部向沈阳、长春方向实施主要突击；远东第一方面军自东向西，从兴凯湖地区向哈尔滨、吉林和朝鲜北部推进；远东第二方面军自北向南，由伯力、海兰泡向哈尔滨和齐齐哈尔一带推进；苏蒙联军向承德、锦州和张家口进攻。苏军以摧枯拉朽之势，仅用 6 天时间就使关东军遭到惨重失败，攻占了满洲 17 处筑垒地域的 16 个，并在各个方向向满洲腹地推进了 50 至 400 公里，完成了对沈阳、长春、吉林、哈尔滨和齐齐哈尔等地日军的分割包围，从 15 日起，日军已基本丧失战斗力，缴械投降了。

但是，东宁和虎头筑垒地域的战斗仍在继续。当苏军攻至虎头虎北山阵地时，苏军遇到了日军的顽强抵抗，两天之内，阵地九次易手。苏军伤亡 2000 余名；日军除 53 人逃出苏军包围逃离阵地外，死亡的日军和守备队家属及开拓民达 2000 余人。与此同时，苏军以空军和地面炮火向东宁筑垒地域实施猛烈攻击，日军第四守备队控制的地区被突破。苏军向日军地下要塞的通风口、排烟孔、出入口灌入大量的汽油和炸药，致使第四守备区的日军死伤惨重。除逃出的 30 余名日军外，有 1000 多人被炸死、烧死在地下坑道。当苏军攻至日军第一守备区时，遇到了鬼武五一少将指挥的日军的顽强抵抗，日军依托秘密的地下工事阻击苏军，使苏军步兵难以接近。虽以伤亡 1500 余人的代价也未能奏效。

激烈的战斗从 9 日开始，共持续了 18 天。8 月 26 日，日军第三军后勤参谋河野贞夫中佐来到日军第一守备区传达了天皇的投降诏书与向苏军交出武器的命令后，抵抗始告结束。至此，关东军长期精心营造的满洲筑垒地域全部土崩瓦解。

唯一的心愿就是活着同家人团聚

——伪满洲国一名劳工的家书

———

高御臣

我珍藏着一封 60 多年前的家书，那是当年我写给祖父祖母的。每当看到这封家书，我就会想起在伪满洲国当劳工的一段往事。

祖父母大人膝下：

敬禀者，孙儿离开家，跟着大车经过几道日本卡子，还算顺利（没挨打），第三天到达烟台。正赶上有一条大船，即托人买票，在船上两天两夜到达浪头，很快找到润身医院。舅爷和舅奶奶他们很热情，舅爷说，学徒的事慢慢想办法，现在先住他家，他们本来有一名学徒，早已不干了。我每天在这打扫卫生，干点零活，这些我都能干。

舅爷说，出去要小心，对谁都要客气点。日本人能看出来，汉奸头上没贴贴（帖），谁知谁是汉奸，千万不能说是中国人，只能说是"满洲国"人。我怎么也想不通，怎么中国人一下子变成"满洲国"人了呢？只好顺着。

还有，带的路费，剩了十块钱，托赶大车的于老板捎回家了，这里花日本钱，三大行的钞票不能用了。

先写这些，以后再禀告

敬请

福安

孙子经蔚（即高御臣——编者注）叩上

三月十一日

小时候，爷爷给我安排了一条人生路，沿着前人所走过的路出外谋生——闯关东。对于山东人来说，闯关东可能是一条活路，因为山东半岛人多地少，当时自然灾害频繁，兵荒马乱，民不聊生，而关东人少地多，容易糊口。闯关东也可能是一条死路，很多人一去不复返，音讯皆无。有的没混出个人样来，无颜回乡，有的则是做鬼他乡了。

不管是活路还是死路，总算是一条出路，不能在老家憋死。好在山东半岛与关东之间的海面不太宽，花几块大洋，即可到达彼岸。

1940 年早春三月，我刚满 13 岁，跟着十几个人结伙步行三天经烟台去东北，第一站落脚在烟台一个大车店。店老板说正好有一条去安东（今丹东）的轮船，得赶快办手续，还叫来办事员收费，要交船票费、出国证费、劳工票费。我们惊奇地问："我们是到祖国的东北去，怎么

高御臣（1953 年摄于沈阳）

还办出国证呢?"代办员说，现在日本人已经把东北改为"满洲国"，不办出国证不能上船。又说，日本人只允许有劳动能力的人买船票，老弱病残者不能上船。另外还要验工，怕混入共产党的地下人员，他们看不顺眼的人也会被赶出来。所以要特别注意，当他问你，愿意到"满洲国"去当劳工吗？你得赶快回答"愿意"，不能犹豫。如果被赶出来，那就只好等下趟船了。

验工这天一大早，代办员就把我们叫起来，又把注意事项重复了一遍。他带着我们穿过几条马路，来到伪满劳工协会委托的汉奸组织大东公司楼前。排队的人很多，我年纪小，心里非常紧张。很快轮到我了，一个汉奸用手拨拉一下我的脑袋，我还未醒悟过来，就过去了。我松了一口气，走到下个窗口照相。

一切手续办好了，第二天便乘上轮船去安东。船很大，听说除了装货以外，船上还装 3000 名劳工。船颠簸得很厉害，不少人呕吐不止，整整两天两夜，船终于抵达安东浪头码头。我暂时落脚在安东的舅爷家，抽出时间给远在家乡的祖父母写了上面这封信。

开始，我在安东当学徒、当佣人，后来又到日本人的建筑工地干活。这时，太平洋战争已爆发，美国飞机轰炸日本本土，日本人把工厂的机器拆到东北，利用东北的丰富资源和廉价劳动力为战争提供产品。我所在的安东地区汽车工厂、轻金属工厂、水泥工厂等厂区建筑工地上，共有几万劳工在干活。这些劳工的来源分为征来的、抓来的、骗来的和雇来的四种。第一类征来的还可分为两种人：一种是从农村征来的劳工，也称苦力；第二种是勤劳奉仕队。

当时伪满政府规定，农村劳动力按年龄造册，每年按比例征去当劳工，由派出单位雇佣一些退伍军人和地痞流氓担任大、中队长带领大家去日本工地劳动，每天工作十几个小时不说，还得受日本人和监工的打骂和折磨。这些劳工的情绪非常低落，什么话也不敢说。他们住在工地临时搭起的"人"字形窝棚里，这种窝棚既低矮又潮湿，走进去连头也抬不起来，室内没有一丝阳光，臭气熏天，令人作呕。劳工即便患病也只能躺在那里，遇上好的炊事员，还可能给你一碗饭或一碗水，除此之外不能有其他奢望，病重的甚至可能被拉出去活埋掉（因怕是传染病）。劳工每天只有一斤玉米面，早上一个窝头一块咸菜，中午一个窝头一碗白菜汤，晚上则只剩稀饭了。日本人规定的伙食标准本来就低，监工们还要贪污，中午的菜汤连盐也不放。劳工们一心想的是熬到工期结束，然后活着同家人团聚。

勤劳奉仕队也叫"小劳工""国兵漏"。在伪满洲国，年满 20 岁的男性青年必须服兵役，凡身体检查合格的被强迫去当伪军，不合格的去

高御臣夫妇与儿子高华（摄于 1973 年）

干几年勤劳奉仕队。其间，用军事化管理，统一着装，除干活外，还要进行军事训练。同前一种劳工不同的是，这里不仅有贫苦农民、地主的子女，连城里的阔少爷也得去，因为这些人是征兵"漏"下来的，所以也得给日本人去"勤劳奉仕"干几年。

第二类是抓来的劳工。日本人经常以稳定社会治安为名，去抓"无业游民"。他们经常到车站、码头、集贸交易市场去抓，认为是怀疑对象或看不惯的人，他们也会到家里去抓。这些被抓的劳工大都被送到矿山，边远地区，或者去修筑"国防工事"，很多人被抓走了以后就再也没能回来。

第三类是骗来的劳工。华北地区遭遇自然灾害时，日伪政权就派一些人去招工，声称到了东北能挣很多钱。可是等到了东北，这些劳工举目无亲，只有任凭他们摆布。劳工们没有什么技术，多是当土工，干力气活。

第四类是雇来的，即支付工资的劳工。在日本人看来，凡是他们殖民地的老百姓都要服劳役，实际上就是军事法西斯劳工营，只不过采取的手段有区别。前三类是强制性的无偿劳动，第四类则采取雇佣形式。日本人心里明白，在产业部门，对技术工人和熟练工人实行无偿劳动是行不通的。例如扳道岔这种工作，抓来的劳工无法胜任，必须由熟练工人来操作，并且要支付一定的工资。《红灯记》里的李玉和就是一位扳道工，他挣的钱非常低微，因此，李奶奶必须出去干点活，铁梅也必须出去捡煤渣，才能维持祖孙三人的最低生活。

当时我在建筑工地的一个大车运输班里干活，住的是劳工窝棚，每天也只供应一斤玉米面。我们按运输量记运费、发工资，还可以利用到农村运建筑材料的机会买点高价粮来填充肚子，比起征来的劳工好多了。在建筑工地里，凡是干技术活的，如木工、瓦工、电工、焊工、架子工等，有的还可以住在家里，骑自行车上班。正因为有这些区别，所以当地人把那些在鬼子刺刀下驱使和监工大棒、皮鞭威胁下干活的人，即无偿劳动、没有自由的人当成劳工，而称有工资的人为"工人"。

那时我觉悟不高，还未认清日本军国主义的本质，认为自己从山东拿着劳工证来这里，当的是"工人"而非劳工，是很幸运的。但其实，我当的就是劳工。

劳工同西方大工厂里的工人有很大的区别。他们不仅工资低，而且在身份上也是亡国奴，思想上也受日本人的控制，根本没有西方所谓的民主和自由。就劳工的总人数来说，第一类和第四类是主体，第二、三类在总人数中占少数。

令人鼓舞的是，1945年8月15日，日本投降，我同东北千千万万个劳工一起，获得了解放。

日本花岗矿华工暴动

李茂甫口述　汤其志　丁显臣整理

两次被抓

1943 年，是中华民族多灾多难的一年。这一年，我因家乡河南睢县遭受了蝗虫、大旱的严重自然灾害，造成了生活上的极端困难，而且在日本帝国主义的占领下，暗无天日，加之家中贫寒，父母患病，无钱医治，去世过早，因此我走投无路，只好到异乡逃荒要饭度日。第二年，在一次讨饭时被豫东大汉奸张岚峰部抓去。因怀疑我是共产党的探子，被弄到特务团遭到严酷的审讯拷打，一直把我打得昏迷过去。待我醒过来时，他们仍采取各种毒辣手段折磨我、逼供我。我认为反正都是一死，就对他们说："你们说我李介生（原名）是共产党的探子，我就是共产党的探子。"说罢，这些汉奸走狗要把我拉出去枪毙。在他们把我拉出去枪毙的路上，我因受毒打过重，又昏迷了过去。他们看到这种情况，认为我活不成了，就把我拉到商丘西关，推进了一个坑里。

不知过了多久，我又慢慢地苏醒过来，遍体鳞伤，只觉浑身疼痛，口渴难忍，就爬到坑边喝污水。之后，我又勉强爬到商丘大街，很多穷人看到我这种情况，表示同情，给我拿东西吃。在穷苦人们的照料下，我的伤情有了好转。伤势未愈，稍能行走时，我就又到商丘车站去要饭。在商丘车站讨饭时，又一次被警察抓去，弄到劳工收容所，这大概是 1944 年 5 月间的事情。我看到劳工收容所里被抓去的人很多，也说不清有多少。在劳工收容所里住了三四天后，警察就把我们三个人一组绑在一起，押上火车送至青岛。这一次被绑架送青岛的约有一百余人。

在青岛集中营里

我被押抵青岛后，关进了集中营。集中营里不要说有床，连个床板也没有。只有一排排小椅子，让我们劳工一个挨一个地坐着，根本无法睡觉。日本侵略者在青岛搜罗了很多小孩，让这些无知的孩子们在集中营里严加管制我们。这些孩子年龄最大的不过十七八岁，大多是十二三岁的小孩。我看到这些年轻轻的小孩，竟充当了日本侵略者的帮凶，心里憎恨极了，恨不得狠狠揍他们几下。

集中营里被关押的劳工很多，有七八千人。我们在这里度过了两个多月监狱般的生活，真是度日如年，受尽了难以诉说的苦痛。在青岛集中营里，被折磨致死的劳工很多，每天都用马车往外拉死去的劳工。日寇为了掩盖在中国犯下的滔天罪行，生怕造成影响，他们将死亡的劳工在夜间或黎明前拉出去，还每天让我们排队走动，开始我不知道这是干什么，后来我才知道他们把身体稍好些的集中到一起，准备运往日本去。

1944 年 7 月 28 日，是我一生最难忘的日子。这一天，是我离开亲人、离开祖国，被押往日本去当亡国奴、当牛做马的一天。和我一起乘船押送日本去的劳工有一千人。

如牛负重的劳役

我们从青岛被押往日本后，在船上共行了十八天的水路。我心里如同刀绞，有说不出来的滋味，泪水像断了线的珠子夺眶而出。一路上，又有十二位同胞被摧残致死，尸体被日本士兵抛入大海之中。

到达异国日本后的第三天，我被编到日本秋田花岗矿山鹿岛株式会社中山寮土木系。当时，单在花岗矿山一处的劳工就有六万余人，日方为防劳工闹事和暴动，没有把我们全编在一起。我所在的中山寮，有一千名劳工，编成大队、中队、小队和班，设有大队长、中队长、小队长和班长，都由劳工代表担任。中山寮还有八九个日本管理人员，天天像恶狗一样死盯着我们。

我们每天的劳动十分劳累，如牛负重，开山、开荒、修路、挖河等。挖河的活尤其多，他们给我们每人每天规定了挖河泥的数量，并要求把土抬到距河底六七十步远的河堤上。即使一点不休息，也难以完成这样大的劳动量，只好加班加点。再完不成者，就要遭到毒打。然而，我们吃的又是什么呢？早起，每人喝两碗橡子面汤，中午和下午，每人吃两个橡子面窝窝头，根本吃不饱，而且吃罢腹泻。有些劳工腰带都无法系，一天泻好多次，还得坚持干活。劳工有了病，也不给医治。由于繁重的劳动，饥饿的煎迫，疾病的折磨和无情的毒打，以致每天都有劳工死亡。在花岗暴动前不久，死亡的劳工就达二百余人。

此外，我们没有一点人身自由。我们劳动路过村头，不准东张西望，不准弯腰拾东西。尤有甚者，假若我们无意朝妇女看上一眼，轻者打耳光，重者受刑身亡。稍有不满，就要遭到非人的摧残。一天，我们中山寮有个叫刘在雨的，在一次苦役劳动中实在坚持不下去，跑了。后来被日本管理人员抓回，先用木棍、皮鞭毒打，又用烧红的烙铁烙脚。这种惨不忍睹的场面，还让我们劳工观看，意味着谁再逃跑，谁就是这样的下场。残酷的压榨，已使我们忍无可忍，我们实在活不下去了，一场反压迫、反欺凌的风暴正在酝酿之中。

暴　动

哪里有剥削，哪里就有斗争，哪里有压迫，哪里就有反抗。1945 年一二月间，以耿淳（大队长）、张耀武（大队副）为首的劳工骨干，开始进行秘密组织、串联、筹划举行劳工暴动。起初，举行暴动的事只让大队长、中队长、小队长知道，因为劳工多，唯恐暴露。当时，我是小队长，一个小队长管 30 名劳工。仅小队长就有几十人。后来，个别斗争性强的，有能力、有胆量的骨干，也鼓动起来了。鼓动的内容是：（1）我们是中华男儿，再不能忍受这种痛苦了，不如把辅导员打死，出出我们的气；（2）中国人民历来有反抗精神，宋江不是领导农民上梁山了吗！我们也是逼上梁山的；（3）我们祖国地大物博，日本强盗不可能占领完，我们出去后想办法回到祖国去抗日。由于日本管理人员把我们管制得很严，鼓动的方式也很秘密，大都是在工地干活或吃饭时间进行活动。经过四五个月时间的组织发动，至 1945 年 6 月 30 日，条件已经成熟，一场革命风暴终于爆发了。

6 月 30 日夜间 10 点多钟，暴动开始。起初，参加的人都是些大队长、中队长和小队长，共计四五十人，因为大多数劳工还不知道，所以暴动开始还是秘密进行的。四五十名劳工骨干像开了闸的洪水迸发出来。人人手持铁锹、木棒等，先切断电线，再撞开日本管理人员的住室，打烂电灯泡。战斗非常迅速，一个小时左右，就打死青水（姓）、福田等四个日本强盗和一个汉奸走狗。这时，以耿淳、张耀武为首的领导者，才向所有的劳工发出命令，号召全体劳工迅速行动起来，把自己的被子撕开，把棉花丢掉，拿着被里被面按指挥撤出。深夜，天又黑，往哪里走呢？一夜转了好多山头，因地理不熟，迷失方向，转来转去，一夜也未走出多远。天近拂晓，无法再走，七百名劳工只好坚守在两个山头上。天亮后，日本鬼子集中了大量军警、宪兵，还有很多的日本人，共五六千人，把我们紧紧围困住，并向山上开枪，我们就用石头往山下滚。面对日寇的枪林弹雨，以耿淳、张耀武为领导的劳工骨干研究了对策，认为我们不能与日寇硬拼下去了，再打下去，我们没有枪弹，必将遭到覆没，我们的仇就报不了啦。应该想办法保存实力，只要能把部分同志保存下来，就是胜利。日本鬼子不可能把我们全杀完，因为他们缺乏劳动力。等到祖国抗战胜利后，我们就能回到祖国去向祖国人民和全世界人民控诉，揭露日本侵略者的侵华暴行和罪恶。经过研究，就派我下山去谈判。我下山后，给日本鬼子提出三个条件：一、不准开枪打我们；二、不准用绳绑我们；三、不准虐待我们。日本鬼子答复条件后，全体劳工就下山了。不料下山后，日本鬼子马上变了卦，把我们七百多名劳工全都用草绳捆了起来，押送到花岗町剧院前广场上，让我们排队面朝北跪下，屁股连脚跟都不叫接触，一直跪了三天三夜。三天之中，不让我们吃饭、喝水，不让休息，谁要是屁股挨了一下脚跟，或者身体往下一歪，就要遭到毒打。日寇集中的宪兵、军警很多，把我们团团围住。内围是日本管理人员，外围是持枪的日本兵，简直水泄不通。饥饿、口渴、劳累、毒打、折磨，三天内就死了 105 名劳工（其中包括中山寮百余名病号，死亡了八十余人），一坑就埋掉 81 人。

事后，以耿淳、张耀武、张金亭等为首的十二名劳工骨干被押往秋田县监狱。花岗暴动到此结束。

胜利回国

花岗暴动后，我们仍然复工当奴隶。这时国际形势已发生了根本变化，日本侵略者必败的大势，已成为不可抗拒的历史潮流。

1945 年 8 月15 日，中国人民浴血奋战的八年抗日战争胜利了。这天，天未亮，花岗矿山出张所所长就带着随从人员来到了中山寮，他先向我们敬礼，然后说："你们胜利了，是胜利国；我们失败了，是战败国。我们对不起你们，向你们道歉致意。"说完即走开了。我听到这一消息，简直高兴得跳起来。当时那激动的场面，真难以用言语表达。我们想祖国、盼祖国、回祖国的愿望就要实现了，专等着回祖国的佳音。

同年 8 月16 日，美国远东军派顿中尉来到了中山寮，考察我们劳工的情况。我们向美方代表提出，坚决要求改善生活条件。8 月 17 日晚，美军就给我们送来了大米、洋面，还有罐头等。以后不久，我们都换上了新衣服，把原来的当牛做马的破烂衣服全部烧掉了。

1945 年 12 月间，大部分中国劳工从日本矿山中山寮乘火车经日本博多港回国。火车出发前，我们要求火车上插上中国旗，美国不同意，在我们的强烈抗议下，结果火车头上、车厢门口都插满了中国旗。火车出发前，我和其他劳工又把死在日本帝国主义屠刀之下的劳工骨灰送到火车上，让归国华工带回祖国。

此后，我和树棠、罗世英、贾玉民、刘在路、刘在雨等 11 位劳工仍留在日本。远东占领军把我们安排住在花岗病院等候，并派有美军保护。1946 年 3 月间，我又迁到了秋田病院，剩下来的劳工也迁移到这里。同年 5 月间，又从秋田病院搬至日本东京中野刑所（原是监狱）。这时，因花岗暴动被押到秋田监狱的 12 位劳工干部也回到了中野刑所。不久，以朱世明为代表的中国代表团也进驻到日本东京广纬町马布区，我们就和中国代表团住在一起。后来，对日本大战犯东条英机进行审判，判处绞刑，我们有五位劳工出庭作证。我是作证人之一。

1947 年夏，我押着日本战犯——田中均吉（此人在南京大屠杀中，用战刀一气杀害我同胞 105 人），乘飞机回到了伟大的祖国上海龙华机场。后把田中均吉转南京处决。一个月后，残留在日本的 22 位劳工也回到了祖国的怀抱。

日本铁蹄下的打工梦

——一名少年劳工的自述

华　田

半个世纪过去了，我对少年时期的一段亲身经历，至今记忆犹新。

一

1928 年初，我出生在上海虹口区克明路一个教师家庭，因而入学较早，小学五年级跳班考进育才中学。1941 年夏天，母亲吐血病故。第二年我上高一时，有了一位继母。父亲收入微薄，五口之家，糊口也很困难。我开始走上"打工"之路。通过报纸的招收栏，我到一家牙科私人诊所当学徒。主人是位日本留学生，对待学徒非常刻薄。每天打杂不说，吃饭定量供应。饥肠辘辘，让人难以忍受。

1943 年正月里的一天，我在上海苏州河边光陆电影院附近的墙上，看到一张杏黄色纸。那是一个幅面很大待遇诱人的招工启事。招工单位署名是"关东州劳务协会"。其招收对象是铸、车、钳、刨等技工。也招"养成工"，年龄是 12 岁至 16 岁，要求有初中以上文化。"启事"说，"关东州大连风景优美物产丰富，××株式会社所属各厂待遇优厚，粮食有大米、小米、玉米、小麦……技工待遇每月在七八十元以上，养成工三十余元"。（比上海一般技工收入高两三倍）又介绍"膳宿免费，养成工还可保送上学深造，一经录取，即发给被服鞋袜和安家费"。

我想去外地闯闯。那待遇和学技术的条件不能不使我动心。没想到这念头给我带来的却是一段痛苦不堪、刻骨铭心的记忆。

二

报名处在提篮桥朝东，杨树浦路的东方旅社。那是一家开在短弄堂里的小客栈。门口有一张白纸告示：招工报名处在二楼。二楼光线很暗，我听到一个房间里发出叮当的声音。从门外看去，有一个人在挥锤打铁。边上站着几个观看的人。原来是在当场"考核"技工报名者操作上的熟练程度。我走进另一个房间，空荡荡无甚摆设。问话的是个中国人。他问我是否上过学。当我说上过中学四年时，站在窗口的两个穿日本军便服上装的人对我注意起来。问话人向我介绍，一位是相马先生，另一位是渡边先生。戴金丝眼镜的相马先生走过来，饶有兴趣地用英语问我："你能讲英语吗？"我在教会小学和英人办的育才公学（中学）学过几年英语，虽然荒疏了一段时间，简单的会话尚能说几句。相马笑着说："大连很好。将来还可以送你进学校。"他同渡边说了几句。渡边也露出很欣赏的笑意。相马又对我说："到了大连，我会去看你的。"

那个中国人说："相马和渡边先生对你的印象很好，决定录用你了。你先去办报到手续。"我说我想回家说一下，他说报过到再回家好了。

从室外进来一个工人模样的中年人，带我出了旅社，朝马路西边走去。在高阳路附近的华成路，他带我走进华成里。弄堂顶头的石库门房子，门牌是 10 号。跨进门槛后，他把我移交给一位张先生，自己就转身走了。

用三夹板隔成的靠楼梯的小办公室，开着电灯才明亮一些。张先生问了我的姓名年龄，读过几年书，做了记录。他的态度很和气。他告诉我他叫张国梁，我到了大连，有什么事可以写信给他。张的年龄，看上去不过 30 多岁。他好像很为难地不同意我回家。但又说可以代我通知我的父亲，要他来一次。这是特别照顾。还说这里一日三餐，住上几天，另外发安家费 20 元，棉衣裤、鞋袜和被子。

另一个男子送我上二楼临时宿舍。在客堂间（隔成两个小间和一条过道）里壁的楼梯中间有一道未上漆的又粗又厚的木栅门，那人打开门上的大锁，叫我自己进正房休息。随即又听到他的关锁声。那声音好像给了我当头一棒。

屋子里是乱蓬蓬的草铺。已有十七八个人靠墙而坐，也有躺着的。他们让出一角让我坐了下来。我发现他们的年纪都比我大。有几个人愁容满面。这使我隐约地感到前途未测。朝天井的窗子，钉着很密的木条，我的心里又打了个问号。我第一次尝到了关押的滋味。大小便只能在门外的木桶里。开饭时有人送上来。听送饭人的口气，他是外面包饭做（小饭铺）的伙计。送来的饭是黄糙米饭。一面盆卷心菜，一面盆卷心菜汤。

当天下午，我被喊下去领东西。一套黑棉衣裤，一条两面可盖的薄被，一双无后跟的粗纱袜和一双力士鞋。被子里不是棉胎，而是烂棉花，睡了一晚就拱成一团。

第二天我在楼下见到了父亲。他神色黯然地说："你一定要去？"张国梁在旁说了一些安慰话，父亲给我带来一只小箱子，这是我上初中时母亲买给我的，装着她生前替我结的毛线衫，还有几册课本。我一定要他把20元"安家费"带回去。

在华成里10号住了将近一个星期。一个早晨，我们被喊到楼下站队。大门外守着四五个人。未见张国梁人影。门外传进几句日语，有两个人走过来，拿来一捆绳子，依次在每个劳工的左臂上绑了一圈，然后叫我们出门。我们走在路上，两旁行人驻足观看。押我们的人中，有一个穿白大褂的女人说着日语，大约是日本护士。当我们走到公平路"关东州劳务协会"门口停下时，她走了进去。不一会儿，她又出来，在我们臂上打了不知是什么名堂的防疫针。又有几路劳工被押送过来。总有一百多号人。我们是在公平路码头解下绳结的，并上了一条名叫"青岛丸"的海轮。

"青岛丸"上伙食极差，管事的又很凶。一天两餐都是加几颗黄豆的咸粥，由于呕吐，只能咽上几口。大约是第三天到青岛，下客停泊一天。劳工们不准离开甲板，只能望望四周湛蓝的海水。第五天才到大连。

<h2 style="text-align:center">三</h2>

大连埠头外的广场，寒风飒飒，人烟稀少。南来的劳工，蜷缩在一起。一个多小时后，我和其中二十来个伙伴，由人带到了从火车天桥过去的大连铁工厂。这是一家小厂，厂外转角处有一座铁路旱洞。街名是日本化的，工厂的地址叫荣町二番地。

我被分配在翻砂间（铸工）当养成工（徒工）。当天由一个镶一颗金牙戴日本战帽的苏翻译领我们去邻近一家小面馆吃了一碗炸酱面。这是第一次，也是最后一次。

下午，苏翻译和一个劳工大组长领我们去住地。火车经过沙河口小站，到了周水子小站，大组长说下车了。

我们住进一个小仓库般的房子，地下铺了草，人挨人睡得很挤。那晚吃的是窝窝头（玉米粉掺糠粉），漂几片白萝卜的清水汤。

在周水子住了不到两星期。沙河口春柳屯的土坡上，成了我们的歇息之所。这里有几百号劳工，全是从关内南方"招来"的，干活的地方有好几处。住的是一式的长条土坯屋，约有七八条之多。里面是上下左右四条通铺。下铺是炕式无火洞的垒土，上铺是茅竹和竹片扎成的。

每天由大组长带队，步行去荣町上工，路上要走三刻钟左右。伙食也没改善。一早发两个窝窝头，几片萝卜条，午饭也包括在里面了。晚上是定量分发的碜牙的橡子面和不知什么掺在一起的稀粥。招工启事上所说的大米、面粉根本看不到。后来听当地老乡说，老百姓吃大米也是"违法"的。只是在 4 月的"天长节"（日本天皇生日），苏翻译到大伙房来，向劳工们每人分给二两不到的面粉做的"白面馍"和一小块炸鱼。

翻砂间浇注铸件的铁水，是人工从高炉口抬过来的。同我一起分配来的一位姓张的小工，头一天就挨了日本监工的"马果"（用拳头击脸部）。他和别人抬一个蜗形桶，起步时脚一弯，铁水泼出一些，但没伤到人。日本监工就从瞭望哨似的小间里走出来。此人手里总是拿一根寒光凛凛的钢丝棍，指指戳戳，一双鹰眼充满凶光。上海劳工暗地里替他取了一个绰号叫张三槐。因他的嘴脸像猴。旧时有一种迷信色彩的赌博叫"打花会"，其中有个猴怪就叫张三槐。打人的事是经常发生的。张三槐不但打人"马果"，还喜欢握住对方的手，来上一个日本式的"背包"，把人摔倒在地。苏翻译也打人，当地的，南方骗去的，都被他打过。有时日本人不在场，他召集劳工们讲话，也会说些好听的话，什么"咱们都是中国人哪"等等。好像他打骂工人是"没有法子"，出于无奈似的。

我与当地两三个童工一起做泥心模子。有时也干筛黑砂的杂活。有一个姓金的朝鲜少年，对我很友好。听说他是来实习的。我把泥心捏坏了，他不责怪，还露出善意的微笑。有一个比较调皮的童工，叫我"南蛮子"，他叮咛我，监工一来，手不能停下。他还将自己带来的大葱和咸酱分给我吃。

一个月以后，上下工不由大组长押送了。每天进厂，要把"打钟卡"放进一只像信箱大小的考勤机里，叮铃一声，卡上的格子里就打上了上工时间。迟到几分钟，这一天就白干了。

就这样，到了月终发"关饷"（当地工人指工资），我仅得六七元关东票。那些当技工的劳工，也比本地工人拿钱少，每月只十七八元。什么膳宿免费，养成工每月三四十元，保送上学……我这时才明白全是骗人的花招。

四

从咽不下"窝窝头"到不够填肚，从轻信纸上的谎言（招工启事）到现实的教训：挨饿、挨打，全身爬满虱子，没有地方看病，手和脚都害了疥疮并溃烂。我接受了两位伙伴的逃亡计划。一位是本地工人，另一位是比我早来半年多的上海劳工顾维定。顾对我说，去年骗来的人，吃不饱又挨打，夏天当掉了棉衣，天冷时无钱赎回，许多人熬不过去，都冻死病死了。与其这样等死不如闯闯。他认识一位本地工人，准备一起逃到奉天（沈阳）去找活干。也许还有希望逃进关内。我也有闯闯看的念头，所以一拍即合。我们各自溜出厂门（因为倒废渣是在厂外的一块空地上），在约定的僻静处会合，然后搭上一辆有遮篷的骡车，向周水子火车站奔去。一路上我们探望着篷外，心里都很紧张。到了周水子，由那位本地工人买了三张去奉天的车票，"顺利"地进入月台。我们获得了片刻的自由，管不了明天怎样。月台上空荡荡的，好像没有别的旅客。出奇的空旷。

火车隆隆地开进小站。"快跑！"顾维定眼尖，他喊了一声，扭头飞逃。我还没反应过来，只见身前一节车厢里跳下一个彪形大汉，朝我奔来。我一回头，又见另一节车厢下来的是大组长。三人逃跑计划彻底破产了。顾维定没有抓到（以后也一直没有听到有关他的消息）。我和那位本地工人没有跑掉，被麻绳捆了起来。三人的秘密不知怎地走漏了。也许是我们溜出厂门后被人告密。但怎会算得那么准，知道我们会在周水子上车？

大组长们先把我们扭到周水子"官吏派出所"。那个坐在堂中的警官是东北口音。他问了我姓名年龄哪里人，为什么要逃跑，等等。我的回答（现已忘记）竟使他笑了起来。临了他关照抓我的两个人："还是小孩子，你们不要打他。"

在回来的火车上，他们的口气似乎缓和一些："想逃是逃不掉的。"大组长把我押回春柳屯工棚。另一个押着我的同伙去厂里交差。

当晚，我的双手仍被绑着睡觉。

第二天，大组长把我押到厂内制图室外面的小间。那位本地工人已站在那里。小间里有自来水龙头。脸色铁青的苏翻译，先叫那位工人盛了两面盆水，又叫我们把它托过头顶。时间一长，我支撑不住，两手晃摇，冷水从头顶淌下，湿透全身。早春天寒，这种特殊体罚，至今难忘。苏翻译问，是谁出的主意。本地工人一声不吭。我不知怎么脱口而出："我想回家。"苏翻译冷笑："看不出你这小孩还很会讲义气。"他拿着一段很短的橡皮管，狠狠地抽打本地工人的耳光，那工人给打得嘴上淌血，水流满身。他依旧不开口。苏翻译打得累了，走进制图室去。那工人对我以目示意，把面盆按在头顶上。隔了较长时间，苏翻译走了出来，我们又把面盆托起。里面的水有一小半已淌在我们的身上了。苏翻译叫我放下水盆，先回翻砂间去干活。他继续对那位工人进行拷问。

我回到翻砂间。张三槐吼叫着，打了我几个"马果"。在烘干泥心的小烘房里，我脱下棉袄。小伙伴对我说，挨打时要咬紧牙关，不这样，下巴会脱落的。

五

从此，我又开始了更为苦难的生活。没过多长时间我那几位熟识的伙伴都先后死去。

抬铁水的张小工，有次坐在离高炉很近的铁锭上号啕大哭："我见不到我妈了。"他一边看信，一边擦眼泪。原是很棒的小伙子，却被张三槐打得吐血。夏天，他害腹泻，暴死他乡。

陈德，至多30岁，广东人，讲上海话。我记得他在铺位头顶土墙上贴了一张彩印耶稣像。他先是咳嗽不停，经常发烧，仍得上工。没有气力，又遭毒打。最后死在工棚里。

顾月亭，生前曾告诉我，他在上海时是泥城桥中法药房的练习生。有次路过新闸桥附近的赌台，进去看看，结果输光了钱。不得已，报名来到这里。他身体虚弱，终日唉声叹气。高烧不退，被疑是疫病而隔离，死于时疫医院。

六

五六月间，满身疥疮的我，突然腹泻高烧，处于昏迷状态。我被几位伙伴抬进了西岗附近的小医院博爱医院。总算活了下来。我至今不知道当时自己得的什么病。打针使我两肘前后全是针核。那种针一打下去，从脚底热到上身。有的病人说，那是清血针。也有人说，你大概是斑疹伤寒。

高烧退后，才知道邻床的一位年轻人是晚期肺结核。他嗓音嘶哑，好意地把他没有动过的半两小馒头和一块鱼给我吃。我看到两三个年轻医生，轮流地用手指敲击他的胸部，似乎在临床实习。我看着他无声息地死在床上，被抬了出去。

住院十多天，我的头发几乎全部脱落。关节处一动就有声音，至今如此。绝望之中，我给父亲写信，求他去"关东州劳务协会"找张国梁先生帮忙，把我赎回家乡。

我一点力气也没有，瘦骨嶙峋，放在铁工厂连轻活也干不动，我已榨不出油水了。

苏翻译把我找去，他先训我不能干活，又说："上海劳务协会转来了你父亲的信，放人是从来没有过的，但我很同情你，所以对日本人说了。你再写封信回去，要你父亲马上寄钱来。寄给我好了。半年多的生活费，住院医疗费，安家费和被服费，还有来去的旅费。为了照顾你，寄三百元可以了……"

我终于在八月间由大组长送到埠头。一个人走上了"奉天丸"轮船。船到青岛前，大统舱乱起来，因为前面有条船触到水雷爆炸了。许多人争先恐后地套上救生包。我没拿到。总算没发生什么，我平安地回到上海公平路码头。上电车时我连踏脚板都跨不上去，一位乘客扶了我一把。

我又"复活"了一次，终于见到了家人。

父亲苦笑着说："你回来了。回来就好了。"

我从继母处得知，赎身钱是父亲向各亲友借来的。

这就是我少年时的一场噩梦。我自己都没想到当时能活着见到我的家人，而且一直活到今天。

平顶山惨案幸存者的自述

———

杨占有

日本帝国主义侵华期间，在中国犯下了数不清的滔天罪行，辽宁抚顺平顶山惨案就是其中之一。惨案发生时，我正在日本人开的矿上当矿工，日本兵血洗平顶山，我身受重伤，是从死人堆里爬出来才得以逃生的。

我的原籍是热河省，自幼家贫，父母双亡。15 岁那年，家乡闹起大灾荒，人们四处逃荒。我也跟着跑了出来，一路要了一个来月饭，才走到抚顺，找到早年流落抚顺给日本人当了矿工的三个哥哥。从这一年起，我也变成了"煤黑子"；几年后，我的其余几个兄弟也都陆续来到抚顺当矿工。我们兄弟八个先住在杨柏堡，后来杨柏堡要揭盖（开拓露天矿），就搬到平顶山去住。其间，兄弟们先后成家，我们一家发展到 24 口人，我在弟兄中排行第六，人们就唤我为六哥。

1932 年，我 36 岁，那年农历八月十五日夜晚 11 点多，一阵阵"冲呀，杀呀"的喊叫声把我从睡梦中惊醒。这天夜晚月亮正明，我爬起来往窗外一看，一群群的人，身穿土布衣，头上包块布，有的手拿梭镖、大刀，有的肩扛大扎枪，也有两三个人抬一门土炮，还有少数骑马的，从平顶山大街上飞快地穿过。头一回看见这样的一帮人，心里很害怕。这是什么队伍呢？会不会伤害老百姓呢？我偷偷地溜到房后的苞米地里躲了起来，看看这帮人究竟要干什么。他们敲敲老百姓家的门，人家不搭理，也就走了，只是嘴里不停地喊"冲呀，杀呀"，看上去不像是"胡子"（即土匪）。一会儿，栗家沟的把头店铺着火了，腰截子的日本街也着了火，接着，枪声大作。这时我明白了：是最近以来所传闻的救国军、大刀队来杀日本鬼子的。打了一阵，看来他们是打不进去，匆忙沿着原路往回跑。这一夜乱哄哄，一直闹到天亮。

天一亮，一切归于沉寂，人们三三五五议论昨晚发生的事情："大刀队打日本鬼子，替中国人出了一口气。"出去一看，只见从平顶山到东岗这一路遍地尸体，大刀队伤亡相当重。而日本人只死了几个。我们把抗日军的尸首给收拾起来，一直抬到晌午才收拾完。我回家正准备吃中午饭，忽然来了几辆满载日本兵的大卡车，在平顶山的北头停下。日本兵一下车，立刻把整个堡子包围起来，不许进也不许出，然后分成十几伙，从北头到南头，挨门挨户把老百姓赶出来。我全家除四哥杨占青在栗家沟没有回来外，23口人全被赶到了街上。此时街上乱作一团，嗷嗷乱叫，日本兵用脚踢，用枪托撞，拼命赶着人群向前走。我看有不少人身上还背着被，手里拿着点值钱的东西，而我却什么也来不及拿。走不几步，看到我的邻居一位老太太，因小脚走得慢，被日本兵一刀刺过去，立刻倒在血泊里。房子也被点着了，熊熊烈火烧红了半边天。我心想：这是怎么回事？从哪里招来这么一场大祸呢？我不敢往下想，一切听天由命吧。但无论如何也没有想到日本兵会用机关枪来对我们进行集体屠杀。

约在偏午时分，我们都被赶到牧场草坪上。草坪的北头是牛奶房，有铁丝网围着，西头是两丈多高的山崖，只有东面和南面可以出入。我们在草坪上一家挨一家地坐着，在我前面不远的地方，架了两个带脚的东西，上面各蒙一块三角布，我心里犯了猜疑，有人说那是照相机，人们交头接耳地议论着。在这紧张时刻，一个军官模样的出来气汹汹地哇哇大喊，人们虽不知其意，但此时的气氛令人警觉起来，知道事情不好，立刻引起一阵骚动。正在骚乱之际，日本兵把架子上的三角布揭开，有人一声尖叫："不好啦，鬼子放机关枪啦！"话还没有落音，有一个军官模样的日本人嚎叫一声，立即"突突突突……"一排子弹射了过来。没等我定神，我旁边的一位山东老太太举起血淋淋的双手，倒了下去，接着我老婆也中弹了。我俯下身去，只听她说："你早不听我说，早听我说，昨天上姐姐家去串门多好！现在已经晚了。你赶紧抱孩子逃命吧。如果不再来子弹，我还能行，你快跑吧。"我说："子弹这样密集，跑不出去啦！"机关枪一个劲地嚎叫，震耳欲聋，"突突突突……"从南到北，从北到南，来回疯狂地扫射，一簇簇的人群倒了下去。我同老婆话还没有说完，就觉得左臂一凉，一个子弹穿进去了，同时我老婆又中了第二弹死去，躺在我两条腿上。我左臂流血很多，痛不堪言，头也昏昏沉沉。我不知道紧挨在我旁边的弟媳什么时候受了伤，只听她对我说："六哥，起来吧，让他们打死痛快，何必这样受罪呢！"她挣扎着坐起来，没等坐稳，一头栽下来，压在我头部和胸部，死去了。弟媳的鲜血直往我的身上、嘴里、眼睛里流，一会儿便把我眼睛给蒙住了。这时，我身上压了好几个死人，上半身是弟媳，下半身是我老婆，弟媳和老婆的上边又各压有死人。我压在最底下，透不过气来，汗珠和血水混凝在一起。我左臂负伤后的痛苦，我觉得还差一些，最使我难受的是死人的血水不时从我脖子流过，那种滋味是没法形容的。在这样的时刻，是死是活，已不容多想，我也忘掉了死亡的可怕。至于我一家人谁死谁活，我也一概不知了。也许是因为我身上死人压的多，从我弟媳躺到我身上后，日本兵的机枪子弹就没有再打到我，这样，机枪疯狂扫射的头一关躲过去了。

我记得当时机关枪就架在我们眼前，一挺机关枪只配一个刽子手，我一共只看到两挺，但是后来有的人说有五六挺。日本兵的主要兵力不在屠场上，而在离屠场还相当远的东、西两侧山头，目的是防备大刀队，怕他们冲进来营救被害者。

机枪连续打了一阵子后停了，我在昏迷中听到日本兵咕噜咕噜说了几句什么话，一会儿又听到汽车的马达声，我想这一定是鬼子兵屠杀完要走了。最后一辆车刚刚开走，我听见有动静，是没死的人开始挣扎呻唤。这一下糟了。日本兵发现还有人没死，马上把车头一转，再来第二次屠杀。这一次屠杀比起机枪扫射要惨得多。日本兵跳下车，一个个端起刺刀，从北到南挨个地往人们身上刺。我睁不开眼，也不敢抬头看，只听鬼子"库啦、库啦"的喊杀声和刺刀刺到人身上的"克哧、克哧"声。刺到死人身上，只听到"克哧"声，没有反应；刺到活人身上，发出各种凄厉的惨叫，特别是刺到孩子们身上，听那小孩的哇哇尖叫声，人间再没有比这更残忍的事了。刺杀声越来越近，很快轮到我了。我想这一下算完了，爱怎么刺就怎么刺吧。我咬紧牙，屏住气，等着他们刺。只听得"克哧、克哧"两下，都刺到我身顶的死人身上，我当时被压在最底下，全身沾满了血，日本兵以为我早死了，这样我又躲过了第二次屠杀。但是，我的几个哥哥这次全死在了刺刀下，我清楚地听到他们遇刺后的惨叫声。我又听见一位摊煎饼的山东老大娘，临死前还痛骂日本兵："他妈的，操你娘……"第二次屠杀，一直刺到太阳快要落山，鬼子才收兵登上车回去。

这次日本军车开走，再没人吱声了。过了很长时间，才慢慢听到有点响动。我意识到日本人确实走了，才使尽全身力气，推开身上的尸首，挣扎着爬起来。我的眼睛被血糊住，费了好大劲，才把眼睛张开。睁眼一看，黑压压一大片，东倒一个，西倒一个，全是尸首。死的人有的脑袋崩裂，有的胸膛开花，有的丢了臂，有的断了腿，有的身受几十处重伤，血肉模糊，看不出人样来；未死的人有的在作绝命前的惨叫，有的发出低微的呻吟声。还有各种各样没法形容的惨状，叫人目不忍睹。再往远处一看，平顶山堡子全被烧光了，只剩下一点余火还在燃烧。整个草坪被鲜血染红了，成了一片血海，阵阵晚风卷着又咸又腥的血腥味，夹杂着机枪射击后的硝烟味，扑鼻而过，令人痛感分外凄凉。

这时，天下起了蒙蒙雨。我翻看了一下，我一家 23 口人，除我而外，当时就剩下两个小丫头还活着，一个七岁，一个四岁，吓得发痴，不知哭也不知怕，面无人色，双眼红肿，走是走不动了。我先抱走一个放在高粱地，回来再抱走一个。就这样在夜色茫茫里，我又饥又渴，又痛又冷，领着两个孩子，从虎口里逃了出来。

我漫无目标地往南走去，在一个破庙里遇到了两个难友。他们也是刚刚逃出来的，一个姓赵，一个姓王。姓赵的断掉左臂，姓王的下颏整个被崩掉，用手托着，流血不止。我看他们俩够呛，逃出来也活不成。

一个月后，我发现我一家人又逃出了两个：侄女杨小丫，侄儿杨春明。当时他们都被打得昏死过去，小丫打伤了腿，春明伤势极重，受伤 20 多处。春明是在后半夜才醒过来，当时渴得没有办法，是双手捧着自己撒的尿往嘴里喝，才咬紧牙爬了出来，真是捡了一条命。另外，还有我的一位亲戚赵树林，一家只剩下他一人，当时才 11 岁。据他说，他被压在死人身子下面没有受伤，那天夜晚他没有走，在死人堆里守了一夜，他看许多人没有死，爹呀娘呀乱叫，渴得要死，他就一回又一回地替他们寻找水喝，其中包括我的二哥。天快亮的时候，我二哥告诉他：

"快跑吧，天亮后鬼子还要来，我是不能走了。"这样，他才走开。这个孩子以后就在我家养大。后来，我又听我四哥杨占青说：第二天日本兵又赶回来，雇了一帮朝鲜浪人用汽油烧尸。他亲眼看到里边有不少没有死的，只是断了腿或伤势较重，走不了的，朝鲜浪人用火钩式的大钩子，把他们同死人一样钩起来叠在一块，浇上汽油一起烧掉。

我一家24口，除我四哥例外，仅逃出五人，已算万幸了，有不少人家一个也没剩，例如姓徐的一家，36口，统统被杀光了。这笔血海深仇，我永生难忘！

抗战初期两所"鸡犬不留"的大学

经盛鸿

　　1937 年 7 月，卢沟桥事变后日本发动全面侵华战争，给中国高等教育事业带来了极大的灾难。各大学师生满怀爱国热情，发动与组织了世所罕见的全国高校内迁运动，出现了许多感人的事迹。其中有两则"鸡犬不留"的故事，尤为动人心魄。

　　其一是地处天津的南开大学的"鸡犬不留"。这是日寇暴行的结果。自 1931 年九一八事变以后，南开大学师生在校长张伯苓先生的领导下，一贯高举抗日爱国的旗帜，因此日寇对此校恨之入骨。1937 年，卢沟桥事变后不久，日军即于 7 月 28 日凌晨向天津的南开大学开始发泄野蛮兽性。从 7 月 28 日午夜到 29 日晨，从海光寺日军兵营，日军用密集的炮火向南开大学校园轰击，彻夜未停；第二天日军飞机又飞来轰炸，投掷大批炸弹；之后，日军军车又开进学校，把未炸平的楼房泼油纵火焚烧。结果，南开大学著名的秀山堂、木斋图书馆、兰琴楼学生宿舍以及大部分教学楼与平房，均被夷为平地；该校的中学部也化为一片废墟。甚至学校中一口重 18000 斤的大钟，钟面镌有全部金刚经，是一件罕见的历史文物，也被日军拉走熔铸成杀人武器。南开师生艰苦创业 40 年的美丽校园被烧杀得一无所有，"鸡犬不留"。

但是，侵略者的凶残却只能激起中国人民高涨的反帝爱国热情。南开老校长张伯苓在南开校园被毁灭时，正在南京参加会议。他立即在报纸上发表声明，庄严地说："敌人所能毁者，南开之物质，敌人所不能毁者，南开之精神。"在广大人民捐钱捐物的支持下，南开很快在昆明与重庆复校：大学部在昆明与北京大学、清华大学一道成立了西南联大，中学部在重庆恢复成立了南开学校。

其二是地处南京的中央大学的"鸡犬不留"。这却是中大师生誓死抗日的爱国精神的表现。还在抗战爆发前夕，中大校长罗家伦先生就预见到日本侵华战争的迫切性，认为中日必战，战则南京必将不保，这是由日本狂妄的侵略野心与中国国防力量的薄弱所决定的。因而他指示学校后勤部门赶制了大量木箱。当时校内师生多不知此物为何用。8 月 13 日上海抗战发生后，战火日益向南京迫近。罗家伦校长立即布置组织全校师生将学校的图书资料、仪器设备全数装入早就造好的大木箱内，送上"民生公司"的轮船，顺长江水路撤往重庆。接着，他又组织指挥全校师生员工携带物件，从南京向重庆迁移，在重庆沙坪坝迅速复校上课。中央大学是当时全国内迁最好、损失最小、复课最早的高校。

1937 年 12 月初，日军已从东、南、西三面逼近南京。罗家伦校长最后一次到四牌楼中大校本部（今东南大学所在地）与丁家桥农学院（今南京铁道医学院所在地）等处作巡视检查。他见全校人员与财物都已撤之一空，十分欣喜。只有农学院牧场供教学实验用的良种家禽家畜鸡、鸭、马、牛、羊等无法搬运，罗就宣布由牧场职工自行处理，或吃或卖或带回家中均可，只要不落入日军手中就行。但是，中大牧场的职工们在这国难当头之际，人人都充满了慷慨激昂的爱国爱校热情与报国之志。他们说，这些良种禽畜，是学校师生多年耗尽心血培育出来的，是学校的宝贝，是国家的财富，是师生们在今后教学科研中必不可少的试验动物，也是国家未来科学发展的物质基础之一。他们由年长的王酉亭老师傅带头，发誓要将学校的这些宝贵禽畜全部从南京内迁到重庆去，绝不能流失丢弃，更不能留下资敌。于是，他们昼夜加班加点，在短短时间内赶制了大量木笼。然后，他们把鸡、鸭、猪等装进木笼内，再将木笼架到马、牛、羊身上，人牵，手扶，离开了即将沦陷的南京。

这时，江南地区已大部分被日军占领，到处战火纷飞，日军已从东、南、西三面迫近南京近郊，只有长江以北尚无敌踪。于是，王酉亭老师傅率领数十名中大职工，赶着马、牛、羊，携带着鸡、鸭、猪，从南京过长江，徒步循江浦、全椒、合肥一线，向皖中山区进发，然后取道皖西、豫南、豫西、鄂西、川东，跋山涉水，历尽艰辛，时与日机周旋，常与饥寒相伴，历时达两年之久，经历千山万水与千难万险，终于在 1939 年 11 月到达重庆沙坪坝，回到已经复校的中央大学的怀抱中。中大师生闻之欣喜若狂，一齐涌到校门口夹道欢迎那些历经风霜险难的职工师傅与鸡鸭猪马牛羊。校长罗家伦激动得泪流满面，说："我真像异地见到久别重逢的老朋友一样，看到他们，不禁激起了我国难家仇的怒火，我的泪水也不禁夺眶而出了。"（见罗家伦著：《逝者如斯集》）

中央大学的内迁彻底干净，连一鸡一鸭也没留给敌人。这是另一种意义上的"鸡犬不留"。

事后，南开老校长张伯苓说："抗战开始时，南开大学与中央大学都是'鸡犬不留'。"这两个"鸡犬不留"，一个记录了日本侵略者的罪恶，一个显示了中国人民爱国主义精神的崇高与神圣。

电影胶片记录下的南京大屠杀

曹必宏　蒋梅

1937 年 12 月 13 日，日军占领南京后，进行了一场有预谋、有组织、有指挥的空前残酷的大屠杀。日军在侵入南京的最初六个星期中，屠杀和平居民和放下武器的中国士兵达 30 余万人，奸淫妇女的暴行达 2 万起以上，并大肆抢劫、纵火、破坏，使全市 1/3 以上街道、建筑物化为废墟，公私财产损失达 2300 多亿元。

20 世纪 80 年代以来，经过国内外历史学者的共同努力，又发现了一大批反映南京大屠杀历史的证据，如拉贝日记，美国传教士的书信、日记等，其中尤以美国传教士马吉拍摄的 16 毫米电影胶片最为珍贵，这是目前为止发现的唯一现场反映侵华日军南京大屠杀暴行的动态画面。

马吉其人

约翰·G. 马吉（John Gillespie Magee），1884 年 10 月 10 日出生于

美国宾夕法尼亚州匹兹堡一个律师家庭。1911 年，在麻省剑桥圣公会神学院获得神学硕士学位。1912 年，被圣公会任命为牧师并被派往中国，从此开始了在中国主要是在南京 28 年的传教生涯。在中国他结识了内地会英国女传教士菲丝·E. 巴克浩司，1921 年 7 月结婚，并育有四个儿子。马吉主要是在南京下关的道胜堂传教。1917 年，他创办了基督教会的"益智小学"，后更名为"道胜小学""道胜中学"，即今南京市第十二中学的前身，并为许许多多的工人、家庭妇女及其他无业游民提供免费教育。

1940 年回国后，马吉在华盛顿特区的圣约翰教堂（通称总统教堂）任牧师。任职期间，他曾在白宫主持了罗斯福总统的葬礼。其后担任耶鲁大学的圣公会教堂和匹兹堡卡瓦瑞教堂的助理牧师。1953 年 9 月 9 日，在匹兹堡与世长辞。

冒险拍摄日军暴行

1937 年 11 月 12 日上海失守。20 日，国民政府决定迁都重庆，驻宁各外交机构、公司及侨民纷纷撤离南京，但仍有西方传教士、公司代表、大学生、医生、新闻记者 30 多人"不顾各国领事馆的劝告，仍愿居留危城"。他们仿效法国饶神父在上海设立难民收容所的先例，在南京建立一个难民保护区，以便在形势危急时让未及撤退的难民有一个躲避的处所。这个机构的名称初为南京安全区国际委员会，后改称南京国际救济委员会。

当时正在南京挹江门附近道胜堂工作的马吉决定留在南京，担任国际委员会委员，并担任了其后不久由在南京的英国人、德国人、美国人、俄国人及部分中国人组成的"国际红十字会南京委员会"主席。

日军侵入南京后，马吉亲眼目睹了侵华日军在南京的暴行，他在当年 12 月 19 日致夫人的信中写道：

"过去一个星期的恐怖是我从未经历过的。我做梦也没想到过日本兵是如此的野蛮。这是屠杀、强奸的一周。我想人类历史上已有很长时间没有发生过如此残暴的事了，只有当年土耳其人对亚美尼亚人的大屠杀堪与比拟。日本兵不仅屠杀他们能找到的所有俘虏，而且大量杀害了不同年龄的平民百姓。就像在野外猎杀兔子一样，许多百姓在街上被日本兵随意杀掉。从城南到下关，整个城市到处都是尸体。就在前天我们看到一个可怜的人被日本人杀死在我们住所附近。许多中国人很胆小，一遇日本兵掉头就跑，这个人就是这样被打死的……大约在星期二的晚上（12 月 14 日），我遇到两批人，他们四个一排被绳子捆着，其中有一个人没穿裤子，他们在街上被赶着走，人数众多（当我遇到第一批时，天还没有黑，因此看得很清楚），有五六千人。几天来，我们总能听到机枪声音，不仅这五六千人，还有城市其他地方的许多人被枪杀。没有办法能算出多少人被杀，但我估计，包括街上被杀的人，共有 2 万多人。或许更多，也许少一些。"

"在整个一星期，日本兵在南京抢劫了他们所能抢到的东西，他们甚至把德国使馆的小汽车也抢走了，并几次进入美国大使馆，但都被赶了出来。日本军官也参与抢劫……日本兵不断地抢人们已经贫乏的食物，然后是铺盖，抢他们所能拿起的一切物品。"

"但现在最可怕的是强奸妇女。日本人以最无耻的方式干这些勾当，街上到处都是找女人的日本兵……"

日军惨无人道的暴行，使马吉的心灵受到了极大的震撼。他与其他留宁的外国人士一起，以一颗仁爱之心，日夜奔波，尽力制止日军暴行，保护难民。马吉的寓所里就收留了不少难民。与此同时，他还利用自己的特殊身份，带着一架"贝尔"牌 16 毫米家用摄影机，将日军在南京的暴行拍摄下来。

日军对留在南京城内的外国人做出了严格规定，马吉必须完全避开日军，偷偷地拍摄，"千万不可让日本人看见，因为如果让日本人看见，就有被他们砸坏或没收摄影机的危险。因此，他不能直接拍摄处决的镜头，或是拍摄该市几个城区中堆放着大量尸体的场景"。

四部电影拷贝

1938年1月24日，南京安全区国际委员会总干事乔治·费奇登上了由南京开往上海的军用火车。当时，他所在的三等车厢里，几乎全是全副武装的日本士兵。费奇十分紧张，他的驼毛外套的夹层里藏有马吉拍摄的八卷电影胶片的底片，这是关于日军在南京暴行的真实记录，一旦被发现，后果不堪设想。幸好，一切平安，费奇顺利抵达上海。

在上海，费奇碰到了英国《曼彻斯特导报》记者田伯烈，并和他一起来到上海柯达公司，进行紧张的影片翻拍制作工作。

20世纪30年代，电影拷贝的制作还十分落后。马吉所用的16毫米摄影机，其胶片宽2英寸，长50英寸，每张胶片可放映75～80秒钟。胶片是通过"照相转换"处理后冲洗出来的。在拷贝制作过程中，费奇和田伯烈删除了原底片中多余的画面，并根据各部分内容加上一些英文标题。经过剪辑后的电影拷贝共11分钟，共翻拍了四部拷贝。

这四部拷贝当时均被带出中国：一部送给了德国驻南京的外交官乔治·罗森，并被带往德国，遗憾的是后来下落不明；一部被英国"调解联谊会"的女传教士穆里尔·莱斯特小姐带往日本，放映给部分日本人观看，后被日方没收。另两部分别被费奇和于连·安诺德带往美国。安诺德将拷贝送往美国国会，至今仍收藏在美国国会档案馆。费奇将拷贝带往美国后，重新进行了编辑加工，并以"中国被入侵"为名制作了数部拷贝，分送美国各教堂和一些政府机构放映。

电影胶片的湮没与重现

尽管马吉拍摄的电影胶片的第一部分拷贝在美国和日本部分人群中放映过，美国《生活》杂志也在 1938 年 5 月 16 日刊登了 10 幅剪辑自该电影的画面，影片的一些片段也被用于"我们为何而战"系列片中弗兰克·库柏编导的《中国的战争》，这部电影在 1947 年中国军事法庭审判南京大屠杀的元凶谷寿夫时曾在励志社会堂连续公映过。但马吉拍摄的电影胶片，在很长一段时间并未引起世人的注意，人们也不知道曾被使用过的电影画面的拍摄者是马吉。至于马吉在 1938 年 1 月后拍摄的画面更是无人知晓。1946 年，马吉应邀赴东京远东国际军事法庭为南京大屠杀案作证，但不知何故，马吉没有提及所拍摄的电影纪录片，也没有人要求他放映。

1987 年 10 月，时任民主德国柏林洪堡大学亚洲研究系教授的沃尔费拉姆·阿道尔菲（安悟行）向由中国第二历史档案馆在南京主办的"民国档案与民国史国际学术讨论会"提交了一篇名为《波茨坦民主德国中央档案馆所藏原"德国驻华大使馆"收集的 1937—1945 年中国历史部分档案史料》的论文，文中提到：1938 年 2 月 10 日，德国驻华外交官罗森将美国传教士马吉拍摄的胶片内容的记录资料送往柏林。这篇论文经马振犊先生翻译，以《1937—1938 年德国驻华大使馆收集的有关中国抗战档案史料》为题在 1988 年 2 月的《民国档案》第 1 期率先公布。这是目前所知战后最早提到马吉电影胶片的文字，但当时并未引起人们的关注。

1990 年 12 月 17 日，日本京都新闻再度发现了罗森的报告，并在日本报纸上以大字标题刊出。罗森在 1938 年 2 月 10 日给德国外交部的报告中写道："日本人在南京的恐怖统治已达到无以复加的程度。在此期间，美国主教派教会布道团成员、使馆顾问约翰·马吉拍摄了影片。这部电影是日本人所犯残暴罪行最有说服力的见证。……他亲自向大使馆提供了一部拷贝。我们只需向上海柯达公司支付印片费。这部拷贝将通过安全途径送往外交部。随拷贝附上各个剪接图像的英文解说词。解说词和影片本身都是一部令人震惊的时代文献。请允许我提出这样的请求，把带有解说词译文的这部电影能放映给元首和总理一看。"马吉拍摄的电影胶片开始浮出水面。但经各方媒体及学者多方寻找，仍未发现这部影片。

1990 年 12 月下旬，设于纽约的美籍华人组织对日索赔同胞会在《纽约时报》上刊登了征集南京大屠杀有关资料的公告。居住在美国北卡罗来纳州斯沃堡的乔治·费奇的女儿爱迪斯·费奇看到公告后，与该会取得联系，并向该会提供了有关她父亲在南京大屠杀期间的经历。

在爱迪斯·费奇的帮助下，美国纪念南京大屠杀受难同胞联合会（下简称"联合会"）首先发现了乔治·费奇的回忆录《我在中国八十年》。在回忆录中，费奇明确记载了其将马吉拍摄的八卷 16 毫米电影胶片偷偷带往上海、在柯达公司办事处洗印了四部拷贝等过程。接着，费奇编辑的影片在被埋没 50 年后重见天日，费奇的外孙女汤娅·昆顿向联合会提供了一套复制的影片。1991 年 11 月，汤娅·昆顿女士又向中国第二历史档案馆赠送了费奇编辑的影片复制件。

消息公布后，立即引起了一些历史学家和新闻媒体的关注，日本大阪"每日放送"（MBC）与联合会取得联系，并猜测这部拷贝与罗森报告中提到的马吉的影片有关系。于是，联合会与"每日放送"开始设法寻找马吉拍摄的电影原片。

功夫不负有心人，1991 年 8 月，约翰·马吉的次子大卫·马吉在地下室整理父亲遗物时，终于找到了马吉牧师拍摄所用的"贝尔"牌 16 毫米摄影机及其胶片拷贝。

马吉拍摄的电影胶片重现的消息，立即成为世界许多国家报刊的特大新闻，美国、日本、中国香港等地电视台纷纷在黄金时间放映了这部影片。1991 年，联合会聘请著名美籍华人导演王彼得制作了一部名为《马吉的见证》电视片，在亚洲和美洲的一些电视台播出。

马吉电影胶片内容揭秘

马吉拍摄的电影胶片拷贝共有 13 本，全长 37 分钟，附有十分有价值的镜头说明目录。拍摄时间是从日军攻陷南京到 1938 年 4 月。其中第 1～4 本胶片摄于 1938 年 1 月 10 日前，这部分内容与费奇带往上海洗出的四个拷贝相同，第 5～10 本胶片摄于 1938 年 2 月至 3 月，这两部分内容都是关于南京大屠杀的，第 11～13 本胶片摄于 1938 年 4 月，主要是反映难民营内的宗教活动。尽管正如马吉在关于影片《南京暴行纪实》的引言和解说词中所说，他所拍摄的影片的画面"只能让人简单了解一下 1937 年 12 月 13 日日本人占领南京之后发生在该市的无法用言语描述的事件"，但在这部电影胶片中，我们仍能清楚地看到侵华日军在攻占南京后所犯下的包括屠杀、强奸、纵火、抢劫在内的种种令人发指的罪行。

马吉拍摄的电影胶片及其解说词，真实地再现了那一幕幕惨绝人寰的历史镜头。

2 号影片，画面序号：

"2）1937 年 12 月 16 日，上海路。中国妇女下跪请求日本士兵不要杀害她们的儿子和丈夫，他们仅仅是因为被怀疑当过兵而被无情地驱赶在一起。成千上万的平民也这样用绳索捆绑起来，驱赶到下关的扬子江边、众多的小池塘边和空旷的场地上，在那里他们遭到机关枪扫射、刺刀砍杀、步枪齐射，甚至被用手榴弹处决。"

"4）这个19岁的女子在难民区学校里避难。她怀第一胎已经六个月。一个日本兵要强奸她，她进行反抗，因此被他用刺刀狠狠刺了一通。她的胸部和脸部被刺伤19处，腿上挨了8刀，下身挨的一刀有2英寸深，因此她被送进鼓楼医院一天后就流产了。这期间她的伤口已经愈合。"（作者注：这名女子就是状告《南京大屠杀的大疑问》一书的作者日本人松村俊夫一案中胜诉的南京大屠杀幸存者李秀英）。

4号影片，画面序号：

"9）12月13日，约有30个日本士兵出现在东新路口5号房子前并想入内。姓哈的房主人是伊斯兰教徒，他刚刚打开门，就立即被左轮手枪打死。一位姓夏的先生在哈死后跪在士兵们面前，恳求他们不要杀害其他居民，但他也遭到同样命运。哈太太质问日本士兵为什么杀她的丈夫，也同样被枪杀。先前抱着一岁的婴儿逃到客厅一张桌子下的夏太太，被日本兵从桌子下拖了出来，她的孩子被刺刀刺死，她的衣服被抢走，一个或几个士兵强奸了她，然后在她阴道里塞进一只瓶子。后来几个日本兵走进隔壁房间，那里有夏太太的76岁的父亲和74岁的母亲及16岁和14岁的两个女儿。他们要强奸两个女孩时，祖母试图保护她们，立刻就被左轮手枪打死了。祖父去扶祖母，也遭杀害。他们撕下了两个女孩身上的衣服。她们分别被两三个日本士兵轮奸。后来大女孩被匕首刺死，而且他们还用一根木棍插进她的阴道。小女孩也被刺死，只是她没有像她的母亲和姐姐那样遭受到用东西插入阴道那么残暴的恶行。后来，士兵们又用刺刀刺伤了也躲在房间里的夏太太的另一个女儿。最后还杀死了房子里哈先生的四岁和两岁的两个孩子。四岁的孩子被刺刀刺死，两岁的孩子的脑壳被军刀劈开。那个七八岁的小女孩（作者注：即南京大屠杀幸存者夏淑琴），受伤后爬进隔壁房间，那里躺着她母亲的尸体。她在那里同她没有受伤的四岁妹妹待了 14 天。两个孩子靠着炒米和她们在一只锅里找到的锅巴活命。摄影者从这位小姐姐的口中了解到了以上报告的一部分情况，将孩子的叙述与被杀害者的一个邻居和亲戚的叙述作比较，并在此基础上修正了一些细节。这孩子还说，士兵每天都回到这房子里，以便把屋里的东西拖走，但没有发现她和她妹妹，因为她们藏在旧床单下面。

在发生这些令人毛骨悚然的事件之后，所有邻居都逃进了安全区。画面中的这个老太太 14 天后来到她的邻居家，发现了这两个孩子。就是这个老太太把摄影者领到了摆放尸体的院子里。她、夏先生的兄弟和被救出来的大女孩对我们讲述了这个悲剧的详细情况。画面上也可以看到 16 岁和 14 岁两个女孩的尸体，她们和其他尸体排列在一起，这些人都是在同一时间被杀害的。夏太太和她的婴儿同样可在画面中看到。"

6 号影片，画面序号：

"2）这是住在南京附近的一位年轻农民。2 月 9 日，几名日本士兵闯入其家中索要钱财。他说没有，日本兵就在他身上浇上煤油，点着了衣服，请注意他上身的烧伤。"

"3）中国士兵被处决后又被扔进了池塘。他们被处决时手臂都被绑在背后，这点看得很清楚。这是日本人处置成千上万的士兵和平民的典型做法。"

"7）一位很本分的农民被烧毁的房子。据村长估计，在南京以东约 15 英里的地方，在通向龙潭（Longtan）的主干路两旁的房屋约有 80% 已被烧毁，一些较小的马路两旁有 40%～50% 的房子被摧毁……"

屠城血证归故里

2002 年 10 月 2 日上午，庄严肃穆的侵华日军南京大屠杀遇难同胞纪念馆内，一位年近耄耋的美国老人将一台老式"贝尔"牌 16 毫米摄影机郑重地交到纪念馆馆长手中。这位老人就是马吉的次子大卫·马吉，而这台摄影机就是当年马吉在南京拍摄侵华日军暴行所用。

自马吉的电影胶片和摄影机重新发现后，世界各地的许多史学家和作家都曾想斥巨资收购，但均被马吉的家人婉拒了。他们还坦然面对了日本右翼的威胁利诱。在美华人爱国团体的努力下，马吉的三个儿子（马吉的长子在"二战"中牺牲）开过几次专题商讨会后，决定将摄影机捐赠给南京。2000 年 6 月，大卫·马吉首次在美国向大众媒体宣布了这一重要决定。其后，大卫·马吉终于登上了飞往中国的飞机。

大卫·马吉 1～11 岁是随父亲在南京下关度过的，10 年童年生活，给这位世界第二大银行摩根银行退休副总裁留下了难忘的记忆。2002 年 10 月 1 日，当他重回阔别 67 年的石城时，不禁热泪盈眶，激动地说："我到家了……"

在捐赠现场，南京大屠杀的两位幸存者李秀英、夏淑琴紧紧握住大卫·马吉的手，热泪盈眶地缅怀其父当年的救命之恩。马吉曾亲手救助了九死一生的她们，在马吉拍摄的电影胶片中，可清楚地看到浑身是血的李秀英在鼓楼医院抢救治疗（即前文所引 2 号影片画幅 4）和夏淑琴站在新路口 5 号住处尸体堆旁的图像（即前文所引 4 号影片画幅 9）。

对于马吉父子的捐赠义举，中国各有关方面予以了高度评价，南京第十二中学还将原建筑群中保存完好的全木质结构的两幢楼命名为"约翰·马吉"图书馆。大卫·马吉在图书馆剪彩仪式上激动地说道：

"这次我参观了侵华日军南京大屠杀遇难同胞纪念馆，对南京人民遭受的苦难刻骨铭心！我对南京爱得更深、眷恋更热烈了。我为父亲的伟大而自豪，也为自己的捐赠而庆幸。我要在有生之年为养育我 10 年的南京父老乡亲做点儿回报"，"我还要来的，还要来的……"

忆重庆大轰炸

张西洛

"五三""五四"之惨状

1939 年 5 月 3 日和 5 月 4 日，抗日战争期间的战时首都，山城重庆。那两天，好端端的一座城市，却到处是爆炸，到处是火光，到处是浓烟，到处是号哭……这时是抗日战争的第三年，国民党副总裁汪精卫叛国投敌已半年，国民党政府处于抗战与妥协的十字路口。为了对国民党政府施加军事压力，迫其妥协投降，日军对重庆进行了战略大轰炸，其中"五三""五四"是最残酷的两次。

日机早在 1938 年 1 月 27 日就首次轰炸了重庆，在广阳坝飞机场投下了两枚大约 500 磅的炸弹，所幸的只是在跑道旁炸了两个坑，未炸中机场设施和跑道，飞机仍能照常降落和起飞。以后日机对重庆还有过几次轰炸，但架次不多，投下的炸弹也小，看起米不过是骚扰骚扰而已。

1939 年的"五三""五四"大轰炸，可就不一样了。5 月 3 日的中午，我刚采访归来回到七星岗新民报社，喘息未定，就听见一长一短的警报声，预示日机来袭。我连饭也顾不上吃，赶紧收拾了一下，准备去金汤街的报社的防空洞内躲避。大约半小时，"呜——呜——呜——呜"一连串短促的紧急警报声响起来了，报社仅留下几个人看守，其余的都抓起一点自己的东西，急忙钻进了防空洞。

重庆位于长江与嘉陵江汇合点，呈西面高东面低的半岛形，是我国有名的所谓"山城"，其街街巷巷大都以岩、坡、坎、梯、堡、岭、岗、梁子等为名，地势对挖凿防空洞来说倒是有利的。重庆的防空洞分三类。一类是政府给市民挖的，工程粗糙，设施也差，洞内阴暗而又潮湿，洞顶时有水珠滴漏，除洞口可自然通风外，没有任何通风设备，只有煤油灯照明；一类是银行家或资本家等阔人使用的，地势较好，进度较深，多在陡坡山岩旁凿成山洞，有的上面还覆盖钢板，并大都备有小型发电机供照明之用；第三类是官家的，以官家大小各有不同。以我到过的防空洞来说，则以重庆防空司令部的防空洞为最大、最好，电灯通明，有办公室，有通信设备，有吃有喝。不论是公用的或私人的防空洞，都有两个以上的洞口，一是利于通风，二是一旦一个洞口被炸塌，还有另一个洞口可以出去。

我作为新民报的一名记者，当时是专门采访防空的，因成天在外面工作，难得在固定点躲避空袭，故无论走到哪里，遇见空袭就到附近的防空洞躲避，不会受到阻拦。但一有预行警报，只要来得及，我总是跑到防空司令部的防空洞去，既可躲避空袭，又能获得新闻信息。因常去那里，我同重庆防空司令刘峙、副司令胡伯翰及负责空袭善后救济的国民党政府社会部部长谷正纲等人，混得都比较熟。此外，位于柴家巷的康心如公馆的防空洞，我也是常客。康心如是著名的银行家，为人开明，他家的防空洞设施非常好，洞顶还加盖有厚厚的钢板，即使日军的炸弹命中，也不会把防空洞炸塌。住在附近的电影戏剧界人士，到康公馆的防空洞避空袭的不在少数，康心如均热情接待。再有一个地方留给我的印象很深，那就是领事巷，即重庆开埠后一些国家的领事馆所在地。有一次我来不及到别的防空洞，便走进了领事巷的英国领事馆，我同那里的人熟悉，被接待进去。那是一个花园式的建筑，有一大片绿茵茵的草坪，防空洞也修筑得很好。那时太平洋战争尚未爆发，英国领事以为日机不会对英国领事馆施加轰炸的，所以当发出空袭警报后，便命人把一面大的英国国旗作为标志，铺在草坪上。可是，那天日机轰炸目标之一是位于打枪坝的重庆自来水厂，水厂离领事巷很近，一枚炸弹不偏不倚地正好落在草坪上的那面英国国旗上。空袭警报解除后，英国领事看见这一情景，气得脸色发白，大声骂道："野兽！野兽！"

5 月 3 日午后，我们在报社防空洞内都听见了飞机的声音。先传来驱逐机的声音，是我们的空军起飞迎敌了。不久，隆隆的轰炸机声夹杂着炸弹的爆炸声，以及我们高射炮的轰击声响成一片。从爆炸声判断，日机投弹的地方离我们较远，防空洞内感受不到震动和威胁。这次日机轰炸的时间较长，时断时续一直到黄昏，其间有人趁轰炸间歇出洞换换空气，胆子大一点的还跑回报社拿点吃的喝的回来。谢侠逊是盲人，凭着感觉下得一手好棋，人称"棋王"。他家住得离报社的防空洞很近，每次都来躲避空袭，防空洞内闲着无事，报社有的棋手不顾灯光暗淡借机向"棋王"学习弈棋。这也算是"寄沉痛于悠闲"罢了。

入夜前，敌机飞离了。我由于职业上的关系，午饭都没顾上吃，就跑出防空洞径直往被炸的现场去了。我从七星岗走到夫子池，远远看见烈焰冲天，浓烟滚滚。从都邮街往下走，过街楼、会仙桥、小梁子、小什字、朝天门等十几条街的前后左右，都已成为废墟。可奇怪的是，小什字附近的几座高楼——四川美丰银行、川盐银行、川康银行、重庆银行等，却都完好无损。

我在现场察看了一遍。因为是黑夜，到处是浓烟，遍地是瓦砾，哭啼声、呼救声连成一片，真是惨不忍睹，惨不忍闻。我访问了几位死者的家属和伤者本人，询问敌机投弹时的情况，便匆匆赶回报社，写了一条"五三"敌机狂轰滥炸的重要消息，以便第二天刊出告诉读者。

5月3日日机轰炸的主要是重庆下半城的商业区，也有上下半城结合部的大梁子、后伺坡一带。第二天上午，我又到这一带继续进行采访。在后伺坡公园，我碰见了也在那里采访的大公报记者范长江。

后伺坡公园是当时重庆唯一的一座公园，建在从大梁子到商业场的山坡上。公园中种有各种花木，养了一些动物，有阅报室、网球场、儿童游戏场等设施，还有一个名叫"江天烟雨楼"的茶馆和一个名叫"涨秋山馆"的餐馆。在公园的高处，可以眺望长江，江水湍急，波涛滚滚。江的对岸，山高坡陡，林木葱郁，青苍中露出点点白墙和红色屋顶，显得既雄伟而又妖媚。公园里平时游人甚多，可日机恰恰轰炸了这个供市民游览休憩的市内唯一的公园。我们这时看见，公园内陈尸遍地，这里是断腿，那里是断臂，血肉模糊，惨不忍睹。有一位妇女同她的丈夫带着两个孩子来游园，不料遇上空袭，躲避不及，丈夫被炸死，两个孩子都受了伤。这位妇女边哭边叫道："为什么日本鬼子不连我们母子一齐炸死呢？我们今后怎么活下去啊?!"我们还看到了另一惨状：一个丈夫守候着重伤的妻子和被炸死的婴儿。

据在场的重庆空袭紧急救济联合办事处的工作人员说，昨晚已将一批遇难者的尸体运走，将一些重伤员送往收容场所；但是来不及运走的，仅仅在公园内就还有上百人。一座好生生的美丽的公园，现在到处是焦土废墟，断墙残壁，树木折断，有的还冒着余烟。

5月3日的余烬未灭，第二天的下午，日机27架又再度侵入重庆上空。这一次日机把袭击的目标对准上半城，并在投炸弹之外，加投燃烧弹。从都邮街以上，夫子池、临江门、通远门、七星岗一带，都遭到了狂轰滥炸，遍地尘烟，到处火光。新民报社的前后左右，都中弹被毁，只有报社的办公楼房及底层的机器房幸免于难。

新民报社的负责人陈铭德、罗承烈、邓季惶、赵纯继等决定把一部分物资和印刷器材往郊外疏散。当时我尚年轻，又同防空司令部有工作上的联系，于是派我和另一位青年记者李廷瑛，加上几名印刷工人，负责疏散工作。我从防空司令部要来了两张汽车通行证，还借来两辆卡车，连夜把要疏散的东西运往化龙桥嘉陵江畔的一块空地上。那时候，只要能往郊区疏散的，都在迅速转移，如新华日报社迁往化龙桥，大公报、扫荡报和时事新报迁往李子坝。

"五三""五四"两天的大轰炸，给重庆造成了极大损失。据不完全统计，死亡 2000 余人，伤 3000 余人；被毁房屋 2000 余幢；仅都邮街一条街的商店，就有 15 家被焚毁；全市 37 家私营银行、钱庄有 14 家被炸，其他财产损失更是无法统计。

我遭遇的浩劫

1940 年初，我从莲花池新民报社的宿舍搬迁到五福街华盐商巷口一座新建的小楼居住，这是一个朋友修建准备出租的。我和新民报记者李廷瑛夫妇最先搬进去；随后，大公报记者范长江也住进来，并由他的介绍，经济学家沈志远夫妇、国际问题专家罗芸圃也搬来住在一起，好不热闹。不过当时各人有各人的工作，除早晚见面交谈以外，只有星期天能聚在一起喝茶、谈天、议论时势。抗战期间人们的生活是很艰苦也很动荡的，一个人很难在一个住处长待。大约只半年时间，范长江就搬到枣子岚垭沈钧儒家去了，沈志远夫妇迁到柴家巷生活书店，罗芸圃也搬走了。谁能料到，他们迁走倒是他们的福气，而我继续住下来，却遭遇了一场浩劫。

1940年8月19日，我在外面采访。下午，突然响起了空袭警报。我顺道进入防空司令部的防空洞躲避，并希望能得到空袭的信息。那地方原来是刘湘二十一军军部，在大梁子中段，离磁器街不远，是一个占地很大的机关。我进入防空洞立即得知敌机来势凶猛，大约有100架从湖北恩施方面飞来。不多会儿，重庆市区许多地方遭到惨炸，其中，有至圣宫、五福街、走马街、校场口一带。我一听，心里顿时凉了：我的住处正是在这一带，是不是被炸了呢？当时我还未成家，父母亲带着弟弟早已疏散到涪陵李渡镇我舅父家去了。我住处的东西不多，衣被也只一点点，倒没有什么可担心的，但毕竟那一带有我的住处，所以总不放心。重庆当局规定，警报未解除之前，人们不能上街，只有防空人员、消防队员、救护人员例外。我是新闻记者，又执有防空司令部发给的特别通行证，凭着这个，没等解除警报，冒着风险，我就急忙从大梁子跑回五福街。敌机还在天空上隆隆地盘旋，高射炮还朝着敌机开炮。我不顾这些，拼命地往住处奔跑。

五福街位于走马街与至圣宫之间（现名和平路），是一条两头稍高、中间略低的地带。待我跑到走马街时，只见五福街浓烟滚滚，烈火熊熊，房屋在火焰中噼噼啪啪的炸裂声和倒塌声，以及人们的惨叫声清晰可闻。一看这情景，我知道坏了，赶紧跑向华盐商巷我的住处。走到跟前，我傻了眼，院子门前中了一颗炸弹，引起大火。这时火焰虽已逐渐熄灭，但仍烟雾弥漫，我们的住房有一半已经倒塌。我不顾一切冲进院内，踏着瓦砾，爬上楼去。我的那间住房全部被烧，消防队员为灭火喷射的水还在四处横溢。

我对衣物的损失并不在意，但也有一些珍贵的东西值得在瓦砾和灰烬中寻觅。其中，有我 1939 年到西北战场采访用过的一本上海申报馆出版的中国大地图，每到一地我都去当时邮局或邮电所盖上当日的邮戳，以资纪念；有中共代表团和中共国民参政员周恩来、董必武、林祖涵（林伯渠）、陈绍禹（王明）、邓颖超、秦邦宪（博古）、吴玉章、王若飞等人为我写的题词；有我搜集的许多张名片，包括孔祥熙等人和当时红极一时的所谓"游击英雄"赵侗之母——赵洪文国在一张硬纸片上写的"名片"，共约 200 余张；有国民党元老张继给我写的一个条幅；有冯玉祥、李宗仁、傅作义赠送给我的题有我名字的半身照片。当然，还有一些书籍和笔记本……这一切都被毁坏了，有的被烧成灰烬，有的破损不堪，有的被水渍坏。我急得哭了起来，这是我抗战八年中损失最惨的一次。时隔不久，1940 年 10 月我在重庆结婚，当时只有被盖一床、衬衫一件、卡叽布中山服一套，除此别无所有。

大隧道惨案

1941 年我从新民报社转到中央日报社当记者。社长陈博生知道我是重庆人，对本地情况熟悉，就分配我在采访部担任地方新闻的记者，并负责采访防空方面的新闻。

1940 年以后，日军对重庆的轰炸次数逐渐减少。一方面是它企图"摧毁中国抗战意志"，"迅速结束中国事变"的目的未能达到，改变了战略方针；另一方面是我国政府从苏联、美国购进一批飞机，增强了中国空军的作战能力；此外，日本空军受太平洋战争牵制，没有力量对中国内地采取大规模的空袭行动。据历史资料记载：1941 年日机空袭重庆22 次；1942 年 2 次，1943 年 9 次；以后它就濒于失败，再无力量派飞机深入内地空袭重庆了。

但是，在 1941 年对重庆的空袭时，日军采用了灭绝人性的飞机轮番出动，进行"疲劳轰炸"，酿成了6月5日震惊中外的"重庆大隧道惨案"。

抗战期间，重庆人口猛增，而能容纳市民躲避空袭的防空洞甚少。重庆防空司令部会同重庆市政府在人烟密集的市中区，修建了一条长约两公里、离地面约十米深的大隧道，供市民躲避空袭之用。预计建成后可容纳万余人，算是重庆最大的防空工程了。在大隧道的修建过程中，我曾前去采访，地点选择得并不错，在十八梯、石灰市和另一条街（我忘其名），各凿了一个较大的洞口，可并排进去三四人。每个洞口设有木栅门，平时上锁，有空袭时打开，让市民进入。进洞口后即沿石板阶梯下行，隧道宽、高均为2米左右，三个通道可以互相往来。隧道内两旁放有简单的木板长凳，可供市民坐下休息，墙上每隔一段，挂有油灯照明。整个工程比较粗糙，设备也极简陋，通风条件不好。

6月5日傍晚，我在新街口中央日报社刚写完新闻稿，正准备回家吃晚饭，突然空袭警报响了。我赶紧带上笔记本等，到附近川盐银行的防空洞躲避。

晚9点钟左右，大批日机飞临重庆上空。我们在洞中都能听见隆隆的飞机声，同时也听见了炸弹的爆炸声，由于得不到准确的情报，只能凭感觉进行判断。日机不断地飞来又飞走，总有那么几架在进行骚扰破坏，到深夜解除警报时，空袭时间竟长达十小时以上。

6月6日上午8点，我照例先到报社。采访部主任赵效沂告诉我说，昨天晚上大隧道发生了大惨案，死了不少人，要我立即去那里采访。我连走带跑到了石灰市街，远远就听见一片哭声，迎面而来的是抬着的、背着的一具具尸体。我快步走近大隧道的洞口，看见防护团的人正在清理现场。带有臭味的空气迎面扑来，街的两旁横躺竖卧着几十具男女老幼的尸体，有的人在尸堆中寻找自己的亲人，情景十分悲惨！

据防护团的负责人介绍：傍晚空袭警报发出以后，许多人都争先恐后涌进了大隧道躲避，隧道内挤满了人，空气不通畅，潮湿而郁闷，有人憋得不行顾不得挨不挨炸，拼命往洞外挤，希望走出隧道透透空气。可是，洞口的木栅门上了锁，外面有人把守，空袭警报解除前，谁也不准出去，谁也不敢去开锁，结果有的人昏过去了，有的人还拼命往外挤。这样，通道口被堵塞，隧道内的空气更坏，更多的人昏倒地上，不少人因缺氧窒息而死。

深夜开始清理现场，由洞口开始从里往外搬运尸体，直到上午8点多我到达现场，三个洞口仍在往外拉死尸。有的衣服撕得破碎，有的满脸泥泞已看不清面目，有的全身赤条条，有的皮肤变成了蓝黑色……可以想见，这些牺牲者都是极力挣扎、希望活命的。

重庆大隧道惨案，是日本军国主义者欠下中国人民的一笔血债！

天府之殇

——日军对成都的五次大轰炸

李天治

编者按：钱钟书先生在《围城》中曾提到抗战开始后日军对中国城市的空袭，并借用典故戏谑之："……以后飞机接连光顾，大有绝世佳人一顾倾城再顾倾国的风度。"须知，这戏谑之言的背后，既有日军血淋淋的暴行，也有我中华民族军民哀兵必胜的意志。

武汉失守前，国民政府由南京迁都重庆，中共八路军办事处和新华日报社也由武汉迁往重庆办公。四川由此成为抗战基地和复兴民族的根据地，也是当时中国政治经济、文化教育和军事国防的中心。所以，日军空袭四川的目的很明确，就是"以炸迫降"。

1938 年 12 月 25 日武汉失守后，日寇航空兵团团长江桥英次郎中将命令日军第一飞行团团长寺仓正三少将轰炸四川重要城市，重庆、成都、乐山、南充、宜宾等城市先后被炸，我四川同胞蒙受巨大牺牲，国家财产遭受重大损失。这期间，适值我在成都上学，因而得以目击日机

1939 年 6 月 11 日，日寇首次轰炸成都。图为中华西坝一带被炸后惨状

"五次光顾"、轰炸成都的罪行。

一　顾

1939 年 6 月 11 日夜，日机 27 架飞抵成都狂轰滥炸，霎时间成都上空爆声如雷，仿佛地震山崩。敌机投掷了大量燃烧弹，无数民房被烧毁。盐市口和九龙巷一带顷时成为火海，虽是夜空，照耀如同白昼，连距成都 60 里之远的新繁县城都能见到熊熊火光和腾空而起的黑烟，其毁房之惨状可想而知。

在提督街，我看到凌云饭店大楼前半部的二层已变成瓦砾堆，后半部已成断壁危楼，被压死在倒塌房屋中的人不知其数，而幸存者则遍体鳞伤，尘土满身，面容灰黑，倒卧血泊，仰天呻吟，惨叫之声令人裂腑，惨不忍睹。

遭遇轰炸后残垣断壁的成都街道

首度遭遇轰炸中，成都的重点灾区是盐市口、锦江桥、顺城街、提督街、荔枝巷、九龙巷、南新街、上东大街、粪草湖街、交通路、南署袜街等。据当时市府统计资料记载：中弹或被烧、被震倒的门牌号数共有 1215 个，受害者约有 6000 人。

二　顾

1939 年 11 月 4 日，日机 54 架从武汉王家墩机场起飞，再度杀气腾腾地侵入成都上空投弹。这一次，成都中央防空总监高炮部队在市郊发射高射炮弹痛歼敌机，同时我空军勇士也起飞迎战，空战激烈。当时击毁敌机两架，其中一架敌机坠落于仁寿和简阳交界处观音场附近的乡间。这架由日本三菱公司生产的"96"式轰炸机是由被日军奉为"轰炸大王"的奥田喜久司大佐驾驶的，他也是此次空袭的日机领队。从飞机残骸中，搜出了一些文件和成都市的地图，此外还从奥田尸骸中搜出他随身携带用小银盒装的佛像一个。可叹他作恶多端，血债累累，任他如何祈佑，终遭天谴，坠机殒命。该机后被运至成都少城公园教育馆展览。另一架敌机坠于中江县境，残骸也被运来与奥田的飞机置放棚邻，公开展览，可谓大快人心。击落奥田的是我空军第五航空大队第29中队副中队长、中国王牌飞行员邓从凯。令人扼腕的是，当他驾驶 N–16 驱逐机在数架敌枭战机包围中死死咬住并击落奥田时，自己的飞机也多处中弹，最后不幸撞上一棵大树而英勇牺牲。壮哉烈士，碧血长空。

三 顾

1940 年夏的一天，下午 6 时许，遥闻成都发出警报后，我和同学付舒林、李悌君、白开茂等人赶紧越过机投桥溯河而上，去河边桦桉树下躲藏。此时，忽见天空一大群敌机排成横一字形由东向西飞行，飞越我们上空时嗡嗡之声震耳欲聋。与此同时，即有成都、青羊宫、苏坡桥、高升桥、红牌楼等方向的探照灯光交叉射向敌机。瞬间，敌机机身四周银光熠熠、耀眼刺目；顷刻，敌机被吞没于弥空浓烟之中，只听空中发出噼噼啪啪的声响，似若"猴子夺蜂包"的烟花爆竹。此时，由苏坡桥至温江公路一线的高射炮部队亦发射炮弹歼击敌机，炮声轰隆间只见硝烟四起；同时我神勇空军也升空迎敌，空战激烈之状令人恐惊。激战后，敌机向大邑方向逃遁。

不久，敌机又自新津、双流窜向成都。因天色漆黑，无法投弹，日机遂先投掷"照空灯"十盏，用降落伞徐徐垂降，在双流至成都的上空排成长一字形，经十多分钟方落地，其光之耀甚于烈日，连 200 华里外的蒲江县甘溪铺都能见到。"照空灯"令我们无处藏身，以致付舒林同学吓得当场号啕大哭。随后日机向太平寺机场投弹，尽管该处距我们尚有两公里左右，仍有地震山崩之感，河里水花迸溅，令人惊骇不已。

日机轰炸完太平寺机场后不久，观音寺背后的三根柏（小地名）处有汉奸发射信号弹数十颗，五颜六色射向天空，给日机指示轰炸目标。日机看见后，马上从我们头顶掠过，经苏波桥直飞黄田坝机场投掷燃烧弹，将油库炸毁，顷时黄田坝至青羊宫一带火海一片，熊熊火光映红了大片天空。

四　顾

1940 年 10 月 27 日白天，敌机 36 架再度轰炸成都，此次以投掷燃烧弹和机枪扫射为主，因此我军民人数伤亡重大。当天我入城买书，正好遭遇敌机，被迫逃往猛追湾躲乱。只见敌机用机枪向稠密的人群扫射，刹那间血肉横飞，脑浆四溅，肠肚满地，伤者或呻吟、或痛哭狂叫，亡者枕藉，其状极惨，令人目不忍睹。此次遭受轰炸的重灾区有北糠市街、春熙南段、东顺城街、南新街、新街后巷子、走马街、祠堂街、少城公园、西玉龙街、上罗锅巷、东较场、猛追湾等处，计伤亡人数约三四千人。敌人之残酷无情，充分暴露了日本帝国主义的狰狞兽性。

五　顾

1941 年 7 月 27 日上午 10 时许，敌机 108 架又来空袭成都，此次以空中爆发炸弹进行狂轰滥炸。当天听到警报后，我和王嘉春等三人赶去朝荫寺附近的墓地避乱，仰视天空，只见红日高挂，云淡天青。俄顷，忽见我机三架追击一架敌机，俨如蜻蜓相逐，时而互相炮击，轰隆震天，时而机枪对射，噼啪作响。只见敌机俯冲低空，逃在我机翼下，突

1945年9月3日，重庆民众狂欢庆祝抗战胜利，象征胜利的V字形无处不在

然之际又由低空成弧形翻飞高空，腹部朝天，凌驾于我机之上发射炮弹，我机不幸遭击落一架。

警报解除后，我们由机投桥出发，越过杨公桥、龙爪堰、青羊宫进入通惠门、金河街到将军衙门。沿途只见处处焦土，碎瓦断木满地，尘埃弥空，被炸飞的棉絮高挂于树枝，外披尘土，状若糍粑。进入包家巷，看见几个大弹坑，深达五米上下，宽则六米有余。转到祠堂街，只见抬尸者不绝于途；在少城公园门口，有一个妇女坦胸露乳，怀抱婴儿，母子皆死；在图书馆，只见楼房倾塌，被炸断的钢筋悬吊空际；折向荷花池，池旁的古树枝被弹片截断，树桩旁依坐一位穿麻色制服的高中生，头被炸飞，惨不忍睹，又见池内尚有未爆的炸弹，旁插警告牌示"此处危险"；进入动物园，珍奇鸟兽无一幸存；在"辛亥秋保路死事纪念碑"处，其碑座被炸破几大块，钢筋混凝土的楼房被炸掉一层；在光明电影院坝内，又看见数十具罹难者遗骸，大多肢体残破，断头折臂。在皇城坝，我们从"为国救贤"石牌坊进入，只见幢幢民房已成片片焦土，树枝上挂着血衣，树下肢体横陈，肠肚脑浆满地，到处血迹斑斑，臭腥袭人；受伤者倒卧血泊，呼号啼哭，哀鸣之声令人心碎，也忍不住呜咽啼泣。

当时据《新新新闻》报道："受灾重区，城内以皇城、少城公园最为惨重，城外以三洞桥、四座磨一带死伤最多，约计全市居民死伤7700余人。全市医院住满伤残者，市内大小棺木全部卖光……"此次轰炸后，成都市内居民纷纷扶老携幼疏散下乡，一时间市景萧条，昔日繁荣鲜活之成都，而今已成碎瓦颓垣，蓬蒿满地，一片凄凉景象，人烟稀少。嗟乎！我成都无辜百姓，何罪之有而遭此劫？

尽管屡遭劫难，我四川军民也绝不肯坐以待毙。抗战伊始，川军将领刘湘、邓锡侯、孙震、杨森、李家钰、王铭章、饶国华等相继率军出川抗日。尽管武器装备低劣，仍予敌以迎头痛击。在抗战中，川军将士付出了极大的代价，李家钰、王铭章、饶国华等将军先后为国捐躯，血沃疆场。

经年苦战后，1945年8月15日，日本终于宣布无条件投降。当天，成都军民闻此佳音，一时间万众欢腾，鞭炮之声响彻全市；午后又举行火炬游行，狂欢彻夜；成都中央军校则鸣礼炮101响，以示庆祝，防空部也鸣汽笛15分钟，宣告抗战终于胜利，告慰九泉之下的罹难军民。

（四川省政协文史资料和学习委员会推荐来稿）

日军血洗葛洲坝

邹德慧　肖觉整理

　　我家祖祖辈辈世居葛洲坝，"八月十八"（农历）是葛洲坝老人们最难忘的忌日。1941 年这一天，侵华日军对葛洲坝民众施行了大屠杀，我亲眼目睹血洗葛洲坝事件，至今难忘。

　　在举世闻名的长江葛洲坝水利枢纽工程兴建之前，葛洲坝是宜昌市郊上游的一个江心小岛。它上距西陵峡口约六华里，坝长约三华里，宽处不过一华里，呈梭子形，自北至南顺江，有肥沃土地约 300 亩。坝上的居民多姓邹，除常年种植蔬菜以供应宜昌市外，也有部分人从事划船业、渔业和兼营小买卖。枯水季节，坝上人们可徒步越过三江直抵对岸，经镇境山脚边的大道进城卖菜或小贸；但到洪水季节，坝被泛涨的洪水所包围，无论是进城，还是到隔二江相望的另一大岛——黄草坝连着的西坝，都要划渡。

　　1940 年 6 月日军占领宜昌时，葛洲坝上尚住有百余户人家，三百余口，加上从城内逃迁来的难民数十人，总数已超过 400 人。宜昌沦陷的当月，日军曾经过西坝对葛洲坝进行过骚扰。接着日伪在西坝设维持分会，并常驻一小队日军；而葛洲坝上也同时设维持支会，支会会长初是邹德节，几个月后换成邹德修，但无常驻日军。

1941年9月底至10月初，中国第六战区军队为配合长沙战役，以江防司令部和第二十六集团军所辖的几个师的兵力，对宜昌日军发起反攻。连日来，四郊枪炮声不绝于耳，困居在宜昌沦陷区的老百姓虽然很害怕，却又感到光复日子即将来临，因而窃喜异常。至10月7日下午，日军突将西坝西霞寺渡口封锁，并把葛洲坝上的民用渡船、渔船、菜船甚至粪船全部拖至西坝圈泊。此时正是洪水期，因而葛洲坝与外界的交通便完全断绝了。

次日（为10月8日，即农历八月十八日）清晨，天刚蒙蒙亮，便有第六战区江防司令部某连战士百余人，分乘六只小木船在葛洲坝上首登陆。消息很快便在坝上传开，人们都以为胜利的日子从此到临，大家燃放鞭炮并赶制国旗以表示欢迎。中国军队登陆后，也主动告诉老百姓说他们是经过精心挑选的"前沿奋勇队"，大部队还在后面。听了他们的话，大家就更不害怕了。

我是听到鞭炮声后才起床的，跑出门一看，只见满村都是大兵，长辈们都忙着烧水做饭款待他们。当时，我知道长江右岸的西陵山包心头驻扎着日军的永末中队，左岸紫阳一带也驻有日军，都可以窥伺葛洲坝，但从天明到上午9时许敌人却没有任何动静。10时以后，情况开始发生变化，先是三架日本飞机在坝的上空轮番轰炸和扫射，投下小型炸弹。好在我们军民有所防备，大家能及时四下掩蔽，伤亡不大，只是将坝上的房屋炸塌了几幢。我仗着自己年纪小，身体灵活，在屋外树林里东藏西躲，也安然躲过去了。

到了下午2时左右，日军开始在西坝结集，于是一场争夺葛洲坝的战斗开始了。先是敌人在黄草坝（即西坝上首）构筑临时堑壕，并隔水与中国军队奋勇队展开了激烈的枪战。双方交火约一小时，由于江南紫阳山头、江北绵羊洞山头两处敌人的炮火配合，奋勇队伤亡惨重。至下午4时许，日军感到时机成熟，便在轻重火力的掩护下，出动六只汽艇载运士兵强行在葛洲坝下首登陆，并步步向上坝"围剿"。奋勇队以死相拼，边战边退，被杀得尸横遍地，最后除五名船工渡江到南岸逃生外（载奋勇队的六只木船共有25名船工），其他全部壮烈牺牲，血洒葛洲坝沃土。

战斗结束后，日军从上坝分两路对全坝进行搜索。日军兽性大发，见屋就烧，见人就杀，一场血腥的大屠杀终于降落到葛洲坝居民头上。

日本兵闯进我家，第一句话就是向我父亲要"马机"（日语"火柴"）。我父亲不懂日语，无法回答，被打了几耳光。有一个日本兵扳动枪机要开枪，吓得父亲慌张中碰翻了做生意的担子，刚好从担子里掉出一盒火柴来，这才救了父亲的命。日本兵拾起火柴走出门，首先就在我家放起火来。幸亏他们走远后我家拼命扑救，结果只烧毁了一间房屋。

我家是单家独户，附近各家住处也都分散，在日军杀红了眼的时刻，大家都觉得十分危险，于是我们有几十人逃到维持支会寻求保护。不料这里也不是安宁之地，不一会儿就有一队凶神恶煞的日本兵闯了进来。住在维持会隔壁的邹德华（时年20岁）为了免遭祸害，双手端出一碗茶水递给当头的一个日本兵。谁知那日本兵不等邹德华抬起手，就一刺刀捅进了他的肚子。只听得一声惨叫，这个可怜的小青年就倒在血泊之中。邹德华的母亲上前保护她的儿子，也被刺刀戳倒。接着，日本兵又将他家的房屋点燃，把奄奄一息的母子俩抛入火中活活烧死。这是我在这次大屠杀中亲眼见到的。

大屠杀从下午4时开始，一直到傍晚7时才结束。葛洲坝已成了伤心坝，坝上居民和难民多有死伤，房屋被烧毁的也不少。在死难的人中，大多是被枪弹打死，有些是被火烧死的，除邹德华及其母张氏外，还有邹大谟及其母戴氏也葬身于火海。大谟死后，妻子改嫁，遗下一子已受重伤，大屠杀后不久即不治而死去，一家三代死绝。有些人是被刺刀捅死的，如邹大明、邹德森等都在刺刀下葬身。其中死得最惨的是吴和尚，他本姓邹，因父亲死得早，母亲蔡氏无力抚孤，便将他过继给吴姓人为养子，日军兽性大发，先用刺刀捅穿他的肚皮，然后插在枪尖上推入火中，其死时年仅九岁。身强力壮的邹荣林肩部被日军打穿，也被推进燃烧着的自家屋里，当他挣扎着往外爬时，日军又把他推进去，用刺刀逼着不让他出来，结果被烧得体无完肤，痛叫了一夜才断气。还有邹昌沛一家七口人，被杀死五口；葛洲坝小学的校长邹荣泰（号治安）和朱老师也惨死在日军的屠刀之下。幸有维持支会会长邹德修的侄儿邹大藩出面，才使得部分居民免遭杀害。因邹大藩叔叔的关系，而认识西坝维持分会会长黄华卿，还可说几句夹里半生的日本话，靠他出面递烟递酒说好话，总算挽救了一些生命。但他却没有保护下他的亲哥哥，他哥邹大昌见日军来时，慌忙跳入江中，被日军的枪弹击毙在江边。

这次血洗，令葛洲坝的居民家家有死人，户户传哀声，后来被人们掩埋的尸首竟近200具。血洗事件的第二天，日本驻宜宪兵队长和特务机关长又来到坝上，宣布对"小岛"（指葛洲坝）继续封渡，居民人等严禁与外界通行，并恶称："要将你们统统饿死。"维持会支会长邹德修无可奈何，只得杀了一头猪给日本人送去，过了几天他们才让摆渡通行。但人们仍在生死线上挣扎，邹昌贤等人就是被活活饿死的。

准予摆渡后，有两小队日军相继常驻葛洲坝，还强迫坝上居民修筑了两座钢筋水泥碉堡，并把原葛洲坝维持支会改成保甲编制，实行连坐法。从此，葛洲坝便成抗日战争时期，日本侵略者入侵长江最深远的地方，它似一艘不动的"战舰"，与西陵峡口的中国军队长期对峙着。这种局面虽然到 1945 年抗战胜利时结束了，可葛洲坝的老人们又怎么忘得了那血腥的"八月十八"呢！

不能忘却的千里"无人区"

于洋　郝洪喜整理

日军侵华期间，我国长城内外，今河北、辽宁、内蒙古、北京、天津的25个县（区）被制造成了千里"无人区"。在这片总面积5万平方公里、总长度大约1000公里的区域里，曾经郁郁葱葱的壮丽河山被日军强行变为一片焦土，老百姓被迫背井离乡，流离失所，哀鸿遍野。对此，学界中有"南有南京大屠杀，北有千里无人区"的说法。对于千里无人区的血泪历史，我们不能也不该忘记。

千里无人区的缘起和形成

20世纪30年代初，日军便在我国吉林省东边道、黑龙江三江等地区制造无人区，目的是打击东北抗日联军，巩固其在伪满洲国的反动统治。1933年12月3日，日军发布"集团部落建设"（即"集家并屯"）布告，强迫住在山区偏远地区的老百姓离开自己曾经世代居住的家园，迁往指定的"集团部落"，而且必须将原来的村庄、房屋拆毁，否则将放火烧光，不肯走的老百姓则被残忍地开枪打死。

日军占领东北三省以后，便把下一个侵略目标对准了热河省（热河省始建于1928年，所辖范围包括现在的承德市八县三区以及辽宁省和内蒙古自治区的一部分，1955年底，热河省正式撤销）。1933年3月，日军侵占热河省后，激起了不甘心做亡国奴的中国人民的顽强反抗。1937年8月，中共中央政治局召开洛川会议，根据毛泽东"关于红军可出一部于敌后的冀东，以雾灵山为中心区域开展游击战争"的提议，由宋时轮、邓华率领的八路军第四纵队5000多人从平北斋堂出发，浩浩荡荡挺进包括兴隆、滦平、丰宁在内的冀热边地区，开展冀热边地区抗日游击战争，创建冀热边抗日根据地，抗日的烈火越烧越旺。到1939年底，由李运昌领导的八路军冀热察挺进军第十三支队（后改为冀东军分区），已发展到辖一个主力团、九个游击总队共数千人的抗日武装。日伪当局十分惊慌，连连惊呼："延安的触角深入满洲，打乱了满洲秩序。"消息传到伪满洲国的"心脏"长春，日本关东军司令部如临大敌，立即决定采取紧急措施予以镇压。

为此，日伪当局便决定把曾经在东北实行的无人区化政策，也就是集家并村政策的所谓成功经验由东北推行到冀热察地区，在冀（河北）热（热河）察（察哈尔）边界长城沿线，即伪满洲国"西南国境线"上，开始制造骇人听闻的千里无人区。

1941年5月17日，日本关东军宪兵司令部发出第二六四号《西南地区特别肃正》作战命令。同年9月15日，日本关东军防卫司令部又发布了第二八号关于实施《时局应急西南地区特别肃正》作战命令，特别指明：西南地区特别肃正的实施区域已经从热河省的局部地区扩大到热河全省，再次强调进行集家并村、建设集团部落为"治本工作之重点"，企图以此构筑一个纵深千里的战略封锁线。

与此同时，根据日本关东司令部命令，日本承德宪兵队本部于 1941 年 10 月间拟订了《国境地带无人区化》方案，把制造无人区提高到战略高度。日军在日本华北方面军司令冈村宁次的直接指挥下，于 1942—1943 年间，在长城内侧制造了 4000 多平方公里的无人区。

从 1939 年秋到 1944 年春，日伪当局在东起山海关以西的九门口、西到张家口赤城县独石口以东的老丈坝近千公里的长城线上大规模地制造无人区。到 1944 年春，日军炮制的千里无人区计划基本完成。

制造千里无人区是侵华日军所奉行的对外扩张的"大陆政策"的一个重要组成部分，一般由三种不同的区域形式组成。一是"无住禁作"地带，主要是指在靠近长城和敌伪不容易控制的山区，将偏僻村庄和零散住户的房子全部拆毁、烧光，不许住人，不许耕作，区域内实行"三光"政策；二是集家并村，在交通方便、地势平坦开阔、便于管制的地方建"部落"，老百姓集中起来，然后训练"自卫团"、发武器、实行牌甲制、登记户口、发《证明书》等，进行集中营式的严密控制；三是"禁住不禁作"地带，一般距部落不过三五里，白天可以种地，但到晚上必须回部落住。

与此同时，日军华北方面军在长城内侧的遵化、迁西、迁安、蓟县、平谷、密云、怀柔等地区修建"集团部落"，制造了约 4000 平方公里的带状式无人区，并在今延庆、张家口赤城、龙关交界地带的大海陀地区制造无住地带。

日军推行集家并村政策、制造无人区，从战略上来讲，是为了"确保满洲"；从战术上来讲，就是为了破坏人民群众同共产党、八路军的鱼水关系，达到"竭泽而渔"的目的。日军文件中露骨地写道："所谓集家，即将可能成为'敌人'活动的国境地区的居民，集结于我方据点或近旁地区，使之与'敌人'活动完全隔离，由我方掌握控制。"又

日军为制造无人区而强行拆烧的房屋

说："民众的支持乃彼等的依靠，这样就能切断彼等与民众联系的纽带、救命之纲绳，此实乃致命之打击。"

日军在千里无人区犯下的累累罪行

日军侵华期间，在千里无人区犯下了一系列惨无人道的罪行，主要有以下几个方面：一、实行灭绝人性的"三光政策"；二、修建集中营式的"集团部落"；三、实行残酷的政治、军事统治；四、对矿产资源的掠夺和破坏；五、强掠劳工进行奴役、迫害；六、进行文化、教育侵略；七、强迫种植罂粟，制造、贩卖、吸食鸦片；八、对妇女进行性暴力、性奴役；九、实施毒气战、细菌战。其中，前两点最有代表性。

日本侵略者制造无人区的主要手段就是大屠杀。日军对于不肯搬走的老百姓要么就地杀害，要么以"通匪罪"关进监狱。对于"无住禁作"地带，则不要说老百姓了，就连家畜家禽都不放过，打死勿论。到1943年，无人区里生物已基本灭绝，"白骨露于野，千里无鸡鸣"就是

由于日本推行无人区化政策，不少村民被迫逃进深山老林，过着野人穴居山洞的悲惨生活

很鲜明的写照。为了彻底摧毁抗日军民的一切生存、活动的条件，日军不但把划为"无住禁作"地带内的一切房屋全部烧毁，而且将茂密的森林也放火烧毁。此外，还把划为"无住禁作"地带村民家中的粮食、禽畜等重要的生产、生活必需品一律抢光，锅碗瓢盆全部砸毁，甚至连石碾、石磨等不能抢走的东西也都炸毁、破坏掉。据 1946 年 7 月中国解放区救济总会对外宣布的抗日战争时期全国各解放区人口伤亡和财产损失统计数字显示，冀热辽解放区被日军屠杀和虐杀 35 万人，被抓 39 万人，被烧毁拆毁房屋 292 万间，损失粮食 166 亿斤、耕畜 36 万头、猪羊 424 万只、农家具 1800 万件、被服 930 万件，其中大部分人口伤亡和财产损失都出自千里无人区。

对于部落中的老百姓，日军的统治也是相当严酷的。据幸存者回忆，所谓部落，就是日军在公路旁的平地上画上一个大圈子，强迫被扫荡下山的百姓全部搬进去，像对待牲口一样，老百姓毫无尊严可言，所以又将"部落"称为"人圈"。日军命令部落里十岁以上的老百姓，无论男女一律先修围墙和炮楼。围墙宽五尺，高一丈二，设四门，有警察站岗放哨，白天开门，晚上关门。围墙四角设四座炮楼，外设有大壕沟和铁丝网。围墙内，沿着墙根有一圈巡逻道。每户老百姓均给三间小房的盖房处，房宽不准超过1.5丈，院宽只有8尺，家家都是厕所、猪圈紧挨着窗户。

为方便统治，除每个部落常驻10~50名警察之外，日军还把老百姓编成"自卫团"或"灭共义勇队"，配给枪支弹药，然后令其在警察监督下站岗放哨，配合夜间巡逻。夜间，恐老百姓睡觉，还让手敲木梆，此敲彼应，彻夜不绝。在宁城县，只要一有情况，以敲鼓或打锣为号，老百姓都得持"械"而出：有镐把的拿镐把，没镐把的拿棍棒，烧火的拿掏火耙，捞饭的拿笊篱，切菜的拿菜刀等，按照警察的指挥去围追八路军或抗日工作人员。为了检验老百姓是否听从指挥，敌人经常搞这样的演习，不出动或不持械者，皆以反满抗日论处。有时，敌人假冒八路军去叫门，如果开了门，他们就说私通八路军，对百姓非抓即打。后来人们摸清了敌人的规律，敌人冒充八路军来，就狠狠地揍他们一顿，反而会受到表扬。

部落修成后，老百姓只能凭"居住证明书"在规定时间内出部落门，在地主、富农的土地上做活，如赶集、串亲迟归者，必须请假。情况稍紧张，日军就几天不开大门。老百姓则没有一点儿自由，连夜间都不准关门，警察、特务每夜都挨门清查户口，见着年轻妇女就强奸，见着财物就掠夺，见着家畜、家禽就抓去吃掉。

部落里老百姓的生活用品，日伪美其名曰"配给"。每年每户洋布7尺半，每年每人白面1.8斤，每人每月盐7两半，每户每月洋火（火柴）1盒，每人每年豆油4两。此外，还配给极少的碱、糖、大米等。

这些配给品经过县、村、甲、牌层层剥皮，发到老百姓手里连塞牙缝都不够，后来连这点配给都一减再减。老百姓没有火柴用，只好用火石打火或保存火种；没有灯油，就用松柴照明，叫油松明子，熏得人们鼻子、眼睛都成了黑窟窿；更过分的是，许多老百姓全家只有一条裤子穿。抗日工作人员化装进入部落，常常见到妇女们在炕上围被而坐或蹲在屋角的坑里，只有一位妇女给做饭烧水，经过了解才知道原来全家只有一条裤子、一条被子。当时百姓中间流传着这样的民谣："大好山河敌侵占，烧杀抢掠修'人圈'，死走逃亡家破产，十七八的姑娘没裤穿！"

在部落里，警察、特务时时监视老百姓，巧立罪名，随意抓人入狱。比如，见到两三人结伙闲谈或夜间点灯唠嗑，或家中有茶缸、小铁锅、灰色和草绿色衣服、衣服超过五个扣子、布鞋超过两双、日落后归圈等任意一种现象，皆把当事人以"通八路"的罪名列为思想犯抓去入狱；家中存有中华民国书籍、书写的抗日语句，搜出无证明书的人、枪支弹药、八路军粮票等，皆把当事人列为政治犯逮捕入狱；家中存有大米、白面、纸烟、手电等物品，皆把当事人列为经济犯入狱。

除此之外，部落内还实行"检举"制度以方便日伪的屠杀，有的荒唐到简直就是在拿中国人的生命开玩笑。1943年1月13日，日军在洪杖子搞"检举"，把全庄人集中到东沟门，然后竟让相面先生认定哪个是八路军、哪个是共产党，结果因胡乱点名而有27人被抓，其中8人被杀害，其余全部被判刑。1942年春，驻宽城亮甲台日伪军在亮甲台搞"检举"，让所有老百姓都张开嘴，逐个检查，谁牙白就抓谁。敌人的理由是，凡是牙白的都是八路军，因为八路军爱刷牙。

在监狱中，日伪炮制了许多惨绝人寰的酷刑，名目繁多，残忍至极。其中有：断食空腹（饿死）、倒栽莲花（将人头朝下活埋）、军犬

当年被日本侵略军赶到"人圈"里的中国老百姓过着非人的生活

跳舞（活活让狗吃掉）、滚绣球（令赤身裸体的活人蜷缩着进入布满钉子的笼中，然后再滚动笼子）、虾公见龙王（将活人头脚捆到一块扔进池塘或河里），等等，不胜枚举。据统计，1942 年 1 月到 1943 年 12 月，仅一个县入狱死亡的老百姓就达 1.2 万多人。

并且，由于部落内居住环境恶劣，缺少必要的生存条件，许多老百姓死于冻饿或瘟疫。1943 年，仅兴隆一个县即有 6000 余百姓因瘟疫而死。真是"无村不戴孝，处处有哭声"。

部落里的百姓过着非人的生活不说，苛捐杂税还多如牛毛。什么地税、房税、人头税、猪头税、证明书税、甲长税，还有招待费、架线费、修桥费、协和费等，就连养条狗也得交牌子费，死人要交埋葬费、追悼费，喜事要交贺喜费、送行费、迎风费……老百姓三天两头要交钱。没有钱的拿物，不交者以人抵押，不赎者送往监狱加以迫害等。

人们暗暗地从心底发出这样激愤的呼号："'人圈'里的穷人没法

无人区内缺衣少食的儿童

熬，租税重，利息高，苛捐赛牛毛，逼死穷人的三把刀！"

千里无人区里的英勇斗争

哪里有压迫，哪里就有反抗。针对敌人武力炮制无人区的残忍暴行，我党领导下的抗日军民进行了不屈不挠的斗争。许多群众拒不进部落，坚持住在深山里，窝棚、马架子被敌人烧了，一时搭不起来，就住土窑、山洞、砬棚。群众乐观地编出顺口溜，唱道："铺着地、盖着天，星星月亮照经年，宁愿忍受山里苦，不做奴隶进'人圈'。"没有粮食、蔬菜，就以野菜、树叶充饥。根据地群众连吃盐都相当困难，都是县区干部带领民兵穿过道道封锁线从关里背来的。人们唯一的生活用具就是每家一口锅，做完饭就赶快藏起来。不少人家吃饭没有饭碗，有的就把倭瓜切开剜出瓜瓤后当碗用，也有的就用桦树皮和樟椤树叶当碗、树枝当筷子。老百姓长年吃糠咽菜，偶尔吃上一顿净米饭就像过年一样高

冀东八路军在喜峰口长城埋伏，准备痛歼来犯之敌

兴："小米饭哪，萝卜汤，熬倭瓜呀，味好香。一顿吃个大净光！金丝被呀（即黄白草）盖身上，暖暖和和入梦乡！"炕都是用石板搭的，多数人家没有被子，有一两床被，也都是用土布做的，几口人盖一床，枕头是用草捆子做的。到了冬天，山泉冻了，群众就吃冰雪化的水。

为了对抗日军，我党还动员群众破坏部落，敌人白天逼迫群众修建，晚上群众就去拆毁。但早期由于我们对整个反集家斗争形势认识不足，斗争方法很简单，修了拆，拆了修，不少地方从1941年秋一直折腾到1942年秋，虽然给敌人制造无人区的计划给予了一定的破坏，但是群众也被折腾得很苦。

上级经过认真研究，认识到日军制造无人区的根本目的是同我争夺群众，切断共产党、八路军同人民群众的鱼水关系。最重要的是，认识到我党当时没有足够的力量粉碎敌人的计划，不能保护群众，只有更加紧密地团结群众，体谅群众的处境，根据实际情况转变斗争方式。于是决定不再强迫群众拆毁部落，也不再硬性命令群众不准进部落，而是因势利导，尽量动员群众坚持山区根据地，或迁往深山区去隐蔽。而对一些我们难以控制局面和有效保护群众的地方，就允许并主动做好组织教育工作，让群众先迁入部落，然后隐秘地进行抗日斗争。

时任冀热辽军区司令员的李运昌曾回忆："我们能不能阻止敌人搞'无人区'呢？不能的。因为我们没有那么大的力量去打击敌人。开始的时候，我们没有认识到这一点，用的办法就是阻止敌人修'人圈'。结果，我们搞了一段时间，还是控制不住，敌人一边强迫老百姓在修，一边动用了倾国的人马来打我们。因为这是他们既定了的战略计划，他们就是要切断八路军到东北去的道路，保住东北。他们设立了西南国境防卫司令部，把伪满洲国大部军队都调来了，什么'铁血部队''铁心部队''铁石部队'，而且，他们还有关里华北敌伪军的配合。在阻止敌人修'人圈'失败以后，我们改变了斗争策略。我们不拆'人圈'了，也让一些人住进'人圈'，但他们是为我们做工作的，与我们有关系。当时兴隆县有个县长王佐民同志，就是搞这个工作的。他在'无人区'里待着，领导'人圈'里面的工作，人家给他送情报、送粮食。他把伪政权变成两面政权，表面上为敌人做事，实际上归我们领导。"

如此，团结上层人士形成广泛的抗日统一战线，便成为开展"人圈"中抗日工作重要的一环。基层伪政权的村、甲、牌长，多数是有威望的上层人物，争取教育他们，秘密将他们委派为办事员替我方工作，既表明我们对他们的信任，同时也给予对方一定的压力，既有利于抗日工作，也有利于保护群众。据知情者回忆："迁遵兴八区佟家沟敌带枪自卫团小队长周万发是中共党员。有一次，我区小队缺子弹，区长兼区小队长王佐民来找周万发，他们商定我们区小队在村边山上打两三下真枪，然后在铁桶里放爆竹，'人圈'里也打几枪，也放爆竹。第二天向半壁山警察署报告昨夜八路军来偷袭，打了半宿，消耗子弹 300 多发，弄些空弹壳交给日军一看，换回 350 发新子弹，解决了我区小队的弹药问题。周万发还在自己屋里挖了一个地洞，专门为区上工作人员住宿用，（形势）不紧张就在屋里住，一有风吹草动就赶紧下地洞。"

考虑到部落内部敌人统治严酷，我党在争取教育伪职人员工作上，便采取更为耐心和更为宽大的政策。1943 年间，冀热边特委编印了一本"功过簿"，其内容除宣传抗日救国的道理外，还备有伪职人员功过登记表。我党经常对伪职人员进行教育，并逐人登记他们的表现，由此起到了一定的约束作用，许多伪职人员逐渐转化为倾向抗日或有所收敛。

经过艰苦细致的工作，原来几乎是铁板一块的部落形势发生很大变化，大致可分为三种情况：处于两面状态的约占 60%，表面上两面状态，而实际上抗日处于优势约占 20%，只有 20% 尚为日伪军控制。

与此同时，八路军部队与地方游击队和民兵组织利用有利的地形和灵活机动的游击战争战略战术，密切配合，协同作战，在极其艰苦的情况下打了许多漂亮的伏击战、游击战、麻雀战、山洞战、地雷战。比如，1943 年 5 月 13 日冀东军分区在宽城王厂沟展开伏击战，一举全歼日本关东军一〇一师团春田中队 150 余人，彻底打破了日本关东军不可战胜的神话，极大地鼓舞了士气。

此外，各地还建立了青年救国会（报国会）、妇女救国会、儿童团等群众组织。青年救国会动员青年或参军参战，或组织起来支持、配合八路军、游击队的军事行动；妇救会组织广大妇女做军鞋、缝军衣，支前支战；儿童团则组织少年儿童站岗放哨、传递情报等。被称为"当代佘太君"的邓玉芬、爱国拥军模范张翠屏（"冰儿"的母亲）、"抗日柱石"董万功、抗日小英雄丙丁火等人就是其中的杰出代表。

无人区的抗日斗争是异常残酷的，但是，在我党的坚强领导下，人民群众不屈不挠的斗争使日军制造无人区，妄图"竭泽而渔"，孤立、困死抗日工作人员和八路军的罪恶阴谋彻底破产。制造千里无人区的罪魁祸首之一铃木启久不得不承认："日军制造'无人地带'，原本是要扑灭八路军的根据地抗日烈火，抑制八路军的抗日活动。但是，我们不仅没有达到目的，反而促使以八路军为中心的中国人民的抗日组织和它的力量更加增强。"

1945 年 2 月，冀热辽区党委通过了开展打击日伪军战役、恢复开辟热辽工作的决定。6 月，路北挺进支队从三个方向分别挺进热河地区。8月 15 日，日本天皇宣布无条件投降。日军制造的千里无人区土崩瓦解，冲破部落管制的群众喜笑颜开，从部落里搬回原居地，搭房盖屋，复垦耕地，开始新的生活。

（本文资料由中国近现代史料学会千里"无人区"研究中心常务副主任郝洪喜提供）

不堪回首的回忆

——我的慰安妇生涯

[韩] 朴莲伊　金镇烈　黄一兵 译

那个人告诉我广东好玩极了，还能赚钱

我是 18 岁的时候被抓去当了慰安妇，那一年是 1938 年。当时，在我们村子的朋友之间互相都传着这样一个令人动心的消息，说是到某个地方去就能够赚很多钱，可以吃好吃的东西，穿好看的衣服。

"能去那样的地方该多好呀！"

"我们也可以去一趟吗？"

当时那些生活得还不错的人家，也只能吃大麦饭，晚上做些粥。富裕人家尚且如此，更不用说我们这些穷人家了。正处于发育阶段食欲旺盛的我们每天都饿着肚子，穿得也很简朴。所以，那些能够出去干活的消息，是非常令人激动的消息。

有一天，我和村子里的几个女孩们聚在一起玩的时候，一个看起来

有四十几岁的朝鲜男人走了过来。他说他刚刚从广东回来，那里好玩极了。他还说，在广东能赚很多钱，能有好衣服穿。他的这些话和村子里的传闻是一样的，所以打动了我和朋友的心，我们没有丝毫怀疑，更没有冷静地想想，广东到底在哪里？我们去那里到底要干什么活？等等，我们只想能够快点到那里去。现在看来，那时候真傻，连要去的广东具体在什么地方我们都不知道，就糊里糊涂地准备上路了……

毫无疑问，我们如果把要走的消息告诉家里的人，他们肯定不愿意让我们这些没有结婚的小女孩到外面去闯荡。我自己考虑了几天后，终于没告诉家里的人就跟着那个男人走了，我没有带任何包裹。那个男人带着我和另外一个朋友去了釜山的初凉洞，那个朋友就是后来在慰安所里被叫作爱子，有时也被叫作静子的朋友。

我们到了初凉洞的一户住宅的时候发现，已有五六个女孩在那个住宅里了。那个男人让我们在那栋住宅里等几天，以后几天，那户住宅的主人给我们办了身份证、渡海证。在又召集了几个女孩后，我们就坐轮渡离开了釜山，把我带出家的那个男人就是我们的负责人，当时船上一共有 15 个姑娘。

没有想到那样的事情会落到我的头上来

我们乘坐的船经过下关和台湾之后，最终到达的目的地是中国的广东。

我们是在晚上到达广东的。下船后，他们用军用卡车把所有的女人都运到了一个饭店。

第一天，我们是在那个饭店里过的夜。那个饭店是一个西式饭店，饭店里的每间住房有两张床，而他们却让我们五个人住进一个房间，两三个人挤睡在一张床上。第二天早上军用卡车又来了，所有女人们都上了车，我们都坐在卡车后面的斗车里。卡车走了很长时间后我们看见了部队的营房，又看见在离部队营房不远的地方有一个建筑物，那就是慰安所。在当时，我从来没有听说过"慰安妇"这个词，"慰安所"这个词也没有听说过。现在回过头想想才知道，那就是慰安所。

到慰安所来之前，我们都认为把我们带出来就是要到工厂里去干活的，不过，带领我们出来的那个人却从来没有说过我们要去工厂干什么，即使我们到了目的地之后也没有察觉到那就是慰安所。事实上，当时我们根本就不知道世界上还有接待男人、"慰劳"男人等那样事情的存在，更没有想到那样的事情会落到我的头上来。可是，等到在慰安所许多军人拥进来的时候，我才知道我们为什么要到这里来。发生那样事情的时候，如同晴天里打了一个霹雳。

我们到那家慰安所的时候，已经有五六个女人在那里了。不管她们年纪有多大，慰安所的主人都让我们叫那些先来的女人"姐姐"，要像军队里的下级军人对待上级军人那样恭恭敬敬地对待她们，而且要听她们的话。

我们到了慰安所后，那些先来的女人们就开始教育我们这些后来的人该注意些什么问题。我们这些新来的女人没有接待军人的经验，对这方面的事情什么都不懂，所以，她们从最基本的事情开始讲起。那几个"姐姐"很仔细地教了我们怎么接待男人，怎么把避孕套套上，结束后又怎么处理、收拾等情况。

军人们排着队不断地拥进来

在接受教育的那段时间里我不知道哭了多少次，我在家里还是个不懂事的小孩子，可是现在这种事情却落到了我身上，真是令人难以置信。我身处绝境，那个地方我完全辨不清方向，我们哪里也去不了。

到慰安所之后，他们给我起了个日本名字，叫蓝子。从那时候开始，我已经不是韩国马山的女孩朴莲伊，而是名字叫蓝子的日本从军慰安妇。

我第一天就接待了两个军人。第一个进来的是年纪较大的军官。我躲着他，而他却向我身上扑来，我推开了他，他又向我扑来。我没有敢大声喊叫，我仅仅是因疼痛而皱着眉头。从那些"姐姐"们受到的教育，使我完全绝望了。所以，我并没有激烈地反对，更没有反抗。

我们的慰安所是中国人居住的房子改建而成的，哨兵们在慰安所周围一天要巡逻好几次。慰安所里的房间小得只能放下一张床，就像是个住牲口的地方。一个军人进来，我就接待他，他出去后，在外边等待的另外一个人又进来了……就这样一个接着一个，一天接待的军人有时是30个人，有时是40个人。

军人们排着队不断地拥进来，我们都没有时间吃饭。慰安所管理人把饭盘放在我们的房门口，我们在出去洗阴部时吃上一勺饭，在进屋来时再吃上一勺饭。来月经的时候我们也得接待军人，接待一个人就得去洗一次，回来后再接待一个。我们受过特别的嘱咐，他们要求我们重视自己的卫生和军人们的卫生。慰安所的门口放着盛水的洗脸盆，进来的军人们每个人都要洗手。军医每个星期来进行一次性病检查，那倒不是关心我们，而是怕那些军人们染上性病而不能打仗。

刚开始接待军人的时候我疼得受不了，我认为我活不长了。可是过一段时间后，大量地接待军人后，我却没有死，而是坚持了下来。疼痛还是那样地剧烈，可是不知道是因为年轻身体好还是什么别的原因，反正身体能够坚持下来。这很使我感到吃惊。

部队里举行宴会的时候，慰安妇们都要穿着和服参加，宴会结束后，一般情况下，军官们就把自己喜欢的慰安妇带进自己的帐篷里去。

去部队的时候，他们用卡车把我们接过去，可是回来的时候，他们就不用卡车送了，只能是几个慰安妇一起结伴回来。走夜路还是很可怕，虽然翻过一个山梁就是慰安所，可是想到那什么都看不见的漆黑山路，我们害怕得都发抖，有时都哭了起来。当时我感觉我就像是个被抛弃到这么漆黑的、陌生的异国他乡的人，没有一个人可依靠，也没有一个人能够帮助我。我接待了那么多的军人，身体倒是还能够坚持下去，可是我的心却始终好像是被关在黑暗里，可怕、寂寞、悲惨。

到了晚上，慰安所的主人来检查当天慰安妇们接待的军人人数，接待军人比较少的和犯了错误的慰安妇要受到惩罚。惩罚是这样的，主人取来一个装满一升水的瓶子，他让那些受处罚的慰安妇们两手举着瓶子站着，那些受处罚者不能动，也不能把瓶子里的水洒出来，否则就要挨打。如果有人对抗处罚，那么她就要被罚站更长的时间，并且被打得更厉害。我们接待军人的时候，如果反抗的话，同样要遭到毒打。我们必须把接待的军人当作"客人"，恭恭敬敬地接待，如果对客人做错了什么的话，主人对我们慰安妇是绝不宽恕的，又打又罚站。此外，主人统计了我们每天接待的军人人数后给我们按顺序排了名次，对于那些接待军人少的慰安妇，主人还不按时给她们饭吃，有时候即使给一点儿饭吃也都是一些无法下咽的霉烂食物，还让她们专门去负责打扫厕所，干各种杂活。

我无论如何要活下去

刚开始接待军人的时候，我害怕得都发抖，非常想家。从那时候开始，我对我的未来命运不再抱有任何幻想，人也变得自暴自弃，开始喝酒。可是，随着日子一天一天过去，我就对那种生活麻木了，刚开始的那种害怕的感觉也逐渐消失了，我不再消极地等着主人和军人们来折磨我了，而是打起精神积极地想办法来对付他们。我对于那些爱惹事的军人，能够想办法去回击他们；对于那些坏军人，我也能借着酒劲跟他发脾气；就是军人打了我，我也敢跟他打成一团。

有一天，慰安妇中一个叫玉子的女孩得了病，发高烧，不能吃饭，而且全身就像白杨树摇晃那样发抖。玉子当时还正怀着孕，肚子已经挺了起来。我们接待军人的时候，每次都让军人使用避孕套，可是有时避孕套破裂了，因此一些慰安妇怀了孕。玉子剧烈地发抖，我们几个人整个晚上都没有睡觉，大家分别扶着她的腿和头，照料着她。虽然为了救玉子我们忙了整个晚上，费了很大的劲，可是第二天早上，玉子还是死了。

一天，我偶然走进慰安所后边的甘蔗地，看见几个瓷缸被埋在田埂上。我怀着十分好奇的心情走了过去，结果我首先闻到从那些缸里散发出来的令人恶心的臭味，接着我看见了缸里的人骨头。那是贫穷的当地人没有将人的尸体立刻下葬而停放在那里的，当地人要把尸体先放进瓷缸里，过一段时间以后再埋到土里去。可是雨水就从打开的缸盖边流进了缸里，浸透了尸体，腐烂的气味就散发出来了，我们慰安所后面令人要呕吐的味道就是从这里散发出来的。看到那每个缸里放着的尸骨，我害怕极了，我联想到了我自己，我要一不小心也会变成这样腐烂而发臭的尸体。

后来在慰安所里，我也看到吞了碱或甲酚试图自杀，或得了肺病而痛苦死去的慰安妇们。对于她们我当然很同情，可是越见到那样的情况，我要活下来的意志就越坚定。

我也有一次差一点儿丢了命的经历，那次我患了疟疾，在南方稍有不慎就容易得上那种病。发病的时候，我发烧，全身也是剧烈地发抖，就那样持续了好几天。我长时间地服用奎宁药，后来我的脸都变成了蜡黄色，而经常打针的地方也都化了脓，并已经烂透了。结果，我只好又到野战医院做了手术，把烂透了的皮肉割掉后，那个地方才慢慢愈合。这个过程中虽然感到疼痛异常，可是我抱着要活下去的念头，咬紧牙关坚持了下来。

慰安所主人说我欠了他的债

军人们到慰安所来的时候，先在门口售票处交钱，主人就给他们发票。军人们拿着票走进我们的房间，他们把票给我们，一天结束后，我们就把积累起来的那些票交给主人，主人会把我们一天接待多少人的情况记在账簿上。主人按月统计账簿上记载的慰安妇们接待军人的人数，然后为我们排名次，如果谁获得了第一名和第二名，主人就在给我们配发衣服时，把最好的衣服给她们，吃饭时也给她们吃最好的。而且，如果哪个慰安妇继续排名第一，那么主人就会在几个月后送给她一枚戒指。当然，主人也要惩罚那些不受军人欢迎，名次一直排在后面的慰安妇们。主人让这些慰安妇去干厨房的累活或干打扫厕所等脏活。主人就是用这种方式挑起女人们的妒忌心，一边拉拢，一边威胁来进行管理。慰安妇们为了得到好一点儿的待遇，就很自然地相互竞争起来，接待的军人多了，我们就能穿上好的衣服，吃上好的饭菜。

当然，要对付那么多军人确实不是一件容易的事情，他们使我疲惫不堪。用我单薄的身体应付那么多向我拥来的军人，我无数次感到厌恶、恶心，甚至无法忍受，我的整个身体像灌了铅似的沉重。可是军人们毫不在乎我的感觉，他们不断地向我扑上来，所以我痛恨军人。为了麻痹自己，为了适应那样非人的生活，我要喝很多的酒，生活就是那样，我不得不喝很多的酒。

军人中什么人都有，有比较温和的，也有喝了酒后到我们这里来发疯取闹的。有一次，一个军人还拔出挂在腰上的剑，向和我所在的慰安所的一个慰安妇头上砍去，致使那个慰安妇的额头上缝了八针。

为了不讨主人打骂，我总是在努力干活，可是在三年的时间里，慰安所的主人从来没有给过我一分钱。主人说，我的报酬都抵偿了他在我们身上花的费用，而主人说的那些费用，就是指把我从故乡抓出来的过程中所花的一切手续费、路费，以及在慰安所里的饭费、住宿费、服装费，乃至发给我的化妆品费用。主人说我们欠他多少钱，我们就欠他多少钱，如果我们为此和他顶撞的话，他就打我们，所以我们不敢抗议。我们接待军人所赚的钱中应该归我们的那些钱，我们一分钱也没有拿着，全部用来抵偿我们的债务了，也就是说，我在慰安所的三年全都是在还主人的债。

又去了新加坡

1941 年，在我 21 岁的时候，我结束了在原来那个慰安所的生活，搬到了位于广东市内的另一个叫松之屋的慰安所。

在我进了松之屋慰安所不久之后，我的肚子就开始剧烈疼痛，不仅肚子疼，而且腿也酸，疼得让我感到下身快要断了似的。在我身体还在疼痛的情况下，松之屋的主人宣布：所有女人赶快准备一下，要去新加坡了。就这样，我拖着病痛的身体跟着她们上了船。我们乘坐的那艘船上有军人、护士，还有别的慰安妇。在船航行的途中，我不能去医院，而军医也没有空来给我看病。船到达西贡后，我们下了船，在当地部队的营房里住了 20 天左右后又继续出发了。途中，我一直没有采取任何措施治病，就那样始终苦熬着到了新加坡。

新加坡的那个慰安所是一栋又大又宽的建筑，也是当地人曾经住过的房子。新加坡的慰安所大部分都是占用当地的富豪或者是西方人避难出逃后空下来的房子。日本军人占了那个房子后，把它变成了慰安所。所以，我们的那栋慰安所不仅占地面积大，房间也宽敞，它总共是四层，一层是摆放着乒乓球台的大厅，二层和三层有房间，四层是仓库，在房子的顶上还可以挂衣服晾晒。慰安所的主人和他家里的人住在二层，慰安妇们住在三层。每个慰安妇都被安排了一个房间，我们进了房间后发现，房间里有洗脸用的水池子、洗澡盆、抽水便桶、床，还有原来主人用过的冰箱。

当我走上那个建筑物二楼的时候，在台阶上发现了令人可怕的东西。在台阶上有一具吊死的男人的尸体，绳子缠在他的颈子上，舌头向外伸着，这个上吊死的人就是我们住的那栋建筑物原来的住户。从看见那具尸体以后，我每次走过那段台阶时都会想起舌头伸出来而死去的那个人。我感到恐惧，我想那个人一定是发觉自己的同胞都撤走了，而自己却走投无路，又没有东西可吃，所以在台阶上上吊自杀的。他的同胞们受到了怎样大的痛苦啊！这个人又经历了怎样大的痛苦呀！那种处境逼着他不得不自杀。想到这些，我觉得他很可怜。

那些存款簿一下子变成了废纸

虽然这个慰安所的环境比以前的慰安所要好多了，可是随着时间的流逝，我依然感到处于茫然而不知所措的境地，我无法改变这一点，我感到绝望。没法改变状况，我只能自暴自弃，该怎么过就怎么过吧。我每天喝更多的酒。不仅我是这样，在慰安妇中普遍地弥漫着绝望的气氛。

一天，跟我在一起的朋友金子吃了发给我们消毒用的高锰酸钾，企图自杀，幸亏我及时发现了金子在痛苦呻吟，所以我一边帮她把吃进去的东西吐出来，一边通知了军医。我在广东的时候也看见过想吃碱自杀的朋友，所以看见金子吃高锰酸钾自杀的情况我没有慌张，而是采取了适当的急救措施。金子住院治疗一个星期左右就出来了，可是她留下了喉咙萎缩的后遗症，一年时间都无法吞咽过一口饭，只靠喝稀粥维持生活，遭了很大的罪。

虽然我看见了不少因无法忍耐那种悲惨的境况而想自杀的女人们，可是我从来就没有想到过要自杀，尽管我对我的处境彻底绝望了，可是我不能死。怀着一定要再次见到父母和哥哥们的愿望，我苦苦地熬着活了下来。

在松之屋慰安所，我们从军人付的钱中拿到了60%的慰安妇报酬。在那里，食物是主人免费提供给我们的，可是衣服、化妆品以及一些点心什么的都是自己拿报酬买来的。

尽管我的身体备受蹂躏，但是到松之屋慰安所后，为了能从军人那里多赚上一分钱，我还是拼命地接待军人，直到我身体无法承受为止。在松之屋慰安所每天接待的军人人数比在广东慰安所里要多许多，我接待军人忙得连饭都没有时间吃。

就这样，我开始慢慢攒起来了一些钱，这些钱是用我的命换来的。当时日本人为了筹集战争资金，积极地奖励存款，连慰安妇也被强迫存款。我幼稚地只相信日本人的存款奖励政策，把拼命赚起来的钱都以"蓝子"的名字存在银行中（我记得那个银行好像叫大安邮便银行）。那些钱努力地攒了好几年，虽然不知道准确的数额，到战争结束的时候应该是相当大的数额了，可是战争一结束，那些存款簿一下变成了废纸。战争之后，日本货币价值跌低，低到有人用日本钱点火烧饭的程度。尽管如此，我还是把那个存款簿带回了韩国，可是后来想，那东西确实是一点儿价值也没有，终于有一天把它扔掉了。

有一天，突然那些军人都不到慰安所里来了，听说军人们都集中到别的地方去了。而就是这个时候，我们听见市内喧闹起来，接着传来了日本人向盟军投降的消息。对我们来说，这是一个突如其来的消息，在此之前，我做梦也没有想到日本会投降，战争会就此结束。

战后，我历尽千辛万苦辗转回到了祖国，但过去所受过的摧残就像沉重的梦魇压在我的心头，也成为我生活中挥之不去的阴影。

现在我住在位于京畿道的一个偏僻的村子里，每隔两个小时有一辆郊区公共汽车开进来。我所住的房子，墙壁是用砖头简单垒起来的，房顶上放着石板瓦，房子破旧不堪。我在小院子里养了十多只狗，养这些狗都是准备卖的。在我家周围的边角地带，我还种了大豆、小豆等蔬菜。除了严冬以外，我还经常上山去采野菜，然后拿到集市上去卖。现在，我天天干活，一点儿也不闲着。我和一个驻韩美军士兵所生的儿子（我在那名美国兵回国后，一度无力抚养他，而不得不把他送到孤儿院），前几年移民到美国去了，现在已经结婚，并且生了孩子。最近我的最大乐趣，就是看儿子寄回来的信和照片。作为一个母亲，我没有尽到一个母亲应尽的责任，除了让他跟着我受苦，我没有给他任何别的东西。但是，在这个世上毕竟还有我的骨肉，这是我生活的安慰和希望。

朴永心：侵华日军慰安妇制度的活人证

经盛鸿

2003 年 11 月 20 日，抗战时期曾被侵华日军强迫充当"慰安妇"的朝鲜老人朴永心，在其 80 多岁高龄时，在中日学者的帮助下，重回南京，在市中心的利济巷 2 号一座二层旧式楼房这个当年日军的慰安所旧址，指认了她遭受日军侮辱与摧残的伤心之地。

怀孕的慰安妇

许多人都十分熟悉一张关于二战时期日军慰安妇的"经典"照片：在 1944 年 9 月著名的滇西战场上，四名被中国军队俘获的日军慰安妇，形容憔悴，疲惫不堪地或立、或蹲在一片山石前；后面是一位看管她们的中国军人。在这四名慰安妇中，最为引人注目的是那名腆着大肚子的怀孕慰安妇；她已无力支撑她那沉重的身躯，正僵直地斜躺在一块山石上。我们从她那愁苦的面容与呆滞的目光中，似乎可以听到她痛苦的呻吟……

这是世界上迄今为止发现的唯一一张关于"怀孕的慰安妇"的照片。

我们史学工作者在研究日本战争犯罪历史时，不知多少次地翻看与研究过这张有关慰安妇的"经典"照片，但多年来，我们除了分析出这位慰安妇可能是朝鲜（韩国）籍妇女外，其他则一无所知。这成为困扰我们多年的历史之"谜"。现在答案终于找到了。日本著名的左翼史学家西野瑠美子女士与在日本工作的中国电视人朱弘先生来电告诉我，他们找到了一位曾在南京被迫做过三年慰安妇，后来又被日军送往缅甸与滇西前线、受尽凌辱、九死一生、至今尚健在的老人——她就是朝鲜籍妇女朴永心。而且更重要的，她就是我们史学工作者多年研究而不得其解的那位著名的"怀孕的慰安妇"。

西野瑠美子女士告诉我，现在她们不仅验证了朴永心就是那张照片中的"怀孕的慰安妇"，而且基本调查清楚了她从 1939 年被日本当局拐骗到南京做慰安妇、1942 年被强行派遣到滇西前线、直到 1944 年 9 月被中国军队俘获与解放这长达六年的血泪历史，以及从滇西一位居民家中找到了当年这位慰安妇遭日军凌辱时被拍摄下的裸体照片等证据。西野瑠美子要求我这个南京同行，根据朴永心老人回忆提供的线索，寻找与确认她当年在南京被迫充当慰安妇时居住约三年，名为"近水楼"慰安所的遗址，为朴永心老人向日本提出法律控告提供更多的有力证据。西野告诉我，朴永心老人还想在有生之年，到南京与滇西松山、腾冲等地她当年遭受日军践踏蹂躏的地方，以现身说法揭露和控诉日本军国主义的滔天罪行。

世界上一切正义学者的使命是共同与相通的。肩负着神圣的使命，我立即开始了为这位苦难的朝鲜慰安妇在南京寻证的工作。

屈辱的血泪生活

朴永心，1921 年 12 月 15 日生于日本殖民统治下的朝鲜平安南道南浦市后浦里的一个贫苦人家，自幼丧母，读到小学二年级就辍学，到当地一家缝纫铺里做工。1939 年 8 月，17 岁的朴永心听到日本警察来招工，说是去医院做女看护，收入不菲。正处于贫困中的她心动了，便去报了名。随后，她被日方人员带到平壤火车站，装进一列货车，在一名日本宪兵的看押下，经过几天几夜的颠簸，糊里糊涂地来到了中国长江边的一个大城市。后来她才知道，这是南京，是日本"中国派遣军"总司令部的所在地，城内外到处可见日军官兵。也只有到这时，她才知道自己被骗了，她被日方召到这里的"工作"，不是什么女看护，而是做日军的慰安妇。被送到一家慰安所后，在遭到多次的毒打与强奸以后，她不得不屈从了。从此，她在南京开始了牲口与奴隶般的慰安妇的生活。日本老板给她起了个"艺名"叫"歌丸"，在刺刀与皮鞭的逼迫下，每天都要"接待"几十个日军官兵，稍有不从，即遭打骂、禁闭、挨饿、受冻等非人的虐待。

朴永心在南京地狱般的慰安所中熬过了近三年的时间。

1941 年 12 月底，日军攻入缅甸，击败了英军与前往增援的中国远征军，接着乘胜沿滇缅公路向北追击，于 1942 年夏攻入中国云南省西部地区，与中国军队隔怒江对峙长达近两年之久。日本当局为维持滇、缅前线官兵士气，下令从后方抽调大批慰安妇到滇缅前线建立慰安所。被征调的慰安妇有日籍的，也有朝鲜籍与中国籍的。据韩国《新东亚》杂志 1994 年第 3 期的一篇资料《韩国挺进队实录》揭露，在 1942 年 5 月，根据日本南方派遣军司令部的一份命令，南京"故乡楼"慰安所与"浪速"慰安所的慰安妇被派往南洋，后分配至驻缅甸的日军部队中。

朴永心就是在这时——1942 年春夏间，被日军带出南京，途经上海、新加坡，送往缅甸，后又被送至滇西松山新设立的慰安所中。她被改名为"若春"，成为日军第五十六师团官兵专用的性工具与性奴隶。她曾遭受日军前线官兵野兽般的疯狂蹂躏。她曾被日军逼迫脱光衣服，拍下裸体照片，分发给日军官兵玩赏、消遣……

1944 年 6 月，中国驻云南的远征军向怒江西岸的日军展开了猛烈的反攻。日军在腾冲、松山、龙陵、芒市等要地凭险固守。战斗历时三个多月，日军战地司令官在最后下令杀掉全部慰安妇，然后日军集体自杀。其状之惨，令人发指。在这时，朴永心已怀孕数月，腹部隆起。她与几个慰安妇同伴东躲西藏，竟奇迹般地逃了出来。由于连日奔波与惊吓，她被中国军队俘获与解放时，已是身心交瘁。腹中的胎儿成了死胎。她被送往战地医院抢救，逃过一死。战后，她被遣送回朝鲜，在医院中被切除子宫，永远地失去了生育能力。她一生没有结婚，在 1955年从孤儿院中领养了一名男孩，母子俩在艰苦中相依为命。

日本老兵的回忆

1945 年 8 月日本投降、战争结束以后，由于多种原因，日本军国主义多年犯下的各种战争罪行包括慰安妇制度，并未得到应有的彻底清算。相反，日本右翼势力一直以各种方式否认甚至美化日本发动的侵略战争，否认与抵赖日本军国主义的各种罪行。为此，中国、朝鲜、韩国、日本与世界上一切正义的人们为了维护历史的真实与伸张正义，一直进行着不懈的斗争与艰巨的努力。寻访那位"怀孕的慰安妇"，揭开日本军国主义慰安妇制度的罪恶真相，也是其中的重要工作之一。

到 1992 年，日本研究慰安妇制度的著名女学者西野瑠美子在《慰安妇与十五年战争》中，引用了她采访过的一位战时日军上等兵早见正直的证言。早见正直称他认识那位大肚子慰安妇，是朝鲜人，名叫朴永心，在滇西松山慰安所中的艺名叫"若春"。西野对这则证言非常重视，千方百计寻找朴永心的下落。但是一直没能查找到任何线索。直到 2000 年，为了筹备在东京召开"侵犯女性权利国际战犯法庭"模拟审判大会，西野瑠美子于这年 5 月、8 月两次前往平壤取证，竟意外地见到了朴永心。西野瑠美子了解了朴永心的身世，确认她就是寻找多年的那位"怀孕的慰安妇"。西野安排朴永心在 2000 年 12 月到东京参加模拟审判大会。日本有关报刊报道了朴永心的悲惨身世。

朴永心是至今唯一活着的从南京到缅甸再到滇西松山的慰安妇。她的身世在日本报刊上披露后，引起了正在日本工作的中国电视人朱弘的高度关注。他决心要为朴永心老人讨回公道，要沿着朴永心老人当年从平壤到南京再到滇西的路线寻找有关的人证物证，让历史回归真实。

朱弘与西野瑠美子取得了联系。两人联手开始了寻证之路。他们首先与云南省研究滇西抗战史的专家戈叔亚联系上。2002 年 2 月，戈叔亚给朱弘传来了喜讯：他从滇西松山一位已经去世的照相馆老板的后人那里，得到了数十张日军占据松山期间拍摄的照片，其中有几张是日军慰安妇被迫拍摄的裸体照片。

2002 年 9 月 5 日，朱弘偕同西野瑠美子乘飞机专程来到滇西，对当年的滇西战场与朴永心叙述的逃跑路线进行考察，对有关知情人查访。他们查到了多处保存完好的日军慰安所的遗址，只有松山的那家慰安所现在已成为玉米地。他们寻访了多位当年被日军抓去干活的老人。一位当年被迫给日军养马的李老汉，现年已 76 岁，说他认识朴永心，是一位"朝鲜姑娘"，是从朝鲜抓来的。提供慰安妇裸体照片的那位照相馆老板熊振德的儿子熊维元告诉他们说，他在儿时，曾在家中庭院的一棵树上掏鸟窝，发现了一盒照片底片。他父亲发现后，就拿去藏起来。他估计这底片很可能是他父亲在"文革"前后藏在树上的。直到他父亲去世后，他才在一个锁着的抽屉里发现了这盒底片。把底片冲印出来，发现其中有几张慰安妇的裸体照片。经当地的老人辨认，照片上的裸体慰安妇就是年轻时的朴永心。

2002年10月，朱弘与西野瑠美子带着新发现的照片，前往平壤再次采访朴永心老人。他们把照片拿给朴永心看。80岁的朴永心虽历经磨难，有多种疾病，但思维清晰，视力也颇好。她经过仔细地辨认，指着照片上的那位大肚子慰安妇说："这就是我啊，我的人生太苦了，几本书也写不完！"对着那张慰安妇的裸体照片，朴永心老人更是掩面恸哭，泣不成声……

朴永心老人再次详细讲述了自己一生惨痛的历史。她向朱弘与西野表示，希望有生之年，到南京与滇西寻访她当年被关押、受凌辱的地方，寻找控诉日本法西斯的罪证。但由于她当时年轻，不熟悉环境，又受到日军的严格管制，因此对于在南京的那段经历，她只有一些很不完整的片断记忆：当时她所在的南京慰安所位于南京市中心不远处，是一座二层或三层的水泥构造的楼房。楼房附近有水，是河是湖还是江，记不清了。她住在楼上，房间是19号，窗户朝北，从窗户处向外眺望，可以看到附近有一个日军兵营，有军人进出与操练，外面围着铁丝网。在慰安所的对面，有一个日本人经营的寿司店，店面很小，是个两层的小旧楼。在慰安所里，日本人做老板，还有一些中国杂役，有男有女。朴永心对中国人的印象很好，说："中国人很温和，对我们这些可怜的女子非常友善。"当问及这所慰安所的名字时，朴永心老人已记忆模糊，只记得日语音为"Kinsiyi"，译成中文的意思，可能是近水楼，或者是金水楼、锦翠楼，或者是与此发音相近的什么楼。但朴永心对自己被日本人强加的"艺名"记得很清楚，叫"歌丸"。朴永心还指着自己脖子上的一道长长的伤疤，向朱弘与西野讲述了她在南京慰安所中那段刻骨铭心的悲惨经历：她一次因身上来月经，拒绝"接待"日军，竟被一个毫无人性的日本兵挥刀猛刺。她惨叫一声，跌倒在血泊中。慰安所的中国杂工急忙将她送到附近一家中国小诊所包扎，才逃过一死。她永远忘不了日本兵的凶悍暴虐，也永远忘不了南京人民的善良与救助……

2002 年 12 月 13 日是侵华日军南京大屠杀 65 周年的忌日。朱弘与西野瑠美子将朴永心的血泪历史制作了一档长约 15 分钟的新闻特集《慰安妇照片讲述的沉重历史》，在日本 TBS（东京放送）电视台的权威栏目播放，要求日本政府正视历史，正视日本在"二战"中犯下的侵略战争罪行，向中国、朝鲜等亚洲各国人民谢罪与赔偿。影片的收视率高达 14.7%，在日本各界激起强烈的反响。只有日本右派对之谩骂不已。

寻找慰安所旧址

2003 年 1 月初，朱弘来到南京师范大学找到了我，一同开始了为朴永心在南京的寻证之路。我们首先必须找到朴永心当年在南京的慰安所旧址。

我以多年研究的结果，陈述了在日军侵占南京八年期间，日军慰安所在南京的分布情况。我们根据朴永心的回忆，最后确定在离南京市中心不远的太平北路科巷一带作为重点调查地区。因为那一带当年是日本侨民集中居住的地区，又离日军兵营很近，并且有几家规模较大的慰安所——南京当地的老人当时称作"日本窑子"与"高丽窑子"。

我们的查访活动得到了南京许多热心市民的支持与帮助。我们先后查访了位于文昌巷白菜园的"菊水楼"慰安所旧址、寿星桥口的"吾妻楼"慰安所旧址、常府街的"松下富贵楼"慰安所旧址等，最后确认位于利济巷 2 号与利济巷 18 号的两处慰安所旧址似乎与朴永心老人讲述的情况最为符合或相近。

　　利济巷 2 号与利济巷 18 号的慰安所旧址紧相邻接，在抗战前是一位名叫杨普庆的大户人家新建的高级住宅区与一座旅馆。1937 年 12 月日军攻占南京后，就将这里改作慰安所。当地老人说，日本人开慰安所是公开的，并不遮掩，因此当地中国人都知道。

　　利济巷 2 号是一座二层水泥砖瓦楼房。日军把它改作慰安所后，里面的慰安妇都是朝鲜姑娘。因此当时中国人称它为"高丽窑子"。一位一直居住在利济巷 14 号、已 96 岁的杨老太告诉我们，她家在南京沦陷期间在这里开了一家"德胜祥杂货店"，就在利济巷 2 号的近旁。她清楚地记得这个慰安所的日本老板叫千田，经常到她家店里买东西。慰安所里的年轻姑娘都穿朝鲜衣服。每天晚上都有许多穿军装、挎军刀的日军官兵来此，周末来得更多。老板千田都到门口迎接。我们看到，目前这所二层楼房虽然陈旧，但保存完好。住在里面的居民并不讳言它的当年历史，并给我们指认这家原慰安所的大铁门、门房及其他设施所在地。我们进入这座楼里，看到一楼与二楼的中间都有一条狭长的通道，通道两边是一间连着一间、房门对着房门的小房间，就像旅馆一样。一楼有 14 间房；二楼有 16 间房。房间里的床位也很奇特，都凹陷在里面，不像中国的卧室，据知情人介绍，那是放榻榻米用的，可以起遮挡的作用。在这座楼的紧后面，还有一排三间十分简陋的小房间，知情人说，这是当年禁闭处罚不听话的慰安妇的小黑屋。楼里的一位住户告诉我们，当年每个房间的门上都钉有一块圆形的号码牌，他家的号码是"12 号"或"18 号"。那么以此类推，这幢楼房里肯定有"19 号"，那是朴永心提供的房间号码。更令我们惊喜的是，当地老住户告诉我们，在这座楼的不远处，原来有一个面积很大的大水塘，叫丁家大塘，在抗战结束以后被填平了，上面建了一所中学，就是现在的南京二十二中。

在利济巷 2 号楼房的东面，原来也不是建筑群，而是一片操场，南京沦陷时是日军的操练场。在利济巷 2 号附近，有许多日本人开的店，其中有一家寿司店；还有两家中国人开设的药店与诊所，都替人看病。——这一切都与朴永心的回忆十分相似或相近。

利济巷 18 号位于利济巷 2 号的北面，与利济巷 2 号只相隔数十米，以前有过道与利济巷 2 号相通。这里有 8 幢格式相同的二层洋楼，规格设备比利济巷 2 号要高。当地老人告诉我们，在南京沦陷时期，这里面的多是日本女人，穿着日本的和服与木屐，因而南京人称它叫"日本窑子"。当地老人清楚地记得，这里大门口挂着"故乡楼"的招牌。很可能它是这两家慰安所的总名称——这与我以前在韩国《新东方》杂志中查到的史料也对上了。

重回伤心地

经过近一年时间的联系与各方面的工作，2003 年 11 月 19 日，朴永心老人在西野瑠美子等中日学者的陪同下，终于重回南京。11 月 20 日，当她来到市中心的利济巷 2 号那座二层旧式楼房前时，很快就认出了她当年遭受日军侮辱与摧残的伤心之地——南京日军的慰安所旧址。她只说了简单的一句话："就是这儿了！"就再也无法控制自己的情绪，失声哭泣。陪同人员赶紧搀扶着极度悲伤与愤怒的老人离开了这个地方。第二天，11 月 21 日，在陪同人员的周密安排下，朴永心老人再次来到利济巷 2 号那座二层旧式楼房，一边流泪一边回忆与指认当年的遗迹。在第 19 号房间，她无力地说："这个房间就是我从前来过的地方，是我被拉进来的地方。我太痛苦了！我又回到了原来的那个地方。"

朴永心老人勇敢地以自己的亲身经历为那段不能忘记的血泪历史作证，为揭露日本军国主义的罪恶作证，为反击日本右翼反动势力妄图否定侵略历史与战争暴行做出了别人无法替代的贡献。

朴永心老人用血泪写下的历史是任何人所抹杀不了的，它将永远是对日本军国主义的最有力的控诉！

不堪回首的屈辱往事

——一个侵琼日军"慰安妇"的自述

符和积

1993 年 8 月，我们风尘仆仆地来到保亭黎族苗族自治县征集黎族文史资料，听说县公路工区有一位名叫朴来顺的韩国侨民，是当年被诱骗来海南岛当侵琼日军"慰安妇"的。出于职业上的责任心，我们在县政协文史干部的陪同下，来到公路工区职工宿舍，采访了这位历经沧桑的异邦老人。

朴来顺时年 77 岁，腰背略驼，身体较为硬朗，精神尚好，消瘦的脸上隐约可现年轻时俏丽的风采。老人知道我们的来意后沉默良久，酸涩的泪水充满了眼眶。我们给她拍摄了个半身相后，聚精会神地倾听她叙述那含垢忍辱的往事。

被诱骗征入"战地后勤服务队"

那些难于启齿的往事，不堪回首。曾有许多人问过我，我都不愿开口，既然报纸对那类事情已有披露，你们又这么热心地远道而来，反正我已年逾古稀，也就无所顾忌地对你们说吧！

我是南朝鲜庆尚南道咸安郡理面内谷里人，南朝鲜现在叫韩国，那个地方改名了没有，我不清楚。我父亲名叫朴命万，母亲叫宋崔引，都是朴实本分的农民。父母养育了兄弟姐妹九人，我排行第五，上有大哥朴恩植、二哥朴乙植，大姐朴任顺、二姐朴乙顺，下有弟弟朴寿富、朴基英，妹妹朴其顺、朴次顺，他们都是耕地种田的农民，是否健在，我一无所知，如果尚在世上，最小的也是 50 岁以上的人了。据说我的侄儿很多，但不知详情，更未见过面，因当年那些耻辱的往事，我无面目与他们相会。

昭和 15 年（1940 年），我家乡风传日本军队在中国节节胜利，占领很多地方。这年下半年，日本人频繁征兵，我那姓崔的恋人被征去了中国战场，但不知在什么地方，在哪一支部队里。

昭和 16 年（1941 年）2 月，也就是我恋人被征的第二年，日本人在我家乡征集青年妇女，组织所谓"战地后勤服务队"，由一个姓李的朝鲜人出面四处游说，说是支援大东亚圣战，妇女只是为皇军做饭、洗衣，护理伤病员，食、穿不愁，每月发工资，有钱寄回养家等，反正是说得天花乱坠。虽然家乡父老无不疑虑，但是不少年轻妇女经不起蛊惑宣传，带着疑惑和希望的心情，被征到"战地后勤服务队"。这些青年妇女大的 30 来岁，小的只有十五六岁。我当年 25 岁，正处青春旺盛时期，家中人口多，生活艰辛，很想挣钱养家，以减轻父母的负担。既然参加服务队能解决自身生活，还有工钱，我当然愿意。还有一个原因，说起来见笑——毕竟那时我还年轻，正在恋爱——想到中国战场找我的恋人。我从未出过远门，不知中国有多大，以为到了中国，就能和他相会。父母开始不同意，忧心忡忡，那时不知道是干那种耻辱的事，不然，打死也不会答应。经过姓李的反复上门，花言巧语，老人终于忍心默许了。后来，我得知被征集的姐妹，不少是被强行抽派或抓去的。

我们这支"战地后勤服务队"一行30来人，朴姓姐妹就有4人，开赴中国时，乘坐的是军用卡车，途中也换乘过火车。记不清经过多长时间的旅途颠簸，终于到达一个日本兵营，听说是中国东北的抚顺市日军兵营。押车的日本人下去联系后，将我们安置在离兵营不远的一座高墙大院里。院子里早已比肩继踵，来了不少姐妹，有朝鲜人、中国台湾省人、菲律宾人，也有少数日本人掺杂其中，大约200多人。

被体检遭强暴杀鸡骇猴

两天后，日本人按大约50人一组进行编队。我所在的队有日本人、北朝鲜人和南朝鲜人（今韩国人），管事姓崔，是朝鲜人。编队的第二天，崔管事发给每人一套印有编号的统一色样的服装，要求立即洗澡换衣，接受体格检查。我们迷惑不解，搞后勤服务何必多此一举？

我们洗了澡，换上统一服装，忐忑不安地被崔管事领到大厅里，按照要求排好队。不久，来了一位身穿白大衣的中年日本女人，30多岁模样，身后跟着五六名脸带凶气的彪形大汉。"怎么，给女孩子检查身体男人也来参加？"姐妹们议论纷纷，疑惑不满。这时，崔管事板起脸孔，大声呵斥，大家吓得不敢吱声。于是，日本女人扫视我们，神态严肃地说，体检是为了大东亚圣战，为皇军服务，你们要有牺牲精神。我们不知她讲的"牺牲精神"是何所指，只是呆呆地站着。当她命令大家就地脱光衣服，不许乱说乱动时，心里顿时紧张起来。出于女孩子的羞涩，怎么能够在男人面前赤身裸体？我们没有执行她的旨意，手足无措地沉默着，心里直发抖。日本女人见状非常气恼，用手指着前排一个妹仔，喝令她出列脱衣。妹仔看样子只有十七八岁，吓得脸色苍白，呆若木鸡，一动也不动。日本女人恼羞成怒，凶狠地向身后一挥手，两个大汉便恶狼般冲将上来。他们将妹仔强行拉出队列，剥光衣服，按倒在地，在光天化日之下，当众轮流奸污。小妹仔椎心泣血地挣扎着，呼天抢地地哭喊着，但无济于事，反而一边被强奸，一边被痛打，脸庞都被打肿了。最后，她赤裸着身子叉开双腿，一动不动地躺在地板上，眼泪却不停地往下淌。

意想不到的情景如晴天霹雳，使我们心惊肉跳，不由自主地哭泣起来。日本女人不为所动，一副公事公办的样子，不耐烦地制止了我们的哭声，强令大家按要求接受检查。在暴力的强制下，姐妹们强忍着哭声，一边流着眼泪，一边很不情愿地脱下衣服。日本女人逐个把姐妹们翻来转去，上摸下捏地仔细查看，百般凌辱，不可言状。有的姐妹禁不住又抽泣起来，日本女人则恶狠狠地挥手打她们的嘴巴。大家尽管眼泪直流，只好吞声忍气，任由摆弄。

被破身开始屈辱生涯

我原以为通过体格检查，姐妹们便可以分配到部队去干煮饭、洗衣等后勤工作了。岂不料，就在当天晚上，大院外面人头攒动，熙熙攘攘，来了很多日本军人。我们不知道发生了什么事，只见崔管事在门口忙碌不停，一边收钱一边发票子。原来崔管事在门口卖门票，2 元日币一张。买了门票的日本军人争先恐后地拥进院子里，按着票子上的号码，对号将我们姐妹们粗野地拖到床上，即行施暴。顿时，嗷哭声、斥骂声、撕扯混打声和日本军士撕破衣服的淫笑声乱成一团。有些姐妹在暴力面前坚决不从，极力反抗，结果被军人打得遍体鳞伤，仍摆脱不了被奸污的命运。

这一天是昭和 16 年（1941 年）3 月 16 日，是我终生难忘的含垢纳污日子的开始。

从被日本军人破身的那天起，我就身不由己地成为日军在中国的"慰安妇"了。我们被迫日复一日地接待日本军人，少时每天三四人，多时 10 多人。年轻的姐妹们不堪凌辱，精神恍惚。崔管事从不过问我们肉体上精神上的痛苦，只管每天每人发给 10 元日币了事。日本军人视我们为泄欲工具，根本不当人看待，稍不如意，便拳脚交加。这种非人的生活谁能忍受？但是，在这异国他邦，想逃跑又不知逃往何方，加上日本人戒备森严，看管很紧，不准离开大院一步，难有逃脱机会。我曾经想过死，想结束自己这被欺凌、被侮辱的生命，但一想到家乡的亲人，想到来中国还未曾与恋人见面，于心不甘，只好打消自尽的念头，强吞苦水，忍辱偷生地活下去。

被远遣海南岛红尘辛酸

昭和 17 年（1942 年）1 月底，那年我 26 岁，被抽调出抚顺市"战地后勤服务队"，乘坐日本军舰南下。日本人要送我们到什么地方，我毫无所知，只听说路途非常遥远。我梦寐以求与恋人久别重逢，这或许是个机会，所以心境比较宽慰。此次同行的还有朝鲜、中国台湾、菲律宾姐妹 28 人，其中有和我一起从家乡来的一位同姓小妹，才 20 岁。她们也不知道为什么被抽调，究竟到什么地方去，心里惶恐不安。在军舰上，日本人不让我们休闲歇息，照样强迫姐妹们接客，夜以继日地供日本水兵消遣淫乐。

大概经过一个月的海上颠簸，中途记得在台湾一个港口停泊了一夜，这年 2 月 23 日终于抵达海南岛的海口港。我们被安置在海口市中山路一所"慰安所"里，具体店铺门牌已记不清，就在海口钟楼右侧，日军司令部（今海军医院址）附近。慰安所老板是朝鲜人，每天照例发给每人 10 元日币，有时心血来潮，还发少许额外"酬劳"。到海口的第二天，我到日本人开的相馆里照了一张相，以备苍天有眼，让我遇上恋人时送给他留念，直至现在我还珍藏在身。

在海口市将近一年，我在终能遇见恋人的祈望中生活。既然我不再想死，就得让家人知道我还活着，不能让他们担惊受怕。我将日攒月累的血泪钱按月寄往家里，但从未写信。写信能说什么呢？不能让家人知道我在中国的所谓"后勤服务"工作，这是有辱家门的事啊！我更不想让他人说短论长，羞辱我的家人！

我们这批在日军司令部附近慰安所的姐妹们，仍然干着所谓"后勤服务"工作，不分昼夜地接客。当然，晚上来客多，都是日本军人，主要是军官，其他人是不准登门的。在此期间，日本人增派一项任务，即每月分批每人轮流一次到较远的兵营"慰问"，犒劳皇军士兵。每批 10 至 10 多名姐妹，时间 2 至 3 天。在兵营"慰问"的几天中，接客更加频繁，甚至持续不断，不到一个小时就要接待一个军人，动作稍有迟缓，或脸露厌倦情绪，便受殴打辱骂，拳打脚踢。凡是"慰问"轮到头上，连月经来潮尚未干净，日本人也不肯放过。由于频繁地过度性交，不少姐妹心力交瘁，病倒在床，动弹不得。但是，日本人毫无怜悯之心，姐妹们身体略有好转，马上就强迫继续接客。

慰安所定期给我们检查身体，打针吃药，以预防性病。日本人并非关心我们的身体健康，而是害怕性病传染军人。有的妹仔染上性病，下身溃烂，臭气难闻；她的床位便被挂上红色牌子。日本军人看见红牌，便不敢靠近。有的姐妹患上恶疾后，得不到应有的治疗，造成终身残废。

被再遣天涯海角九死一生

昭和 18 年（1943 年）1 月，我被再次抽调，被日军用平车遣送到海南岛南端的崖县辖地三亚市，安置在红沙墟旁的欧家园慰安所里（今三亚市育残院址。据调查，自1941年起，日军在崖县地区设置慰安所11处，慰安妇300多人，除朝鲜、中国台湾、菲律宾和日本人外，还有从本岛各县抓来的青年妇女）。这个慰安所是日军强迫民工修盖的，里面共有52名姐妹，中国台湾人和朝鲜人各占一半。日本女人则安排在三亚市内的慰安所，专职接待日本军官。

红沙欧家园慰安所主要接待附近驻军士兵，境遇比前更为悲惨，我们常常以泪洗面、吞辱忍耻地生活。这里的日军性情暴戾恣睢，动作粗暴鲁莽，姐妹们经常遭到殴打和性肆虐。接待这些士兵，大家都小心翼翼，甚至战战兢兢，任由摆布，往往被折磨得痛不欲生，死去活来。但不管遭受怎样的虐待踩躏，姐妹们只能唾面自干，强忍硬撑，不敢有任何怨言。在此龌龊的秦楼楚馆中，偶尔遇上良心未泯的日本军人，当他玩得开心，性欲得到满足时，悄悄塞给我们10元或更多一点日币，算是不幸中的大幸了。

三亚地区是当年海南岛的高疟区，民间有句俗语："三亚、陵水，有命去无命回。"指的是当地疟蚊甚毒，疟疾盛行，死亡率高。红沙当时实处乡村地带，我初来乍到，水土不服，加上长年慰安妇生活，体质虚弱，不足两个月，便患上了疟疾病（俗称"打摆子"）。此病时冷时热，发冷时浑身发抖，发烧时热烫难熬，异常难受。持续不断地发冷发热，搞得身虚体衰，但日本人却不准我休息治疗，不顾死活地强迫我挣扎起来接客。幸亏慰安所管事泉井君起了恻隐之心，悄悄地在我床边挂上红牌，我才得到歇息医治的机会。我由衷感激他的关照，否则早已命归黄泉。可是不久，经体格检查，发现我患的不是性病，泉井君受到处分，被调走了。从此再也看不到他，不知道是否还活着。

后来，日本人调来一个姓金的北朝鲜人当管事，我从他那里终于得到恋人的消息。金管事与我恋人老崔被征兵到中国后，同在一个部队，在华北地区跟中国军队作战。不出三个月，老崔就战死在战场上。这个噩耗如五雷轰顶，使我痛不欲生，连续痛哭了几天几夜，结果大病一场，躺倒床上不能动弹。大病未愈，日本人又强迫我起来接客，如此摧残折磨却大难不死，算我命大！

回想我被日本人欺骗背井离乡，万里迢迢来到中国，从东北的抚顺市漂洋过海，到海南岛北部的海口市，而后翻山越岭，到天涯海角的三亚市红沙墟，将近五年含垢纳污的慰安妇生涯，历受日本军人兽性般的虐待、凌辱，真是辛酸苦辣、血泪斑斑，难以尽言。

被遗弃战后重获新生

昭和20年（1945年）8月，日本国战败投降，随后日军一批批撤离海南岛，遣返回国。我因生病体弱被日本人遗弃不管，有些被征兵来海南岛服役的朝鲜人和中国台湾人，也因此被弃之不顾。

在日军离琼的惶恐慌乱之中，我结识了一位被日军遗弃的北朝鲜青年，名叫石建顺，是汽车修理工，同是天涯沦落的命运促使我们走在一起。1948年我俩正式结婚，他成为我生命旅途中的唯一伴侣。我俩迁居三亚市郊的荔枝沟，自食其力，以刘茅草出卖和干杂活为生。虽然经济收入微薄，清苦度日，但能够作为一个真正的人自由地生活，比起昔日在日本人的慰安所中，已是天壤之别了。我和石建顺共同生活七年，可能在慰安所时身体被摧残，没能生育一男半女，但生活还是舒心遂意、幸福美满的。

1955年，厄运又降临在我这个时乖命蹇的女人头上，与我相依为命的石建顺不幸病故。我孤苦伶仃，举目无亲，感到绝望。值得庆幸的是，我得到当地一位万宁县籍养路工人的无私帮助，使我摆脱生活困境。当地人民政府关怀我这个苦命的异邦女人，1959年安排我到保亭县公路工区当养路工，住在离县城6公里的道班宿舍里。我万分感激人民政府的关照，努力工作，煮饭、养牛、修路什么都干。公路工区的领导对我关怀备至，经常嘘寒问暖，帮助解难排忧，使我感到人生世间的温暖。年老退休后，单位为了使我安度晚年，每月破例发给在职时的百分之百的工资，住进县城公路工区宿舍，还特别关照地为我多盖了一间伙房。当时工区职工住房紧缺，有些职工甚至干部还没有住房，领导却对我优先照顾。每当我生病患疾时，领导总是派出女工专门照料。我的后半生一直得到人民政府的关怀和工友们无微不至的帮助、照顾，感激之情难以言说。"文化大革命"时我怎么样了？还好。"红卫兵"曾为当年那种事情抓过我，知道我是外国人后，还算客气，没有打我就放了。1973年中国政府给我办了"外国人居留证"，有了这个本子，说是确定身份，但每年得续办一次手续，倒觉得麻烦，几年后我就不管了。

前年也有像你们这样的人来看我，了解来中国的经历和生活情况，其中有一人始终沉默不言，临走时握着我的手，递给我一支香烟（在慰安所时，百无聊赖，抽上了），我认得上面印的是朝鲜文字，大概是韩国来的人吧。你问我想不想回韩国？我早说过，不想回去了。在韩国我只生活25年，在中国却生活了53年，中国政府和人民没有歧视我这样饱受屈辱的女人，大家对我像亲姐妹，我舍不得离开。再则我现在年老有病，连1000多块钱的贵重棺材，工区领导都为我准备好了。我也入乡随俗，按照中国人的习惯，准备了几套寿衣，我已无后顾之忧，死也无所谓了。你们瞧，这是我26岁时在海口拍摄的相片，我要将它带入棺材，作为陪葬。我只祈望不要再发生像当年那样的可恶战争，这是我最后的心愿。愿苍天保佑！

旧北平的日军牢房

谭伊孝

1984 年我在进行文物普查时，曾发现雍和宫东边的炮局胡同内，北京市公共交通分局围墙中，有七座碉堡残迹；在张自忠路 3 号院内也发现了一座地下牢房……为弄清这些问题，我走访了一些知情人，据了解这都是北平沦陷期间留下来的。随着查阅的资料及回忆文章不断增多，一部北平沦陷时的血淋淋的历史浮现在眼前：1937 年 7 月，卢沟桥一声炮响，中国人民长达八年的艰苦的抗日战争开始了。7 月 29 日，日本侵略者气焰嚣张地踏进了北平城，手无寸铁的北平人民就此跌入苦难的深渊，开始了牛马不如的亡国奴生活。那时，北平街头随处可见碉堡、哨卡、宪兵队，无辜的中国人民被任意抓捕，关入监狱，遭受惨绝人寰的酷刑迫害。日本侵略者铁蹄下的北平城已变成了一个恐怖的世界，一座人间地狱！

张自忠路 3 号　这里曾是日本侵略军在华的最高军事机关，做过日军多田部队军法部，也是日军入城司令部。当时这条街叫铁狮子胡同。

这个地方清代原为和亲王府，清晚期为贵胄学堂，后又改为海军部和陆军部。北洋军阀统治时期，此地又做过段祺瑞临时执政府，其主楼为西式楼房，楼体布满精美的砖雕花饰，雄伟壮观，中式大门。1926年震惊中外的"三一八"惨案就发生在这大门前。

1937年8月8日上午，日军约3000人从永定门进入北平并举行"入城式"后，其司令部就设在此院内。他们发布"文告"称，为了"襄助维持治安"，日军全权负责北平城的巡逻、戒严、城防、检查及逮捕等事务。此后北平各城门均由日军把守，中国老百姓进、出城都要给他们鞠躬，出示"良民证"，经搜身、盘查后才许通过，稍有违抗就得挨打、罚跪甚至遭逮捕。北京一中老校长李寿朋那时在燕京大学任助教，一次从学校进城回家要进西直门，忘了带"良民证"，守城门的日军劈头就打，同行的老师、同学说尽了好话都不行，结果把他抓起来，送到宪兵队打得皮开肉绽，最后燕京大学校长、美国人司徒雷登（当时日本还未向美国宣战）作保，才被释放。

日军侵占北平期间，设在这里的军法部负责"审判"从华北各地解来的抗日人员和日军、汉奸中的违纪人员。1942年2月，燕京大学11位著名教授以"抗日嫌疑"的罪名被捕后，就在这里受审。受审时，五位"法官"个个穿着军服，佩带军刀，全副武装，一派肃杀之气。教授侯仁之当时确曾送过一些学生去抗日根据地，但在审问中，他发现敌人并未掌握确切材料，因此很机智地应付过去了。其他人也如此。但敌人还是不放过他们，审讯后仍把他们关进监狱，加以迫害。

军法部的监狱主要在炮局胡同，但张自忠路3号院内也设有地下牢房。现在尚存一处，在中部灰楼最北那栋东端一间房里，地下有一块长方形木板，长1.5米左右，宽1米左右，掀起木板，便露出一个台阶，顺台阶走下去，可看到西边有一座厚重的钢铁大门，门内就是地下牢房。它宽4米、长6米，只在北墙顶部开一个拱形小窗，上面装有手指粗的钢条。地牢里还有脚镣、手铐等种种刑具，日本侵略者在这里不知迫害过多少无辜的中国人。现在这里是中国人民大学清史研究所。

这座大院东部是兴亚院，是日军侵华时期日本内阁设立的专门负责处理中国事宜的机构，1938 年 12 月成立时由日本首相兼任总裁，外相任副总裁。他们在这里除对中国进行政治控制外，还大肆掠夺中国的矿产资源和工业产品，如控制中国货币，将长江南北产品运往日本或支援前线日军等等，对中国进行残酷的经济掠夺。

这座大院一度曾是日军侵华的大本营。抗战胜利后，为纪念抗战将领、民族英雄张自忠将军，遂将铁狮子胡同改名为张自忠路。

炮局胡同 21 号　这里当时是日本陆军监狱。此地在清代为收存废炮及军器的场所，占地面积很大，整条胡同都是，当时就叫炮局。清代末年这里改作监狱，民国时亦如此，抗战期间成为日本陆军监狱。

这个监狱关押过许多有名的人物。当年著名抗日爱国将领吉鸿昌在天津被捕后，押到北平，就被关在此地，并在此英勇就义。行刑那天，他很平静，上午写了几封遗书，总结了自己寻求救国道路的不平常的经历，表达了共产党员对革命事业必胜的信心。午饭后，他镇定自若走向刑场，写下一首气壮山河的绝命诗：“恨不抗日死，留作今日羞。国破尚如此，我何惜此头！”他大义凛然地对行刑官说：“我为抗日而死，光明正大，不能跪下来挨枪，我死了也不能倒下！”他对刽子手大声喝道：“给我搬把椅子来！”他坐在椅子上，面对刽子手说：“不许在我背后开枪，我要睁着眼睛看看你们怎样枪杀爱国者！”说完他高呼：“抗日万岁！”“中国共产党万岁！”慷慨就义，年仅 39 岁。

日军侵华期间，这里的西院是河北第一监狱外案犯人临时收容所，东院是军法处监狱。

军法处监狱，戒备森严，既不“放风”，也不“放茅”（上厕所），被关在这里的人，除被关牢房外，一般不知道其他地方的情况。牢房都是 10 厘米厚的木头门，中间部分为斜木棱，每棱之间留有 1 厘米左右的缝隙，这种门的特点是，从外面看牢房内清清楚楚，但从牢房往外看，却什么都看不见。在门的中下方有一个可以推拉的方口，专为送饭用。牢房内一角有一个 0.5 平方米的水泥台，台中间开一个坑口，作为厕所，臭气熏天，牢房里的人找些破布盖上仍无济于事。为了监视牢房里的动静，在房顶四角均安一盏电灯，昼夜不熄。牢房及围墙四周的碉堡，也都是日本侵略者改建的。

1942 年 2 月 10 日，侯仁之等燕京大学 11 位教授在铁狮子胡同军事法庭受审不久，又被转押在这里。他们同关在一间牢房里，每人按所给的号码排位子，晚上就睡在地下，条件十分恶劣，伙食也极糟，致使有些人得了伤寒和痢疾。这些知识分子虽然身陷囹圄，但仍保持着一腔正气，还在一起互相学习。平时他们并不是研究同一门学科的，很难有这么长时间相聚的机会，现在正可以"互通有无"，学习些自己不懂的东西，直到被释放。

西院的临时收容所，专押日军军事法庭已判刑的人。这是一座八卦形的老式监房，以一座方形大厅为中心，四面分别有以"忠、孝、仁、爱"四个字为编号的监筒。每个监筒又分为左右两排，每排五间牢房。这里的人不睡在地上，而是在牢房内砌一个大炕，犯人按号编排睡在炕上。小间牢房可关 10 人，大间牢房能关 20～30 人。大牢房一般都在监筒的尽头，约 30 平方米，犯人多时也拥挤得很，牢房的门和小窗都是铁的，甚为坚固。监狱里还备有熔铁炉，可以打造铁镣。一副脚镣一般重 5 斤，还有 7 斤的或更重的，连着镣圈的是 3 尺多长的铁链，凡是因为抗日而被关押在此的，一律剃光头，戴脚镣。戴脚镣本身就是一种极残酷的刑罚，不仅行动不便，几斤重的铁镣套在脚踝处，很快就会把皮肉磨烂，人们只得在脚腕处裹上破布、破棉花。天热时犯人穿单裤还可把裤腿塞到镣圈里，冬天棉裤就塞不进去了，只得做一个大棉套，不缝裤裆，在两边钉带子。这种棉套无法抵御北京的严寒，所以冬天是很难过的。敌人就是用这些残酷的刑法来折磨爱国志士，想以此来消磨他们的斗志。对于违反监规或有其他"不法"行为的，敌人就更加重折磨，如换重镣、铐双手或背铐来惩罚。背铐最厉害，把人的两只手背在背后铐上，一点儿也动不了，不一会儿就肩酸手麻，钻心地疼，甚至会失去知觉。但就在这种残酷的环境中，抗日爱国志士仍然坚持斗争，如秘密传递消息、绝食、设法越狱，等等。

五四大街 29 号　这里曾为日本宪兵队本部，此地原是北京大学第二院，俗称"红楼"，伟大的五四运动发源地。当年学界泰斗蔡元培当北大校长时，全国著名学者云集于此，如李大钊、鲁迅、陈独秀、钱玄同、李四光等都在这里任教，毛泽东也曾在此担任过图书管理员。但在北平沦陷期间，这里却成了杀人魔王的大本营——北平日本宪兵队本部及分队所在地，而地下室则成为宪兵队的拘留所，曾有无数爱国志士被关在这里，遭受非人的迫害。

拘留所的门设在一楼东端，有台阶通到地下室，中间为东西纵向通道，南北两边的屋子分别为刑讯室及牢房。在东侧的刑讯室内，有许多刑具，被抓来的人在这里遭受鞭打或灌凉水等酷刑，因为怕受刑人叫喊声传出，所以这里隔音设施很好，里面动刑，外面几乎听不到声音。西部为牢房，南北各十几间，因为全改成木栅门，因此也叫笼子。牢房一进门有不到 1 平方米的地面，迎门和左侧都是木栅，正面的牢门只有 1 米高，半米宽，牢门右下方留一个只能送进饭碗的小洞。牢房只有 4 平方米大小，笼子里要关好几个人，坐着都嫌挤，更不用说躺着了，而且还要放一个马桶。关在这里，真是牛马不如！

北大红楼后边的广场（也就是五四运动后称为民主广场的地方）也成了敌人滥施淫威的刑场。原中国大学学生孙景云在被关押期间，曾亲眼看到广场上砌有锅台，上面有烧得滚开的开水锅，被捕的中国人赤脚站在锅台上，被日军放出的恶犬扑咬，后退就会掉进开水锅里，不退就会被恶犬咬伤，甚至咬死，而敌人却在旁边取乐。孙看到日本侵略者用这种残忍的刑法折磨自己的同胞，义愤填膺，忍不住高喊"打倒日本帝国主义！""你们日本人太残酷了，这样虐待中国人！"敌人威胁他："你还想不想活了！"他说："我不想活了，你们爱他妈的怎么办就怎么办！"话刚说完，敌人就拿一个小瓶放在他鼻子下面，只几秒钟，他就失去了知觉。

在日本宪兵队本部，很多有名的人都被抓来在此关押过。当年侯仁之被捕之初，就是被关在这里。当他被推进木笼子里时，发现里面已有一个人躺在那里。他定睛一看，原来是燕大的学生孙以亮，也就是现在著名电影演员孙道临。孙以亮看到他，示意让他躺下，两人头挨着头，为防止笼外敌人看见，他们每人脸上蒙一块手绢，小声交换着消息。交谈中，侯仁之才知道孙以亮是因为在校内参加演出带有抗日色彩的话剧而被捕的，侯仁之又告诉孙，自己的罪名是"以心传心，抗日反日"。

被关在这里的还有中国大学政治系教授蓝公武，他也是当时著名的爱国学者。他因为常在课堂上宣传中国必胜、日本必败的道理而被关到这个地方七次。每次放回去，他还是照样宣传抗日道理。他的日语说得极好，在外边却从来不说，但一抓到宪兵队受审讯，他就用日语大声对日本侵略者说日本必败，还质问敌人："你们爱日本不爱？既然许你们爱日本，就许我们中国人爱中国！我就要讲下去！"敌人对他无可奈何，关了他七次以后，又把他软禁在北平西郊，许多年不让他讲课。蓝公武的骨气和爱国精神当年感染了许多青年学生。

中国大学里的民法课教授蔡亮澄先生也是非常有骨气的爱国知识分子。他上课时，经常讲"老街坊"（指日本帝国主义）侵略中国的历史。他告诉学生甲午战争、九一八事变、七七事变、八一三上海事件都是国耻，要大家千万不要忘记雪国耻、赴国难！因当时课堂里混入了特务，他很快就被抓进了宪兵队。十几天后他被放回，学生们问他为什么这些天没来上课，他淡然地说："老街坊请客，以后我上课只讲书，少说闲话。"可一上课，他又大讲学生要爱国，要有雪国耻的志气，一定要救中国等等。他还说，我是中国人，不讲，我良心上过不去，"老街坊"请客（指被关押）就请客，没有什么了不起。教授们这种大义凛然的精神鼓舞了许多青年学子，在他们的影响下，许多人走上了革命的道路。

户部街 （今天安门广场东侧路）这里曾为伪北平市警察局拘留所。这里原是清代的吏部衙门，北洋政府时期的京师警察厅，国民党政府时期为北平市警察局（今已改建成历史博物馆）。日军侵华时期，警察局局长由大汉奸、伪北平市市长余晋和兼任。此人毕业于日本陆军士官学校，尽管他死心塌地为日本侵略者效力，但日本人还不放心，又派日本特务日野当该局顾问。表面看，这是中国的警察局，而真正掌握实权的却还是日本人，这做法很毒辣狡猾，容易麻痹中国人的民族意识，也是日本帝国主义实现"以华治华"，巩固其殖民统治的重要手段。

这里大部分是清代留下来的古老平房，东北角几个院子就是警察局内的拘留所，由一个正院和三个跨院组成。正院西房是办公用房，共三间，西头作为登记被押人员用。这间屋的南墙上有一块大木牌，上面钉着一排排小钉子，写着被押人员监号的小木牌一个个挂在上边，可一目了然。屋内有桌椅及值班所长的单人床。牢房是北房和东房。北房一溜六间，屋里有炕，牢门是用10厘米左右的方棱木做成的木栅门，东牢房三间，为"优待号"。西跨院是女监房，东跨院做厕所及临时仓库，为存放犯人的随身物品用。

伪警察局的权力很大，尤其是特务科和经济科的人，掌有生杀予夺的大权。这些为虎作伥的家伙经常在北平城内外敲诈勒索，百姓稍有反抗，他们就给扣上"抗日嫌疑""通匪嫌疑"等罪名，把人抓去一顿毒打，而后索要赎金再放人。

除以上地方外，还有东城区煤渣胡同西口路北的宪兵队、前炒面胡同35号院内的宪兵队及东四四条路北的宪兵学校等，均是作恶多端的魔窟。

我国著名早期新闻电影摄影师张玉亭一家，就曾深受日本宪兵队迫害之苦。当年张家在东四南大街临街处开了玉亭电影商行，对外营业，店铺后部为自家住宅。张玉亭是20世纪20年代北方唯一从事电影制片的中国人，不仅品行极高，民族自尊心极强，摄影技术也是首屈一指的。北平沦陷后，尽管张玉亭不再外出拍摄影片，但他还是被日本人盯上了。他们先是要张出来为日本人办的华北电影制作所当顾问，遭到拒绝后，对张进行多次骚扰。由于张玉亭发誓宁死不当走狗，不给他们办事，日本侵略者就此怀恨在心，终于在1942年7月的一天，十几个日本宪兵和伪警察突然闯到张家，把他保存的《张学良将军莅京》《喜峰口战役》等十几部纪录片、故事片的底片全部烧毁，抢走了《孙中山奉安大典》等一些影片，又砸毁了摄影机，并将张玉亭抓到煤渣胡同宪兵队进行非人毒打。张玉亭的头部被打伤，鲜血从十几厘米长的伤口不断涌出，当即昏死过去，后经两家铺子作保才放了出来，但日本宪兵又毫无理由地不准他离开北平，不准他再拍摄电影，使他家生活陷入绝境。

北平人民在沦陷期间，虽然生活在黑暗阴森恐怖的环境中，但一直坚持着斗争，当时在城内外，日本侵略者及大汉奸遭刺杀的事时有发生。仅 1940 年一年中，就发生过伪商会会长的太太在家中被枪杀；伪汉奸报纸《新民报》编辑主任吴菊痴在大街上被开枪打死；还有新民会会长大汉奸王克敏同日本侵略者在煤渣胡同口日本宪兵队眼皮底下遭枪击，日本侵略者当场毙命，王克敏被打伤；东皇城根两个日本侵略者被打死；等等。每当发生这些事时，老百姓就特别受到鼓舞，都在悄悄地传："小鬼子要完蛋了！"生活在黑暗中的北平人相信终有一天会见到光明。

今天，历史翻开了新的一页，现在再回顾那一段沉痛的历史，并不是发思古之幽情，而为了使人们了解它，记住它，永远别忘记这些地方，别忘记这些事情。

（作者已故，北京市政协文史办供稿）

用活人做试验的"工厂"

——侵华日军的化学细菌战部队

———

许介鳞

抗日战争时期，日本侵华军队中有一支特殊的化学细菌战部队，这支部队在中国的国土上，用 3000 多名中国人做了残酷的化学细菌武器试验，甚至于解剖孕妇！台湾近代史研究所的许介鳞教授在搜集了大量的史料后，撰文披露了这段历史。

日本的化学细菌战部队，是特指关东军在侵略中国期间，设于中国东北的两支部队——七三一部队和一〇〇部队。七三一部队设于哈尔滨市中心南部约 20 公里的地方，以平房（地名）附近为据点；一〇〇部队设在长春南边 10 公里处的孟家屯。两者都是极隐秘的从事化学细菌作战的部队，在中国领土上，以中国人（还有少数外国人）为试验材料，以中国为试验场，集日本当时最优秀的医师和科学家，从事非人道的生体试验，并进行毒气和细菌作战。

但是，随着第二次世界大战的结束，日本侵略者炸毁其化学细菌部队的据点，其中有关生化作战的资料流落他国之手。英、美、苏等国都知道日军在中国使用毒气和细菌作战，但在我国却鲜有学者去探究这一段史实。

日本化学细菌战部队的成立

石井四郎是日本京都帝国大学毕业的医学博士，在京都陆军医院服务。1928 年至 1930 年奉日本陆军省军事课长永田铁山大佐之命出差欧洲。石井去欧洲名义上是视察各国的军事医学，而真正的目的却是调查当时德军秘密进行的细菌武器的研究。可见日本陆军部要将各种细菌武器诉诸战争的构想，早在石井出差之前就有了。

1931 年秋，石井返回日本，其时正逢九一八事变爆发，石井提议在中国东北设立细菌战部队。他曾对七三一部队负责人表示：日本没有充分的五金矿藏资源及其他制造武器的原料，所以务必寻求新式的武器，而细菌武器便是其中一种。在这方面日本不能落后。

在日本宣布建立伪"满洲国"之后的 1932 年 8 月，日本陆军军医学校依石井四郎的建议，设置防疫研究室，然后，将这种"防疫"研究推展到我国东北。1933 年在哈尔滨东南的滨江设立"关东军防疫班"，匿称"加茂部队"，因归石井领导，又称"石井部队"。1936 年该"防疫班"扩大为"关东军防疫部"，由石井任部长。1938 年，关东军将该部迁至平房附近，将三屯、四屯、五屯地带建成日军化学细菌战部队的据点。翌年，为了掩人耳目改称"东乡部队"。1939 年 6 至 9 月，日军和苏联军队在中蒙边界发生两次武装冲突，在第二次冲突中，日军开始使用细菌武器，"防疫部队"在作战区用细菌污染了哈勒欣河。

1940 年 5 至 6 月，日军在宁波又实施了细菌战。8 月，"关东军防疫部"改称为"关东军防疫给水部"，同年 12 月，又增设牡丹江、林口、孙吴、海拉尔四个支部，扩大细菌战部队。1941 年 8 月，设在平房的细菌战本部和这四个分部的代号分别改称为本部满洲第七三一部队、满洲第六四三部队、满洲第一六二部队、满洲第六三七部队和满洲第五四三部队。

1940 年夏天的"宁波作战"中，石井四郎指挥部队用专用的"特别细菌派遣队"飞机，空投带黑死病菌的跳蚤。翌年夏天，又用同样方法，由太田澄大佐等 40 多人在常德空中撒下这种带菌跳蚤。1942 年，日军在浙赣作战时，由石井亲自率领，用伤寒、副伤寒菌污染水源，并在给俘虏食用特制的带菌馒头后予以释放。

一位七三一部队队员曾证实，该部队已掌握黑死病菌的保存和干燥技术，所制造出来的病菌，比一般黑死病菌强 60 倍。同时，他们也在研究黑死病菌的雨化技术，制造陶器细菌炸弹，大量繁殖吸血和污染力最强的跳蚤。据称，光是黑死病菌就制造了将近 20 公斤，连同储藏及干燥的病菌，竟有百公斤之多。仅当时由田中领导的"昆虫研究班"，就有 4500 个跳蚤养育器，数日就可生产出一亿只带菌跳蚤。

日本战败后，细菌部队虽已瓦解，但随着其营地建筑物被炸毁，大量带菌鼠和跳蚤四处逃窜，传播病毒，致使从 1945 年冬天到 1946 年春短短的几个月内，平房及附近地区全部为猛烈的黑死病所袭，义发源村平均每日有 10 人死亡，最后 400 户人家全部遭难，无一幸免。

日本化学细菌战部队的组织及试验

七三一部队戒备森严，设有专用机场，"凡擅自飞到该部队上空的飞机，不论敌友，一概击落"。该部队中有将近 3000 人的研究员、技师、技工等，绝大部分来自日本国内的大学医学部、医科大学及各研究所。该部队还拥有最新技术和高性能的设备。

这个部队设五个部，各部的任务大致如下：

第一部（研究部）：研究并培养最利于细菌战的最有效杀人细菌。

第二部（实验部）：将第一部选出的有效细菌，在活人身上做试验，而后加以鉴定。同时制造散布细菌的媒介物，如炮弹、特殊散布器及带菌跳蚤。该部拥有 4500 个跳蚤养育器和装备特殊器具的飞行部队。

第三部（防疫给水部）：从事军事用给水事务。

第四部（制造部）：将试验中选出的细菌迅速加以繁殖。该部拥有颇具规模、性能精良的设备，一个月可制造出 300 公斤的黑死病菌。

第五部（教育部）：培养指挥细菌战和使用细菌武器的"人才"。

日细菌部队称供试验用的活人为"丸太"（圆形木材之意），视活生生的中国人为任意处置的木料，在活人身上做黑死病菌、霍乱菌、伤寒菌、炭疽病菌等的感染试验及各种生物化学和医学试验，手段极其残忍。其方法主要有：

1. 用活人试验氰酸化合物的最低致死量。

2. 因入侵我国东北的日军有不少冻伤，于是将中国人冻伤后，研究冻伤原理、治疗、细菌感染、最适温度等。

3. 让活人吸入大量的烟、瓦斯，观察肺的变化；给活人灌入腐烂物及毒物，观察胃的变化。

4. 将活人炸伤，强制其伤口感染坏疽病菌，观察并详细记录由发病到死亡的过程。

5. 将活人用手枪、手榴弹或角钝器击伤，观察伤口，制作标本。

6. 将活人关入装甲车，引燃 1000 度以上的高热火焰，以试验陆军发明的燃烧剂和火焰放射器，受害者均被活活烧焦。

7. 用活人试验三八式步枪的穿透性能，看同时可击穿几人，及距离、穿防寒服与否等的人数。

8. 解剖活人甚至孕妇，"采集标本"。

9. 在活人静脉内注入空气，观察其身体各部器官变化及死亡的过程。

10. 将活人倒挂，计算其致死的时间和身体各部位器官的变化。

11. 将活人放在巨大的离心器上高速旋转，至其死亡，然后解剖观察。

12. 用活人做饥饿和干渴试验，计算其无水、无食物情况下致死所需要的时间。

13. 将活人的脑壳剖开，触刺脑的各个部位，观察身体的哪一部位有反应。

14. 将尿或马血注入活人的肾脏，观其反应，并做榨血试验，看被抽多少血后致死。

15. 利用活人做 X 射线长时间照射的试验。

16. 利用活人做各种预防疫苗的试验。

17. 将活人浸泡在开水中，逐渐增加水温，观其烫伤的部位、程度及与生存的关系。

18. 将活人固定于电椅上，缓缓增加电流，观其如何休克。也做打雷试验，将活人在瞬间电击得遍体焦黑。

日本战败时细菌部队的收场

1945 年 5 月，德国宣布投降，第二次世界大战局势已定。日军匆忙再次将七三一部队改称为二五二〇二部队。"关东军司令部"接到了日本陆军省责成增加细菌武器生产的指令，司令官山田乙三即将这一指令转达石井四郎，自此，日本的细菌战部队结束了试验阶段，转为为细菌战做准备的生产阶段。

1945 年 8 月 9 日，苏联红军向在东北的日军展开了强大的攻势，日本细菌战部队顿时陷入一片慌乱之中。一旦地处平房的本部落入苏军之手，物证、人证俱全，全部队员都将成为战争罪犯。为此，"撤收作战会议"在这个魔窟紧急召开。会议经过激烈争论后，石井四郎下令解散部队，"家属即刻开始撤退，部队长则联络列车，指挥各支部撤退"。

关东军司令部副参谋长和村知胜曾供称：1945 年 8 月 9 日或 10 日，总司令山田鉴于军事行动业已开始，决定把培养细菌的一切实验室和贵重设备完全销毁，并将该部人员撤往朝鲜汉城。命令下达后，由当地工兵协助，把这些部队所有的建筑物都炸毁和破坏了。

这时，石井四郎一面设法将该部所有的人员、资料、菌种、文件等带回日本，一面下令要在"杀害所有'丸太'之后，紧急撤退"。

"丸太"，本是细菌战部队不可缺少的试验"材料"，但现在若生还，将成为日本细菌部队血腥罪行的人证。从 1945 年 8 月 1 日起，石井就下令开始以注射氰化物毒杀他们。七三一部队将活的"丸太"300 多人关入密闭室，用毒气毒死，将以往从活人身上取下的标本，连夜投入松花江。此外，将所有为他们服务的人，包括翻译、苦力、勤杂工等全部枪毙，尸体焚烧、掩埋或投入松花江。

8 月 11 日，七三一部队的撤退列车开始出发，至 15 日陆续开出 15 班次，每班 20 节车厢。细菌部队撤退的列车，被关东军总司令部视为特别机密的军用列车，途经车站警卫森严，保障其最优先的通过权。逃遁的列车于 8 月中下旬抵朝鲜釜山，然后乘船返日。这些船于 8 月 18 日至 25 日陆续抵达日本港口。

船到日本港口后，全体七三一部队的队员都接到如下三条命令：

一、返归乡里之后，隐匿曾在七三一部队服役之事实及军历；

二、不就任何公职；

三、严禁队员相互联络。

这一命令，在战争结束 40 年后的今天，仍约束着细菌战部队的大部分队员。

美国掩盖日本生化部队的事实

日本战败后，石井虽然严令部下严守部队的秘密，自己却积极地向美方提供生化战的资料，图谋借此保住性命。

石井在日本战败后，即在东京新宿区的若松町，利用陆军残留的建筑物，经营旅馆业，至 1945 年冬，才被美国占领军传讯。

在将要召开的远东国际军事裁判会上，苏联曾要求调查并处罚七三一部队的部队长石井四郎及其属下的骨干分子。但是，石井早已将秘密带回的七三一部队有关资料提供给美军，以谋保身免诉。美国军方获得大宗当时世界最新的细菌资料后，立即释放关在上海俘虏收容所中的北野政次（1942—1945 年间的七三一部队部队长），悄悄将他遣送回日本。

在石井受讯问之前，石井和北野曾进行过一次长达一整天的秘密会谈，通过交换意见，统一了出庭答辩的口径。结果，美军总司令部当局只在形式上加以讯问，给苏联的答复是："石井四郎以下的人员已去向不明，石井也算不上什么战犯。"后来，美方又提供一间由东京的四谷海军宿舍改装而成的"美军慰安设施"（娼妓馆），让石井一边经营，一边整理由平房带回的七三一资料。

依照华盛顿当局给东京的 1947 年 4 月 2 日的电报，美国于 4 月 5 日派陆军部代表化学部中校费尔博士和兽医部中校汤姆逊博士两人，去日本寻访七三一部队首脑。因为这些专家可以评价细菌战资料的价值。两人于 5 月 6 日从东京向华盛顿发机密电报，透露美国情报部自 1946 年 1 月 17 日已经开始讯问石井四郎。石井招认已在 1945 年 8 月毁灭了 400 公斤的干制痈细菌。石井还说，如果以文书的形式保证他及其部下可以免除战犯追诉，他愿意将细菌作战的细节资料提供出来。

根据美国国防部的档案，美军对石井四郎的讯问，自 1946 年 1 月 22 日起，延续了约 2 年时间。这些侦讯的记录，都集中在美军总司令部的参谋第二部（GZ），即谍报部部长威洛贝手中。据说当时美军总司令部内部对这个问题的处理有过激烈的争论，与华盛顿电报往来频繁。

到"东京裁判"时，依照当时的审判手册，一切有关战犯的资料，都应送到首席检查官季南手里，而季南却将一切有关细菌战的事实都掩盖起来。美军为何要庇护石井四郎，可以从当时的历史文件中得到了解和证实。一位美国记者鲍威尔，从 1981 年的夏天到秋天，在美国国立公文档案馆进行有关七三一部队公文档案的查寻研究工作。他发现了一份 1947 年 3 月 21 日华盛顿统合参谋本部拍给正在东京的麦克阿瑟的电文，其中部分内容如下：

苏联讯问石井将军和菊地、太田两大佐有关细菌战之事，必须在总司令部最高司令官之下进行，且唯有在以下条件下方被许可……

这一电文中"总司令部最高司令官"指麦克阿瑟，"石井将军"指石井四郎，"菊地大佐"为七三一部队第一部部长（细菌研究部长），"太田大佐"为第一部脾脱疽研究班班长太田澄，他兼指挥细菌战实战的第二部长。

电文中还说：

a. 在苏联进行讯问之前，菊地、太田两大佐要先由美国要员接见调查，为了协助阁下，已尽速准备派遣经陆军省特别训练的代表，令其担当美国先行讯问之任务，并监视紧接着将举行的苏联讯问……

b. 在先行讯问中，若有认为不宜让苏联知晓的重要情报，应指示菊地和太田，不得泄露该情报与苏联。

c. 在苏联进行面对面的讯问之前，应明白告诉日本的细菌专家，不得说出美国已先行接见调查之事。

该电的目的，无疑是要将一切有关人体试验及细菌战的重要情报和资料都归美国所有。

1947 年 6 月 7 日，麦克阿瑟的法务局局长卡本特上校，以极机密电报向华盛顿报告，对日本细菌战的可靠性提出怀疑，同时提出在沈阳被俘的美国人也曾被进行细菌试验。但他又表示，这并不说明石井一伙必须以战犯起诉。

1947 年 7 月 1 日，美国学者魏特博士和史杜布里费德，在一件致美国陆军部和国务院官员限定阅览的备忘录里说：日本细菌战部队的情报，只有一小部分落入苏联之手。因此，为了美国的"国防利益"和"国家安全"，应避免对石井等人公开裁判。并说，石井和他的同僚完全"跟我们合作，正准备庞大的报告书，并同意提供在细菌试验中，从人类和动物身上弄到的 8000 张切片幻灯片"。美国学者还说："人体试验比动物试验要好。"

基于利害关系，美国严防石井一伙落入苏联手中。1947 年 9 月 8

日，美国务院在致麦克阿瑟的一封密电中发出详细指示：

一、总司令官对石井及其他有关的日本人均不可给予任何承诺，尽可能地继续收集更多的细菌战情报。

二、所获得的情报，事实上将列为谍报管道。除非在东京伪远东国际军事裁判上已无法掩饰美国之做法，石井等人的犯罪证据已昭然，否则应持续目前的情报收集工作。

三、虽然不对石井等承诺使其免除战犯，但是美国当局基于安全保障上的考虑，对石井及其同僚不追究其战争犯罪之责任。

1947 年 10 月，美国国防部派遣陆军细菌化学战基地底特里克堡研究所的两名高级细菌专家——希尔博士和维克特博士，到日本评估石井提供资料的价值，他们至少访问了 19 名日本的细菌战专家，于同年 12 月 12 日向美国陆军化学战团魏特将军报告说：

石井部队的资料，是日本的科学家花费好几百万美元的经费和长年研究的结果。这种资料关系到人体试验，是我们自己的实验室所不能得来的。这些资料的获得，总共只支出 25 万日圆（约合当时 700 美元）的数目，跟实际研究的花费相比，真是太便宜了。

希尔二人因此为石井等人请求免罪，并感谢美军总司令部谍报部长"威洛贝准将全心全意的合作"。

现在在美国底特里克堡的"美国陆军传染病研究所"中，保存有最完整的有关日本细菌战部队的资料。美国防部五角大楼中，还保管着费尔报告和汤姆逊报告，这是 1945—1946 年间审讯石井四郎等七三一部队军官的报告书。

1925 年的日内瓦议定书，特别禁止在战争中使用毒气和细菌作战。此议定书由 48 个国家签订，而拒绝批准此议定书的只有两个国家，即日本和美国。难怪美国对日本的细菌和化学武器表现出那样高的热忱。

日本做生体试验主要是以中国人为对象，而苏联人只是少数。在毒气或细菌战的实地运用上，日本也是以中国为试验场，并将之用于对中国的战争中。在苏联的哈巴罗夫斯克裁判席上，日本犯人供称，对苏联实施细菌战仅止于谋略，尚未实现就已战败投降。

日本战败后，苏联力争讯问七三一部队重要人物，在裁判席上，也极力声讨日本化学部队的罪行。但是在东京裁判时，中华民国派遣的法官却一言不发。联合国对日理事会（美、英、中、苏四国组成）的中华民国代表，在开会时竟"毫无表情"，从未为中国人讲一句公道话。这足以引起我们对历史的回顾和深思。

（编写：尼明）

骇人听闻的魔鬼
——关东军一〇〇部队

———

赵聆实

1936 年春天，一纸密令自日本天皇裕仁手中发出，要求关东军在东北建立两支担负"特殊的秘密任务"的部队。于是，在距哈尔滨市区 20 公里的平房一带便出现了臭名昭著的七三一部队，而直至目前尚还鲜为人知的另一支同样罪孽深重的部队，就设在解放后以"汽车城"闻名于世的长春近郊。这支部队的番号是日本关东军一〇〇部队。

日军的宠儿——随时准备发动细菌战的魔鬼"一〇〇"

关东军第一〇〇部队的遗址位于长春市西南的孟家屯（现长春第一汽车制造厂散热器分厂）一带，当年这里是方圆几十里的日本兵营网。在这些兵营的中央，有一块东西宽约 0.5 公里、南北长约 1 公里的神秘地带，被日本关东军严密封锁着，这就是制造细菌武器的一〇〇部队所在地。

早在 1933 年初，关东军兽医部长渡边便指示一〇〇部队的前身关东军临时病马收容所着手研究细菌，准备打细菌战。1935 年底，已建立细菌研究室并配有其他设施的这个收容所改称关东军马匹防疫部（又称并河部队或高岛部队），该部迁至长春市孟家屯之后正式改称为一〇〇部队，并由细菌学家、兽医若松次郎少将任队长。

若松次郎就任后迅速集聚了日本陆军生物、植物、细菌、微生物、解剖、工程、化学、药物、农艺学等方面的专家，其中还有博士学位的学者，该部的文职也都是相当于陆军校尉级的具有专业技术的人员。这支特殊的部队，一般保持在 600 ~ 800 人。分为第一、第二、第二、第四部和总务部，还有一个实验农场和牧场。

1950 年，前关东军兽医处处长高桥隆笃在苏联伯力战犯法庭受审时供认：为了增加细菌武器产量，由其下令，在一〇〇部队第二部内设立了第六分部，以便大批生产细菌武器。部队的主要任务是研究细菌战和军事破坏的办法，以及大批制造细菌。

一〇〇部队生产的鼻疽、炭疽热、牛瘟、羊瘟等细菌是与七三一队的鼠疫武器的生产互为配合的。同七三一部队一样，这些设在总队之下的若干分部，一旦战争需要，便从科研队伍变为战斗队，直接拨给关东军所属各部队进行细菌战。

由于一〇〇部队是日军进行战争的保留项目和秘密武器，因而它成了日军的宠儿，其经费十分充足，这些通过多种秘密渠道拨来的巨大开支，连日本国会议员都无法知道。仅此一端，便可知日本军国主义违反国际公法准则，滥用化学武器杀害中国和亚洲人民。

掠我牲畜　夺我良田　白山黑水在哭泣

一〇〇部队在研制鼻疽菌、炭疽热菌、牛瘟菌、斑驳病等细菌武器时，利用各种名目掠来无计其数的牲畜，侵吞、残害大量良田、庄稼，以供其进行动植物的细菌实验。

在 20 余栋房舍、10000 多平方米的场地里，一○○部队饲养了大批动物，以鼠和马为多。平均每月有 10000 多只老鼠、每年有 10000 多匹马供实验使用。

1950 年 2 月 14 日刊于《长春新报》的《孟家屯日寇细菌工厂纪实》一文中写道：这里的耗子种类很多，有的装在笼子里，有的装在类似中药用的抽屉式的孵育器里。一座长约 50 米、宽约 30 米，红砖砌的耗子房里，耗子数量无法计算。被抓来看耗子的李占发老乡说，他必须每天早晨往外运出一桶（约 15 公斤）解剖完的死耗子。活着的耗子不时地要接受注射，因而满身蕴藏着病菌，让人防不胜防，一次偶一疏忽，李占发被耗子咬了一口，险些丧生。

这里的马匹存栏数平常都在 2000 匹以上。实验的用途有两种，一种是，一匹匹牵到打马场，把马拴到机械铁架上，割开马脖子的大动脉抽血，一匹马能抽 40～50 啤酒瓶的血，马被活活抽死，然后把马切成肉片晒马肉干；另一种是，把马牵到掩埋场，给马扎针，有的只一针，马就死了。

为了实验病菌的传染效能，日军有意将注入传染病菌的牲畜驱赶到附近的村庄和牧场，致使这些村庄和牧场的大批牲畜死亡。一○○部队附近大广乡的农民说："日寇临垮台前，对这些马匹都打一针，使其死在槽头。最可恨的是还再放出十几匹活马，叫农民抓了去，谁料想，马牵到家，就闹鼻疽菌，死的马不计其数。"

进行细菌实验消耗的大量牲畜都是从东北及中国内地掠来的。1941年，日军在辽西、热河及长城以北地区实行"集家并屯"政策，烧毁房屋，吞并土地，1105 万人被撵出家园，以"剿匪的缴获"为名，将抢掠的 748400 头牲畜转交给一○○部队。

进行毁灭农作物的细菌实验时，日本人从毗邻驻地的大广村农民手中掠夺了 60 多垧土地。农民们说，有的庄稼长得非常好，却颗粒不收，有的稻子灌浆了，日本人放进去一些污水，稻子马上就萎靡死了。

一○○部队的细菌生产规模是巨大的。陆军上士实验员三友一男在伯力受审时供称：在他精心操作下，每日可生产 1000 公斤炭疽菌，或生产 500 公斤鼻疽菌，或培育 100 公斤黑穗菌。六分部的部长平樱全作受审时供认：一○○部队内设有一个专门用来储藏细菌武器的仓库，那里把细菌和烈性毒药保存在特种铁盒中。走进这种仓库里去的时候，必须用浸透特种药水的布片把口鼻蒙上。只有戴上橡皮手套才准许用手去摸那铁盒子。为了严守秘密，这些盒子外面只标有一个用油漆写的号码，不写其他的说明。

杀我同胞　戮我兄弟　活人也是"实验材料"

用活人进行细菌实验，是日本侵略者的一大发明。

这些惨无人道的家伙，不仅把动植物作为实验材料，还把秘密逮捕的抗日军民和无辜百姓作为细菌实验对象。他们把人畜统统称为"实验材料"。

为毁灭罪证，一○○部队在第二部的地下室中间设置了三座火化炉。

那火化炉的高大烟囱直插云端，不分昼夜地冒着黑烟，无风的日子，黑烟就像一片乌云，集聚着无数久久不散的中国人的冤魂。

一个曾在一○○部队坐过牢的李大个子说："我在这个大院住了两年多，天天看见烟囱冒烟；即使每天死十个八个人，计算起来也死了几千人。往这里送的人真多，隔不几天就运来几大汽车。受实验的人怎样叫喊我没听见过，就是看过冬天剥去衣服绑在柱子上的冰人（冷水浇身活活冻成的冰人）；因冰人的尸体不好烧，只好叫我们抬走，埋掉。据说是实验寒度的。"

一〇〇部队有一个东西约 250 米、南北约 1000 米的"牲畜掩埋场"。那里埋的不仅仅是牲畜骨头，更多的是人的尸骨。据当地老乡讲："不仅坑的上面有人，挖到 5 米多深还有人的尸体；有男有女，有穿黄衣服的，也有穿劳工服的。"他们还在牲畜棚外看到一个四五十米宽的大坑，露出没有埋住的人头、手脚。在焚尸炉旁还挖出一个大竹筐，里面装满了人骨灰。

大广村的许多农民被一〇〇部队拉去做苦力，他们亲眼目睹了一〇〇部队惨杀活人的暴行。

一个姓杨的马车夫被日本军医强行拖进隔离室，诬说他得了传染病，进去后再没出来；一个专门给一〇〇部队买菜的姓孙的中国人，日本人说他多赚了钱便押到看守室，当晚他便被浑身缠上白布送往二部做"实验材料"。每次来这里干活的劳工走前，总有几个人被诬陷个罪名扣下。所有的劳工临走前都要留一大管子血，身体虚弱的，抽完血就不会动弹了。1945 年眼看苏联红军要来了，穷凶极恶的日军连忙给当时 300 多名劳工每人注射一针，很快死了十分之二三，能够出去的，也染上严重的"虎列拉"。有时，日军以给农民打针防病为名，或抽血，或注射药物，大广村的农民阎洪喜被日本军医抓去强行打了一针，回家后便得了伤寒，并传染给家人，一家五口人死了三口……

在那凄风惨惨的日子里，这里的百姓就像生活在阴曹地府中，整天提心吊胆，说不上什么时候就会命丧黄泉。

而对于日本宪兵队从各地监狱中选送来的，以及抓来的无辜百姓，一旦走进了这个杀人魔窟，就更是命在旦夕、必死无疑了。这些"实验材料"被关在第二部地下室的两间特制的牢房里，在那 4 米见方的牢房，装有双重保险门，门高不到 2/3 米，宽仅 0.5 米。墙上用软木隔音。每个房间经常保持有三四十个活人，随时可提出来用于实验。牢房的后面有两个房间，另一个是冷气室，一个是高温室。对人体的冷冻和高温实验就在那里进行。冷气室内装有制冷设备和机械铁架子，一〇〇部队就在这里对人体或人的某个部位进行冷冻实验。有的人手脚被冷冻得敲出"梆梆"声，很快就烂掉了；有的活人被赤裸裸地绑在冷冻室里，日本军医在一旁观察记录在零下 45 摄氏度时，冻死一个人需要多少时间。而在另一间高温室，四壁都是双层夹壁，这屋子热得使人难以忍受，墙上残留着斑斑血迹，里面还有很多铁柱和许多箱子，箱子里装着不知是什么血。

此外，这里还有各种细菌室、实验室、化验室。据三友一男供认：他在一〇〇部队里，经常参加用活人做细菌感染或毒物药杀活动，特别是研究与制造化学毒物时，大多是用活人做实验。1944 年 8 月，三友一男奉命在两周内对"实验材料"进行多次实验。他曾谎说给"实验材料"治病注射氰化钾，从不同剂量的注射中寻求效果数据。经过连续实验，许多人被实验折磨死。1943 年 8 月，三友一男在七名"实验材料"身体上做毒物实验。他在其中一人的稀粥里投入了一克海洛因，三分钟那人便失去了知觉，15 分钟后便死去了。之后，他又对其余人分别使用了海洛因、朝颜、巴克塔尔、蓖麻青等毒物，对他们的用药量、死亡过程、致死时间等做了记录，以便寻找烈性毒物的使用方法。

曾经参观过一〇〇部队的伪满军政部直属陆军军需学校学员李野光回忆说："那位军医大尉领我们到一间陈列室……吓，满屋又粗又高的玻璃缸，黄色的福尔马林药水里浸泡着人头、手臂、大腿、心肝、脾脏和生殖器等，简直令人无法看下去……"

沾满中国人民鲜血的日本关东军一〇〇部队，究竟用多少活人做细菌实验、通过实验杀了多少人，至今还是一个未知数。

远征别动队　罪恶的种子撒向苏联和蒙古边境

太平洋战争爆发后，日本侵略者为了侵略扩张的需要，急需细菌武器的配合。一〇〇部队根据上级命令，组织别动队，多次深入苏、蒙边境，进行种种活动。他们的目的一是为了在实战环境里继续进行各种细菌武器的实验，进一步测定细菌武器的实战效能；二是有利于了解战地情况，以做好进攻苏、蒙的准备。

前一〇〇部队别动队队长平樱全作在伯力受审时供认：一旦发生战争，日本空军就会根据收集的情报，在毗邻苏、蒙的各区域内散播鼻疽菌、炭疽热菌、牛瘟菌等细菌，以便传染牲畜。他曾多次参加别动队的远征行动，到达大兴安岭、海拉尔，以及毗邻苏联和蒙古的各地区。他曾亲手将细菌投放到井里，也曾乘坐橡皮舟把细菌撒到可能发生军事行动的河流；与此同时，他们还要弄清各地牲畜总数、夏冬牧场的主要方位和面积，还有道路、贮水池、居民聚居点的分布情况。

1945 年 2 月，来自日本大本营的命令，要求一〇〇部队在日苏战争发生时，应成为生产各种细菌和烈性毒药的工厂；还要在进行破坏性细菌战时，有足够的细菌武器供应战争需要。同时下令，立即给两个细菌部队（另一支是七三一部队），配备足够的细菌学家、生物学家、化学家、兽医学家，以及有关的技术干部，加紧研制各种细菌武器和烈性药物，探求毒杀大批人和牲畜的办法。

根据这一命令，平樱全作率别动队在海拉尔一带进行了频繁的实验。只在一次实验中，就用氰化钾和马前霜等杀了 50 匹马。他们还购买了大批牲畜，准备使用各种病毒进行感染，一旦日苏战争爆发，即将这些染菌的牲畜驱入苏联境内，制造大面积感染区，搅乱苏军阵线，削弱苏军力量。

然而，日本侵略者的如意算盘打错了，1945 年 8 月 9 日，苏军突破中苏边境的日军防线。一〇〇部队虽按计划将染有病毒的牲畜全部赶到苏军后方，但他们自己却没有逃脱惩罚，被苏军捕获，送上远东军事法庭审判台。

日军投降了，可罪恶的阴魂仍在这里徘徊⋯⋯

1945 年 "8·15" 光复前夕，预感末日已到的日本关东军，为了销毁一〇〇部队在东北大地上留下的罪证，于当年 8 月 8 日前，将重要的细菌实验设施运走，带不走的房舍便纷纷炸毁。看着沾满刽子手鲜血的细菌实验工厂纷纷坍塌，附近的老百姓终于长出一口气。

然而，成千上万的善良的人们怎么也不会想到，灭绝人性的日军，人走了，仍将罪恶留在这片惨遭蹂躏的土地上。他们在逃窜前，丧心病狂地将可以使人畜共患、交叉感染的炭疽菌、鼻疽菌、痢疽菌等投到井里，还放跑许多带有霍乱菌的老鼠。

一时间，长春附近、榆树头道岗、永吉乌拉街、贫路河、哈尔滨、扶余一线造成大量霍乱疫区，成千上万的人死于非命，仅吉林的岔路河一带就死了 1000 多人。永吉县乌拉街镇赵全五老汉，去一亲戚家串门，正吃着饭，突然口歪眼斜、泪水涎水流个不止，回到家就死了，没想到，病菌仍传染给家人，刚埋完爹，又哭妈，没几天，一个二十几口人之家死了七口。在岔路河，一对新婚的夫妻，男人死了，女人在大街上喊人帮忙，没人敢来，见她哭得太可怜，一个年轻人终于咬咬牙，去帮忙抬尸体，可没过数日，那个好心的年轻人也死了。

死亡的阴影笼罩着东北大地，到处是哭声，到处有新添的坟冢。这股瘟疫百扼不止，直到第二年春夏之际，几场暴雨冲刷，才渐渐平息……

如今，孟家屯一带已是一片繁华热闹的景象。然而，历史是不会忘记的，日军用细菌杀人的罪恶不会与废墟一起从东北这块土地上消失。

惨无人道的细菌战

——宁波鼠疫惨案的调查

蒋廷龙

1940 年 10 月，日本帝国主义用飞机在宁波市区上空撒布毒物，实行灭绝人性的细菌战，因而造成了宁波历史上一次空前绝后的鼠疫大惨案。

惨案的发生

1937 年全面抗战开始，由于国民党反动派推行消极抗日、积极反共的政策，致使前线节节失利，一溃千里。上海、南京、杭州……相继沦陷。宁波成为浙东沿海唯一的出纳口岸。

1940 年 10 月 28 日早晨，宁波市的商店开始营业，突然警报狂鸣，人们惊惶奔逃。接着一架日本侵略者的飞机闯入市区上空，盘旋一周，即向市中心区中山东路俯冲而下，在开明街口一带，投下一批碎散的东西。

据当时在开明街元泰酒店做学徒的钱贵法说："那时我只有 14 岁。这天敌机来了，老板们都逃避了，我仍守在店里，看见敌机掷下麦黍粉之类的东西，还夹杂着传单。我去拾了一张来，看上面印着一个太阳旗，还有几个字，说什么'中国人饿死了，皇军来救济你们'的一套鬼话。"

事过三天，已是 10 月 31 日的早晨，开明街东后街口豆腐店赖保生夫妇，突然双双死去。因为头天晚上还是好好的，所以人们围在那里，好奇地探问，议论纷纷。有的人看见尸体发黑，说："这一定中了毒！"接着市里又连续出现死人：陈万生店夫妇俩同时死亡，同顺提庄死了二人，前街胜利昶西服店里死了四人，元泰酒店伤了四人……东后街一带的住户家里，连续发出了悲哀的哭声。有的死了儿女，有的死了老人，还有的一家人死绝了。几天工夫，在这个地方，突然暴死了这许多人，人们感到事态的严重；附近居民都惊慌失措起来。有去处的便立刻逃往别处或外地，而穷苦人家，一时还想不出什么办法，只好留在这里硬挺。

死人愈来愈多，哭声愈来愈大，弄得整个宁波市民惴惴不安，同时也吓坏了政府当局。当时国民党鄞县县长俞济民，见到疫势如此猖獗，有不可收拾之势，便急忙召集医务界和地方士绅商议防治之策。经大家商讨决定成立一个"防治委员会"，设医务、工务、警务、救护、财务等处，并组织救护队、消毒队等等。由俞济民指派有关机关团体负责人分别担任各处处长。机构庞大，包罗万象，各项工作却是乱七八糟。不法之徒，也乘机敲诈。

疫病的诊断

起初时，染上这种疫病的人，各自向宁波市的医院或诊所求诊。宁波各医院（中心医院、华美医院等等）都发现了这样一些奇特的病人——热度极高，头痛脑晕，步履蹒跚，神智有时不清，淋巴腺肿胀疼痛。医务界有人认为是横痃，也有人认为是恶性疟疾，各执己见，莫衷一是。当时宁波市中心医院内科主任孙金，眼看许多病人生命垂危，下决心要探查出病根。他抽取了染疫者的血，制成血片，进行检查，结果发现病菌是鼠疫杆菌。鼠疫，这是一种可怕的疫病，在宁波疫病史上从来未有过。这一发现，使他大吃一惊。病根找到了，但他还不敢贸然断定。他立刻电告宁波政府当局，说是属于类似鼠疫的疫病，同时把病人的血片送由县卫生部转省卫生处鉴定。最后正式确定是鼠疫。

封锁疫区

鼠疫，在我国是很少见的疫病。谁都知道它的可怕，既然断定是鼠疫，更增加了全市人民恐慌不安的心情，许多人东搬西逃，闹得满城风雨。那时宁波处在日本强盗的封锁之下，不但市上缺乏药品，就是上海也难以买到较多的鼠疫药品，可是染病的人、死亡的人还在不断地增加。

鄞县县长俞济民一听到是鼠疫，便立刻下了紧急命令——"封锁疫区"。当时由医务、工务处人员会同勘定：东大路以南，开明巷以北，北太平巷以西，开明街以东的一块长方形地区划为疫区。先用草绳拦住，撒上石灰，作为临时封锁线。俞济民并派来大批军警，如临大敌地把疫区团团地包围起来；并在东大街、开明街近疫区的交通要口，也派军警站岗，加以把守。接着沿着疫区四周，筑起一堵比平屋略高的隔离墙，仅在东大路和开明街各开一道小门，在门口设了更衣消毒室，备有防护衣帽，供防治人员进入疫区之用。后来又在疫区西南角开明巷空地上，建筑了两口大灶，凡从疫区里拿出来的东西，都须在这里进行沸煮消毒。疫区内的房屋，也进行了几次硫黄消毒。为了避免传布疫菌，把疫区内的猫狗之类的家畜、家禽，全部毒死。

疫区里的居民，除少数于封锁前逃出的以外，其余的男女老少，不论染疫的和不传疫的，全部统统关起来。钱贵法说："当局命令，封锁区的人，谁逃出去，就枪毙谁。"他们把已染疫的发热病人，统统关在疫区内同顺提庄里，作为甲部隔离病院。他们又把疫区内所有的人，关进开明街原永耀电力公司营业处的大厅里，还把一些逃在外面避疫的疫区里的人，也一个个捉了回来，关在里面，作为乙部隔离病院。接着又在开明庵内，设丙部隔离病院，有疑似染疫病人，由乙部转入丙部。

病院四周，布满军警。疫区的人，好像是罪人。已染疫的，得不到适当的医疗和救护；身体好好的，得不到行为自由。过去热闹的中山东路和开明街一带，顿时行人绝迹，成了人间地狱。在鼠疫区对面开明街开小店的朱祖璇夫妇说："这里发生了这样大的灾难，可是当时我们从来没有看见一个政府的官员以及医师亲临疫区，到里面去过；进出疫区的，大都是临时出了钱雇来的苦工。"

染疫者的遭遇

送进甲部隔离病院——同顺提庄的病人，有进无出，反动派根本不顾百姓的死活，所谓"防治"是防治反动统治阶级自身的安全。为了自身的安全，就不惜把染疫者活活逼死。同顺提庄名为"隔离病院"，其实这个所谓隔离病院，什么医疗设备都没有，而且就在疫区之内。这里的病人，每天有大批死亡。高等医师根本不敢进来，只留下了几个管理人员，门口有警察把守。满屋的呻吟声和临死挣扎的惨状，真是惨不忍睹。染上鼠疫的，先是发高烧头痛，四肢淋巴腺发炎肿胀。体弱的就过不了这一关而马上死亡；一些体质较强的人，逃过这一关，躺几天又发病一次而死去；虽有幸存的，再也过不了第三次发病关口。钱贵法是100多个患者中挺过三关，死里逃生仅有的一个。据他说："我当时也染上了这种疫病，被关进了同顺提庄。那里简直是一个阴惨惨的人间地狱。满眼是折磨得奄奄一息的病人。有的突出眼睛死了，有的弯着身子死了。种种惨象，触目惊心，人死了，棺材抬进来了，抬进抬出，善后事宜，好像办理得很认真。后来我听到抬棺材的人说，这种棺材有活门的，抬到南门外义冢地，把活门一开，将死尸倒在一个深坑里，仍旧把原棺材抬回来又装死尸了。"据钟辉说："那时市上的棺材，已搜罗一空，不敷应用。灭绝人性的反动派，竟作出了两个人合葬一具棺材的决定，因而更凄惨的事情发生了：一个人死去了，为了合一口棺材，就把另一个未断气的病人硬放入棺材里去合葬。有的病人当被放进棺材时，挣扎着迸出最后的呼声：'我还没有死呀！'这真是世界上罕见的悲惨事！"钱贵法说："我在那里，还听见了许多令人气愤的事，到那时，我才知道国民党反动派原来是这样勾结日本帝国主义者屠杀中国人民的：（一）有一个老年男人染上了疫病，他的老妇人到里面来侍候他，那个男人死了，老妇人几乎颠死。她要出去，上面不准她出去，迫她打针，结果仍然死了。又一个小孩来里面照应他的母亲的病，后来母亲死了，小孩要出去，也不准，又给他打针。可是早上打针，晚上死了。（二）反动派俞济民的军警，还要借此机会，趁火打劫。病人的手表、戒指都被抢去。我亲眼看到一个妇人进来时戴着一只手表，两个金戒指，还有两件毛线衫，可是结果都被警察们拿去了。（三）有一个20多岁的女人染上了疫病，也被送进来。她年轻貌美，病情较轻，一天半夜里被警察强奸了。又一个十多岁的小姑娘，被强奸后接着也死了。（四）染上鼠疫的病人，热度高，面孔、眼睛发红，口奇渴。一个病人口渴得实在忍不住了，爬到警察面前讨点水喝。警察用枪打他，还狠狠地说：'你都快要死了，还喝什么水！'这病人不久便死了。还有一个病人睡在墙角里，我看到他爬到阴沟里去喝污水，不久也死了。我周围的人渐渐地都死了，只剩下我一个人。那时宝昌祥老板的小老婆也染上了这种疫病，宝昌祥老板有钱，买通医生来抽我的血，去给他小老婆医治，我就这样被逼抽了六次血。血是人最宝贵的东西，六次一抽，我这人眼睛突出了，神志不清了，脚提不起来，软了，人瘫了！可是他的小老婆仍然逃不过第三次关口，死了。最后，疫区内的房屋要烧了，反动派把我送到南门外荒野上董孝子庙这个所谓临时隔离医院里。在那里，除我以外，还有几个从别部转来的病人。"

这个所谓临时隔离医院，是一个荒庙，地址就在老龙湾埋葬染鼠疫而死的尸体的义冢地附近。反动政府在那里雇工挖了一个大坑，深达一丈有余；所有已经死去的 100 多具死尸都层层叠叠地埋在一起。迁到那里去和死人为邻，简直是促死病人。反动派说："这是对垂死病人作最后的挽救。"那是当面骗人。钱贵法说："我在那里被关了六个月，每天吃点薄粥。我想再不逃出去，性命要没有了，我决定想办法逃出去。在一个黑夜，我从一个洞里逃了出来，才算死里逃生。"

据钟辉说："被关在永耀电力公司营业处大厅乙部隔离病院的所有疫区老少居民，他们仍然是好好的人，但是不准出去。每天也吃点薄粥和酱萝卜。只要发现某个人有点发热头痛的病兆，就立刻转送入甲部病院。疫区的人都知道，送入甲部病院，犹似进入虎口，那是有死无生的。每当一个病人被迫要送到甲部病院去时，他本人的哀求声和他的亲属的号哭声，响成一片；生离死别的惨状，我简直无法形容出来。更凄惨更可痛恨的，是把原来不是住在鼠疫区的一个发热头痛的感冒伤风病患者，也送入甲部隔离病院。后来诊断不是鼠疫，可是既然进来，就不得出去。隔离了多天，这个病人受到跳蚤的鼠疫病菌传染，发病死了。"

据当时调查资料，疫区内一百几十户人家，全家死绝的有六至七户。中山东路宝昌祥内衣店一家共死了 14 人（其中职工 10 人，家属 4

人），胜利昶西服店死 4 人，死亡二三人的有好几户。计先后死亡的有
103 人。除此之外，还有十余人在"疫区尚未被严格控制前"已逃往外
地的，后来也发病死了。

放火烧屋

疫区被封锁了一个月，到了 12 月初，政府决定要把疫区里的房屋
全部烧毁。他们说，"为了彻底消灭疫源，经'专家'们研究，认为疫
区比较集中，又在闹市；同时在这一带街屋的地下，原有一条小河，在
东大路扩建时，由毗连业主承买去建屋的，有的地方已经填实了，有的
地方石板下面还是河浜，藏垢纳污，很难用其他方法彻底消毒。因此，
决定采取焚毁全部房屋的措施。"宁波政府当局呈请浙江省政府卫生处
处长陈万里核准后，决定于 12 月 3 日晚上实行烧屋。

当时，在这区域有房屋 129 幢。烧屋以前，当局严格限制每户只能拿
取两担的细软衣物，进入疫区内拿取东西的人，必须付钱 2 元租用防疫衣
服。据亲眼看到现场情况的朱祖璇夫妇说："离开烧屋两三天前，群众才
知道要烧屋了。日子近，防疫衣少，进出的门小，而要拿取衣物的人多。
当时开明街上，一片混乱，呵斥和号哭的声音，响彻云霄……"

3 日下午 7 时左右，俞济民下令烧屋。两个小组的放火人员，便手
持火把，从两个门口进去，燃点好火种，马上退出。霎时烈焰腾空，火
光冲天……

从此，宁波市中心地区，便出现了一大块空旷场地，这就是当年的
鼠疫区。在日本强盗侵占宁波时期，围墙已经拆去，沿街竖立起一块块
大广告牌，上面写着什么"大东亚共荣圈""日本仁丹"等等。

疫源问题

宁波有史以来，从未发生过鼠疫，疫源是从哪里来的呢？

国民党当局对疫源问题，在当时没有下过结论；直到抗日战争胜利之后，也没有听见国民党政府正式宣布过，有人甚至认为不是鼠疫。但事实很明白，这是鼠疫！这是日本帝国主义向中国人民进行灭绝人性的细菌战！这是日本帝国主义在侵华战争中所犯下的不可饶恕的一次罪行！

据医务处主治医师孙金说："毫无疑问，这是鼠疫！病人的血片，这是最好的最有力的证据。后来经省卫生处和专家核对了症状及发病经过等等，更足证实是鼠疫了。"

"按照一般医学理论，鼠疫的发生，必先有病鼠。由病鼠身上的跳蚤，把病菌传染到人的身上。"钟辉说："开明街鼠疫区，当初到处寻找死鼠，没有找到。在染疫病人已经死去将近100人，离开烧屋前一个星期之时，才在东后街口南面屋顶上发现一只死鼠。更可证实这种病菌，是日本强盗从飞机上投下的。凡是鼠疫病人的家里，都发现屋顶上、天井里、墙角边，有日本强盗投下来的麦子、黍米、白粉之类的东西，在他们家里，发现很多奇异的跳蚤。一些全家死绝和死人特别多的家中，发现这些东西——尤其是跳蚤，更加多而且密集。

在一些疫区，工作人员曾经捉到很多的跳蚤。这些跳蚤，色红，形体特别小，和别处捉来的一些大而黑的本地跳蚤比，显然不同。它是经过人工培养的。种种事实，证明了这次鼠疫的发生是和那天敌机俯冲撒布黍、麦之类的东西有着密切的关系。

"从那天（10月28日）到发病的日子（10月31日），也正好与鼠疫传染后的潜伏期三天至七天相符合。"孙金说："传布疫菌的，是跳蚤，而不是黍米、麦子、白粉之类的东西。跳蚤是凭借麦子、黍米之类的东西而撒下来的。如果撒下这些麦子、黍米之类的东西，不是为了散布带有疫菌的跳蚤，这又有什么意义呢?"

抗日战争胜利之后，苏联红军在我国东北审讯日本战犯。从日本战犯的供词中，证实宁波发生的鼠疫，是日寇开始使用细菌战的一次试验。在《传染病学》一书中，也有日寇在宁波散发细菌情况的记载，摘录于下:

"1940 年起，日寇开始在我国使用细菌武器，进攻我国和平居民。1940 年 10 月 28 日，由石井亲自率领一个部队，到宁波市上空，由飞机散布鼠疫。这次带了 70 公斤的伤寒菌，50 公斤的霍乱菌，5 公斤染有鼠疫菌的跳蚤。"

我在宁波细菌战中的悲惨遭遇

钱贵法口述　王晓舜　戴士清整理

　　1940年10月27日下午2时许，日军派飞机将染有鼠疫杆菌的大量麦子、粟粒和面粉投撒宁波市区，给宁波人民造成了巨大的灾难。据当年调查资料统计：市民因染鼠疫死亡有姓名可稽者106人，其中少年儿童40名，赖福生等12户居民全家死绝。我也染上鼠疫，备受"黑色魔疫"的折磨，幸赖救治及时，得以生还，成为这场细菌战中唯一的幸存者。55年过去了，但这场人为劫难仍在我的脑海中留下十分清晰的记忆。每每想起，都为我们那些遇难的同胞鸣冤叫屈。

　　1937年"七七"事变、"八一三"战事接连爆发，地处浙东沿海的宁波，同时遭到日军飞机的狂轰滥炸。仅以1937年11月至1940年9月间的七次残酷的大轰炸统计，日机先后出动52架次、投弹148枚，毁房2000余间，炸死平民293人，炸伤6000余人，当时城区主要街道与商业繁华地带均遭空袭。炸弹所落之处，一片断垣残壁，罹难者的尸体横陈东西，市民无不处于恐怖之中，日军的暴行给宁波人民带来了旷古未有的厄运。

1940 年，那年我只有 16 岁，在宁波市区中心中山东路和开明街口的"元泰绍酒菜馆"当学徒。这家酒菜馆临街，二开间三层楼面。老板是绍兴人何福钦，职工 18 人。由于日机不时空袭骚扰，酒菜馆只好白天关门，晚间营业。我们师徒常常是凌晨刚刚睡下，就被尖厉的空袭警报声惊醒。顿时，炸弹爆炸声、房屋倒塌声、呼天唤地的哭喊声混成一片，令人毛骨悚然。但是，我做梦也没想到，更大的灾难还在后面，日军竟然对甬城人民发动了罪恶的细菌战。

1940 年 10 月 27 日晨 7 时，我和师兄弟们在做完夜工后刚刚入睡，即被一阵剧烈的飞机轰鸣声惊醒，我一骨碌爬起往窗口一望，只见一架日机自东向西作低空飞行，盘旋三圈，撒下遍地传单。待日机去后，我们几个胆大的学徒跑出来捡传单，只见传单上印有日、德、意三国国旗，另外，还有两手相握表示"中日亲善"的各种漫画和文字说明。我们惊恐未定，孰料下午 2 时左右，刺耳的空袭紧急警报声再次响起，一架日机又由东向西低空飞来。我们躲在窗口下偷偷窥视，只见日机施放烟幕似的在甬城上空留下一团黄雾，纷纷落在宁波市中心开明街、太平巷弄东后街一带，屋顶瓦片上随即响起沙沙沙的声音，我们异常惊恐。不一会儿，日机呼啸而去，我们跑出去发现房顶上、地上散布着大量的麦子、粟粒和面粉。令人惊异的是一片片血红颜色格外醒目，定睛一看，方知是一种红色怪样跳蚤，特别肥壮，且数量庞大。当时，人们虽然不知道这是日军空投的带菌跳蚤，但依然陷入了惶恐不安之中。

28 日到 29 日，天色阴沉。紧接着又遇一场夜雨，30 日晨，人们看到经雨水冲刷后的麦子、粟粒已抽出了胚芽。雨水流到居民家的露天水缸里，即在水面上形成一层红色漂浮面（当时绝大部分宁波居民习惯饮用天降雨水，家家备缸盛接）。当晚后半夜，元泰绍酒菜馆后面的滋泉豆浆店老板赖福生夫妻俩首先暴死。我们跑去看时，只见尸体似烤熟的虾，抽搐成一团，面部发黑，样子十分骇人。接着，毗连的开明街王顺兴大饼店、胡元兴骨牌店以及中山东路的宝昌祥服装店、东后街一带相继死去十多人。次日，又暴死七人。人们议论纷纷，说是发生了"时疫"（即霍乱），有人开始外逃避难。五天后，即 11 月 2 日，疫情迅速蔓延，死人越来越多。我开始发起高烧，一天一夜滴水不进，处于昏迷状态。我的老板也外投亲戚家避难，他因尚未染疫，所以幸免于难，而他的四弟何福龄（酒菜馆账房先生）、学徒陈福水等三人却不幸染疫。师兄高宝有赶紧叫了一辆黄包车送我到华美医院（今宁波第二医院）诊治。在医院门诊部，我碰到何福龄等人也在就诊，周围还有四五十个患者，都是开明街、东后街一带居民。当时给我们看病的是丁立成院长，因还不能确诊是什么病，初步诊断为恶性疟疾，配了几片奎宁，还抽了我的血拿去化验。然后，高宝有又将我抬回酒菜馆。不久，师兄高宝有等人染病竟相继暴死。我一直高烧不退，整日昏睡，大腿根腹沟处出现芝麻粒大的"海阳核"（淋巴结），十分疼痛。

疫情在继续蔓延，暴死者有增无减，身披丧服者比比皆是，哀号声此伏彼起。由于发病者多出现颈部、腋下等处淋巴结肿胀的相同症状，从而被确诊为是天字第一号烈性传染病——鼠疫杆菌，人们断定这是日军丧心病狂将"黑色魔疫"空投甬城所造成的。为防止出现更多的伤亡，政府当局决定：11 月 2 日晚开始封锁疫区，派百余名警察看守。接着将中山东路以南、开明巷以北、开明街以东、北太平巷以西一块约5000 平方米的地区用砖墙隔离，并在墙外挖掘三尺宽、四尺深的沟，撒上石灰，防止鼠蚤外逸。疫区内小学停课，戏院等公共娱乐场所停演，商店停业，禁止居民出入，杜绝疫情扩大。4 日，成立防疫队，设临时隔离病院三个部：甲部，在东后街"同顺提庄"（当时专售旧服装的店，现协和商场后面），收治症状明显的重病人；乙部，先设在太平庵

（现协和商场），后改在永耀电力公司营业部，收容疫区居民及处于潜伏期的可疑者；旋又增设丙部，收容疫区外的可疑病者。5日，我和其他重病人被人用担架抬送到甲部，接受隔离诊治。

我在"同顺提庄"内住了半个月，时而昏迷，时而清醒，痛楚难挨。触目所见皆为揪心撕肺的悲惨场面，成为永远无法抹去的记忆。我到"同顺提庄"的当天，周围便暴死十多人。有人大声吼叫，凄惨攒心；有的讲呓语，手脚抽搐，死去如烤虾般弯曲，眼珠突出，全身发黑；有的病人突然大声一叫，从病床上滚下来，脸红如醉汉，神志不清，胡言乱语，满地打滚，乱扯乱抓，全身痉挛后万分痛苦地死去。我还看到一名40岁左右的妇女喊着要水喝，见无人理会，便挣扎着爬到墙边喝了两口沟水，不一会儿，全身抽搐几次便不动了。由于丈夫陪老婆，大人陪小孩而相继死去的事例也不鲜见。进入甲部的病人很少能够幸免于难的。因死人太多，连棺材也来不及做，从而出现了一口薄棺装两具尸体的现象。有一个死者家属，因不同意这样入殓，竟悲痛欲绝，满地打滚，哭得死去活来。没想到，这位家属第二天即发病暴死在病区内。

我店先后发病七人，除我侥幸生还外全都遇难。有当初送我看病的大师兄高宝有，刚从绍兴老家新婚后返回酒馆的老板堂弟何福林，年仅23岁的小师兄丁文章和18岁的冯云生等。我经过吃药打针，一直顽强地与病魔抗争着，神志渐清，并有了饥饿感。后来，一位抬棺材的人（姓名不详）告诉我：那天，他们准备将我装殓时，发现我的手还在动弹，就没有动手，而将另外两个死人装进棺材抬了出去，说我是"从棺材底下漏出来的人"。

由于防疫工作及时有力，至11月15日，疫情基本得到控制。我因病情没有继续恶化，即迁至单间病室作隔离观察。下旬，我和陈和尚

（50 岁左右，家住东后街）被人用担架抬到南门外董孝子庙的一处临时隔离医院。那时我已神志清醒，只感浑身乏力。第三天，我看到又送来两名，据说是从乡下追回来的逃疫病人。可是到了第四天，我隔壁单间的陈和尚和两个乡下来的病人也都死去了，我木然看见民夫把他们一个个抬了出去。偌大一个隔离医院内仅留下我一人惨然独处。我对这个情况的记忆十分深刻，所以后来统计"市民死亡有姓名可稽者为 106 人，幸存者只有钱贵法和陈和尚二人"，是将陈和尚病死漏计在内了。今天特作证明，死于鼠疫能查到姓名的应为 107 人。

当时董孝子庙隔离医院里共有四位医生，是毛惠民医生给我动的手术，所以他的名字我至今没有忘记，其他三位医生姓董、张、杨，名字已回忆不起来了。他们四个人医治我一人，对我的病情经过仔细分析研究，第五天给我开刀。此时，我身上的淋巴结已肿胀到比鸡蛋还要大。据说，淋巴结里边流出的全是墨黑的腐血液体。证据凿凿，再一次证明这就是"黑色鼠疫杆菌"。

我算是经历了这场劫难后的死里逃生者，大约在 12 月 10 日，我已病愈，允许出院。

出院后听说，为杜绝病源，当局决定忍痛焚毁疫区。11 月 30 日晚7 时，疫区内 11 处同时点火，霎时间火光烛天，照红了整个甬城上空。四小时后，疫区 5000 平方米之内的 115 户、137 间房屋变成一片废墟——后来人们称之为"鼠疫场"，谁也不敢进入重盖房子，直到解放后才新建高楼大厦，成为繁华的闹市区。这就是日本侵略军在宁波犯下罪恶的铁证。

我从小父母双亡，是个孤儿。九岁时被后母赶出家门，无家可归。先在宁波一家笔店当学徒，因为年纪太小，被逐出店门，在开明街一带流浪，"元泰绍酒菜馆"门前的水门汀是我露宿栖息之地。我经常帮酒菜馆师傅们打杂，以讨口饭吃，渐渐与大家混熟了，老板何福钦见我勤快可怜，便收留下我。可酒店已化为灰烬，我只得又流落街头。在疫区对面开"一一新"菜馆的原元泰酒菜馆阿三师傅同情我，让我留在他的菜馆帮工，才总算有了一个安身之处。

日军侵华最严重的毒气战在宜昌

———

郑龙昌

日本军国主义在侵华战争期间，公然违反国际公法，对中国军民上千次地使用生化武器，进行灭绝人性的细菌战、毒气战。对于1940年沦于日寇铁蹄之下五年有余的宜昌来说，日军的血腥统治和种种暴行，实为罄南山之竹，难书其罪。尤其是日本侵略军在中国战场所进行的历次战役中发射毒气弹最多、其毒性最为剧烈和造成中国军人伤亡最为严重的毒气战就发生在宜昌，其罪孽令人发指。

国民政府军政部防毒处公布日军进行毒气战资料

日本本来是以下两个海牙国际公约的签字国之一：1899年订立的关于禁止使用毒气的宣言；1907年签署的关于陆战惯例法规的条例和规则，其第二款第一章第二十三条中有明确规定："除了特殊条约规定的禁止事项外，尤其禁止的是：一、使用施放毒药和毒液的武器……"在1930年11月开始的日内瓦一般裁军会议上和1932年秋召开的日内瓦裁军会议筹备委员会上，日本政府代表还煞有介事地主张和强调把催泪性气体（指各国防暴警察所使用者）也应作为毒气予以禁止。然而曾几何时，自卢沟桥事变后，日本侵略军便明目张胆地违反国际法和国际协定，在中国各地战场纷纷使用毒气武器。早在1937年8月淞沪战役中，日军首次使用了催泪弹、喷嚏性、呕吐性毒气。从1938年8月武汉战役开始起，更加肆无忌惮，有组织地、大规模地、大量地向中国军队发射毒气弹，并开始使用剧毒的糜烂性毒气（芥子气）和路易氏毒气。直至1945年5月8日豆腐屯战斗，垂死中的日军仍然继续使用了毒气武器。日军在中国使用毒气的种类，一般是催泪性的苯氯乙酮，呕吐性的联苯氯化胂和联苯硝化胂，糜烂性的芥子气和路易氏气，还有窒息性的光气、氯化甲基吡啶和氰酸气。所谓"红色"指的是窒息性毒气，"黄色"指的是起疱性（糜烂性）毒气。"红色弹"和"黄色弹"由炮兵发射或飞机投掷，"红色筒"用投射器或掷弹筒发射，"黄色剂"则是直接洒下芥子气原液。

中国国民政府军政部防毒处曾经发布过一份记录1937年8月至1945年5月的统计资料，日军在中国大陆和在缅甸对中国远征军共进行毒气战1312次，造成中国军人死伤36968人，其中中毒后立即死亡者2086人。从战后日军供认的事实来看，上述统计显然是十分不完整的，最明显的是1945年日军进行毒气战远远不止2次。另据有关资料揭示，在八年抗战期间，被日军毒气武器直接杀害的中国军民共有8万余人。

日军大量使用毒气，激起了中国人民的极大愤慨。国民革命军第八路军总指挥朱德、副总指挥彭德怀于1938年3月29日在《新华日报》上发表通电，谴责日寇施放毒气毒菌屠杀我民众，呼吁全国全世界人民抗议敌暴行。军事委员会政治部部长兼武汉卫戍总司令部总司令陈诚上将于是年5月16日在汉口举行中外记者招待会，揭露日军以毒气、毒物残害中国军民的罪行。

罗斯福总统下令调查日军在华使用毒气情况

在日军数以千次的毒气战中，受害最为严重的是宜昌。

1940 年 6 月，日寇侵占宜昌后，即在宜昌设立化学武器（即毒气武器）装配厂，驻扎有专门从事化学战的部队并配备有糜烂性、刺激性和窒息性毒剂的化学弹药。日军在宜昌地区不止一次地进行过毒气战。例如 1943 年的"鄂西会战"中，日军攻入鄂西山区，欲攻下三峡要塞，经中国军队强有力的反击而败退，退至长阳县磨市东南地区的日军为了突破中国军队的重围，6 月 7 日便使用了毒气武器。是年 11 月在鄂西湘北进行"常德会战"期间，国民政府军事委员会 22 日发表声明："敌军此次向我鄂西长江南岸发动攻势，又大规模使用毒气……九日在枝江县西南腊树垭施放一次……二十日敌向五峰县仁和坪附近反扑，施放大量毒气，致我官兵中毒，死伤很多……今日据我前线将领报告，已在敌遗尸中搜获敌酋所颁发使用毒气的命令……"据时任第六战区第六十六军副军长宋瑞珂回忆，当时日军第三十九师团为阻止中国军队第六十六军第十三师对常德的增援，在仁和坪地区一月余的攻防战中，竟使用毒气进攻 7 次。

然而，最严重的一次毒气战就发生在宜昌城郊。

事情的经过是，1941 年日军发动第二次"长沙会战"，由第十一军司令官阿南惟畿中将指挥，从湖北、江西调集日军兵力 12 万和舰艇百余艘、飞机百余架向长沙进攻。为牵制进犯长沙的日军，蒋介石命令陈诚指挥第二十六集团军和江防军等部队攻击汉宜、荆当各路之敌，"相机收复宜昌"。

自 9 月 28 日反攻宜昌之战打响至 10 月 6 日，面对五个师的中国军

队的强大攻势，驻宜昌的日军第十三师团顽固据守，在大量伤亡的情况
下，将非战斗人员派往战斗前沿进行抵抗，并使用毒气，但仍无转机。
7日夜间，日军第十三师团司令部于绝望之中，一方面烧毁军旗和文
件，摆设自杀器皿以供师团长及其以下幕僚和各部部长集体自杀，做好
了自尽后焚尸的准备，并用密码向第十一军司令官阿南惟畿中将发出诀
别信，师团长内山英太郎中将还在诀别信的末尾加上一句："皇国官兵
最后尽了军人本分，在高呼大元帅陛下万岁中死去。"同时仍作垂死挣
扎，决心再次使用毒气。当8日中国军队的主攻部队第二军（军长李延
年）第九师（师长张金廷）从东山突入宜昌市区时，日军发射了大量
的毒气炮弹进行抵抗，中国军队被迫撤出。

连日来，日军炮兵发射毒气炮弹，飞机投掷毒气炸弹和直接洒下芥
子气原液，造成中国军队一线部队官兵的大量伤亡。本来中国军队攻克
并收复宜昌的胜利已是唾手可得，在日军空前规模地使用毒气武器的情
况下，延缓了时间，日军大量援兵于10日赶到，中国军队不得已奉命
撤出战斗，反攻宜昌之役结束。据有关权威部门统计，在此次战役中，
日军使用毒气弹达2500枚之多，致使中国军队官兵1600余人中毒，其
中600余人死亡。

这就是第二次世界大战中中国战场上日本法西斯所犯下的罪行之一
"最"。下面引述两位亲历者的回忆资料便可见一斑。

一位是第二军第九师第二十六团的解云祥，他说：10月6日拂晓，
盘踞磨基山的日军炮兵不断向我军发射毒气炮弹，黄色烟雾呈极浓的辛
辣味，引起人们泪流不止和连续喷嚏，虽然各团的消毒排紧急进行消毒
处置，但仍有不少官兵中毒乃至死亡，造成我军减员和削弱战斗力。

另一位是军事委员会战地服务团伤兵服务队的负责人何震东，他率
领服务队员在前线救护伤兵，"双十（10月10日）总攻"时正在第九

师师部，目睹了日军飞机投掷大量毒气炸弹和直接洒下毒液的情况。他说，那时中国军队无防毒面具和防毒衣的装备，中毒者身上都起脓疱，因此官兵伤亡颇多。

这年 10 月 11 日，中国中央通讯社以《我军攻入宜昌，敌机竟投毒弹》为题发布消息：[中央社宜昌战地十日下午五时急电] 我攻入宜昌城之各路部队，正对城内残敌继续扫荡之际，敌忽派飞机三十余架，于十日下午三时飞至宜昌市区上空滥肆轰炸，并不顾人道，投掷毒气弹多枚，因使我官兵中毒者颇多。

1941 年太平洋战争开始后，美国由于惧怕日军对盟军实施毒气战，十分注意对这方面的情报搜集。1943 年 3 月中国国民政府发表一份日军对华进行毒气战的概述报告后，更引起了美方的关注。3 月 23 日，美国总统罗斯福宣称"将调查日军在华使用毒气情形"。根据罗斯福的指令，遂由美国驻华大使馆副武官史迪威将军属下的化学军官约翰上校参与美国情报机关进行调查，以证实日军在中国战场使用毒气的情况。对于日军在宜昌进行毒气战一事，约翰上校在调查材料上写道："在 1941 年 10 月 8 日到 10 日的宜昌攻防战中，日军长时间地向中国军队发射大量的毒气炮弹。根据作战后的调查，日军使用了芥子气和氰化气体的事实一目了然。另外，还有使用路易氏毒气的证据。据报告，中国军队受害严重，受毒气损伤者达到 1600 人，其中 600 人死亡。"多方证实日军的这一暴行。

侵华日军的自供状《支那事变中化学战例证集》

战争期间乃至战后，虽然日本军国主义者对其使用毒气武器的罪恶行径百般抵赖，至今也仍有人极力否认在中国使用过致死性的芥子气。日本防卫厅防卫研究所战史室编写的《长沙作战》史稿中，以洋洋 2 万言写 1941 年 10 月的宜昌攻防战，把日军第十三师团长内山英太郎等军官们准备自杀的情景写得细致入微，抖搂得淋漓尽致，但对使用毒气一事竟只字未提。

事实胜于雄辩。在确凿的证据面前，特别是在战后对日本战争罪犯的审讯中，他们也供认不讳。1931 年至 1945 年间，日本负责研究开发毒气武器的陆军科学研究所和陆军第六技术研究所在广岛县附近的大久野岛（战后，日本人民知晓真相后便称之为"毒气岛"）大量地制造毒气，共生产了毒气弹 750 万枚，至少用了毒气 6600 吨，其中包括芥子气和路易氏气这两种剧毒致命气体 4400 吨。由福冈县企救郡的曾根兵工厂将毒气充入弹内。负责毒气战指导和教育工作的中枢机关，即所谓"陆军习志野学校"创立于 1933 年，先后培养和训练了进行化学（毒气）战的军官和士兵 31 万余名。1939 年 8 月，日军在中国东北的齐齐哈尔成立关东军化学部（满洲五一六部队），开始了在中国大规模使用毒气武器的实验，并与臭名昭著的七三一部队共同用中国军人和平民以及他国被俘人员进行活体试验，受害者达 3000 余人。

有些侵华日本军人战后进行反省，并赴自己曾经参与侵占过的地方向政府和人民表示忏悔谢罪。一个名叫佐佐木治的日本旧军人，1938 年入伍后来华，自 1940 年 5 月起，作为化学武器小队长被分配在第三十九师团二三三联队某大队，参加了对宜昌的侵略作战。他为忏悔自己的罪行撰文说，师团长村上启作命令组建专门使用毒气武器的小队，名曰"化学武器小队"，配属在各步兵大队里。每个小队携带毒气弹有红炮筒中型 25 根、小型 40 根、发烟筒 30 根。他详述了进攻宜昌期间，一次在他指挥下向中国守军阵地发射毒气弹的经过。他写道："那里有二十几个抗日战士被毒气熏窒息了，口吐鲜血，流出鼻涕，有的处于半死状态，用湿布捂着嘴和鼻子，尽管身上负了几处伤，但斗志仍然昂扬，紧握手中枪。"

日军占领宜昌后，第三十九师团在宜昌、当阳、荆门驻守较长时间，其暴行已为我国最高人民法院特别军事法庭审判日本战犯记录在案，铁的事实不容否认。1941 年 10 月日军第十三师团在那次进行毒气战后，在宜昌市区中心修建了安放战死日军官兵骨灰的"忠灵塔"，靠施放毒气救了自己性命的内山英太郎题写了塔碑。已残缺的"忠灵塔"碑保存至今。曾侵占宜昌的日军部队于昭和四十九年（1974 年）出版的回忆录《藤第 6864 部队战记》一书上，有"忠灵塔"的绘图。

上面说到的日本"陆军习志野学校"，于 1942 年 11 月编纂的《支那事变中化学战例证集》的小册子，充分地反映了日军关于毒气武器的研究开发、制造、应用、教育、实战中的使用全过程。这个《支那事变中化学战例证集》被日本一大学教授于 1983 年在美国国立档案馆发现。上面选择汇集了 1937 年 8 月至 1942 年 10 月期间，日军在中国各地进行毒气战的 56 例之《作战经过图》、"一般情况""战斗经过概要"和"教训"等内容。其中被编纂者称为"较大规模地使用黄色弹和红色弹，挫败敌人优势兵力围攻的战例"的第 40 例便是"1941 年 10 月 7 日到 11 日的宜昌战役"。

该《证集》所载此战役的"战斗经过概要"中说："蒋介石获悉我军作战期间在宜昌地区的警备兵力明显减少，并严令第六战区司令官陈诚夺回宜昌。"于是日军"发射了约 1000 发黄色弹、1500 发红色弹，不仅挫败了敌军的进攻企图，而且在综合了密探的报告以及其他情报后，得知毒气的效果颇佳"。同时侵略者也不得不承认："中国国民政府军集中兵力向日军兵力减少的地带反攻。防守宜昌的第十三师团（师团长是内山英太郎中将）于 10 月上旬被中国军队完全包围，一时濒临全军覆没的危险，该师团向中国军队发射了包括芥子气弹 1000 发在内的大量毒气弹，才总算保住了宜昌。"

中国军事当局和美军以及日军的确凿资料都充分地揭露和证实了日本侵略军在中国长时期地大规模地使用毒气武器，其中包括 1941 年在宜昌进行最为严重的一例毒气战的滔天罪行。

1988 年，日本广岛大学学者桥本学来宜昌，调查日军广岛部队（即第三十九师团）侵华战争期间在宜昌地区的侵略史实。意味深长的是，在第二次世界大战期间，中国宜昌是遭受毒气武器伤害最为严重的城市，而日本广岛是遭受原子弹严重伤害的城市，40 年后广岛同宜昌结为友好城市，其意义真是非同凡响。

朝鲜战场上的细菌战

————

黄耀昆

　　朝鲜停战谈判从 1951 年 7 月 10 日开始，至 1953 年 7 月 27 日停战协定签字，在历时两年零十七天的漫长谈判过程中，双方停停打打，边打边谈，军事较量和政治斗争交织在一起。1952 年 1 月，美国侵略者黔驴技穷，竟冒天下之大不韪，对朝鲜发动了大规模的细菌战。

　　朝鲜北部的冬天，天寒地冻。然而就在 1952 年 1 月 28 日这天，在雪原里，在山坡上，发现了许多异样的情况：到处散落着许多秸秆、羽毛、烂鱼、臭肉、用纸盒子装的活昆虫，包括苍蝇、跳蚤等。经过检测，发现这些东西都带有病毒和病菌。以后一段时间里，在朝鲜多处地方陆续发现了美军投掷细菌炸弹。对此，我国政府和国际组织先后发表声明或组织调查予以揭露。

　　在碧潼志愿军俘虏管理处，我方对美国空军被俘人员做了思想工作。美空军许多俘虏对我志愿军的宽大政策也有了亲身感受，因而打消了顾虑，交代了参与细菌战的罪行。首批作出交代的是美国空军被俘飞行员奎恩和伊拉克等人。

奎恩原是一个孤儿,中学毕业后,进入美国空军航校,随后被派到朝鲜执行"特殊任务"。奎恩交代说: "投下的炸弹容器里装有苍蝇、黑跳蚤和其他昆虫。每个炸弹长 137 厘米, 宽 36.4 厘米, 由两瓣组成, 内分 4 格, 弹壳为钢皮, 厚 0.15 厘米。炸开后分为完整的两瓣, 我驾驶的是 P-51 型战斗机。头一次低空投掷在宁远郡宁远面马上里。第二次在博川郡龙西面星里山地上空盘旋, 正准备投弹, 飞机被地面高射炮击中, 于是跳伞着陆被俘。"奎恩还说, 当时他腿部被树枝划破, 鲜血把裤子都染红了, 是志愿军用担架将他抬到卫生所上药包扎, 换了新衣服, 然后才送到俘虏管理处的。

继奎恩和伊拉克之后, 一共有 20 多人陆续交代了他们分别驾机投掷细菌弹、参与细菌战的详细经过。笔者在碧潼志愿军俘虏管理处同奎恩、伊拉克以及美国空军俘虏中的许多人多次进行了谈话, 亲眼目睹他们在书面交代材料上签字, 并作了录音。他们在办完这些事情之后, 感到俘虏管理处并没有对他们施加惩罚的意思, 一个个显得很后悔、愧疚, 说不该参加这个"肮脏的战争"。

对于美国发动大规模细菌战的罪行, 朝、中两国政府当即提出了严正抗议。1952 年 5 月, 朝、中两国专家记者组成的联合询问团前往碧潼, 其中包括我国细菌学专家张乃初、昆虫学家陈景锟, 北京各主要新闻单位的记者、电影摄制组, 还有英国《工人日报》记者阿兰·魏灵顿、法国《人道报》记者贝却敌等 50 多人。他们分别询问了投掷过细菌弹的美国空军被俘人员, 进行了详细的调查研究, 写出了书面报告。周恩来总理接阅报告后连夜审批, 并决定连同美国空军被俘人员的书面交代材料以及他们的录音, 于 1952 年 5 月 17 日分别在北京和平壤同时公布。为此, 我空军总部特派一架专机, 由总政敌工部干事宋杰携带录音带及相关材料, 飞赴平壤, 送交朝鲜有关单位。我们印制的揭露美国进行细菌战的传单，也及时运到朝鲜前线散发。

"一石激起千重浪。"此事一经公布，全世界舆论纷纷谴责。尽管美国当局遮遮掩掩，矢口否认他们进行过细菌战，然而铁证如山，任何狡辩和抵赖都是徒劳的。

事隔半个世纪，加拿大的历史学家还提及此事。据英国《新政治家》周刊1999年10月25日刊载彼得·普林格尔的文章报道，多伦多约克大学的两名历史学家斯蒂芬·恩迪科特和爱德华·哈格曼撰写了《美国与生物战：来自冷战初期的秘密》，该书援引大量事实证明，美国曾在朝鲜战争中使用生物武器。报道还说："这是迄今为止证明美国使用了生物武器而作的最有说服力的尝试。"

幸存女兵刘桂英野人山历险记

戴广德

1942 年 5 月。

援助缅甸的中国远征军第一路与驻缅英军组成中英联军共同防御滇缅路，由于英军"弃缅保印"战略失误和盟军内部不协调，被侵缅日军击溃，以惨败告终。中国远征军三个军 10 万人在撤退途中共有 3 万余人饿死病死在缅北丛林里，活着回国和撤到印度的不足 5 万人，撤退减员竟是战斗减员的两倍，令人触目惊心！

进入野人山的新二十二师野战医院五名女护士中，走出来的仅一人——她就是现仍健在的刘桂英。

兵入绝境

中国远征军遭日军分路追击，建制被打乱，各奔生路，副司令长官兼第五军军长杜聿明指挥军直属以及新二十二师自缅甸旧都曼德勒突围后，由曼密公路向西北撤退，企图经密支那回国。不料，日军已于 5 月

8 日先我军占领了密支那，同时，日军又陷腊戍、畹町，截断了滇缅公路。中国远征军回国的路已全被封锁。

杜聿明带领这支万余人的队伍，在新三十八师一一三团团长刘放吾率部掩护下，于 5 月 9 日自卡萨沿曼密公路向胡康河谷撤退。

新二十二师野战医院女护士班长何珊和女护士刘桂英、陈笑风、孙月霞、王苹等随军转移，护理伤病员。

胡康河谷西北便是中、缅、印接壤的野人山。它横亘于印度列多至胡康河谷之间，绵延千里，纵深 200 余公里，山势陡峭，平均海拔 2600 米，山上到处是原始森林，是野兽毒蛇的世界，疟蚊猖獗，蚂蟥遍地，人烟绝迹。

部队下了曼密公路，走了几天，可供车辆运行的简易公路到了尽头，再前进全是羊肠小道，机械化部队撤退到这里完全瘫痪了。6 月，杜聿明被迫下令烧毁近千辆坦克、装甲车、运兵车和火炮，轻装前进，踏进了人间地狱——野人山，向印度撤退。

陈笑风命丧狼口

大部队走远了，野战医院的队伍落在后面，行动缓慢，医院最后不得不丢下伤兵，向前赶路。这几千名伤兵后来都在野人山殉难了，无一生还。

一天下午，女兵们在黑得怕人的榕树林里走着。

"哎哟！"陈笑风惊叫一声，原来她被毒蛇咬了一口。

女兵们的药箱已空空如也。刘桂英一面用手压住陈笑风的上肢，把毒液从伤口挤出；一面让护士长掐来一把野蒿，挤掉水分，拌上唾液敷在伤口上。陈笑风虽然保住了命，但腿肿了，一瘸一拐地走得很慢。

情况越来越严峻。部队断粮了，开始出现饿死的官兵。杜聿明命令杀掉驮载物资的百余头骡马，让官兵饱餐一顿。紧接着，皮鞋、皮带、手枪套都成了腹中之物。

雨季开始了，铜钱大的雨点昼夜倾泻。芭蕉生长茂盛，从副司令长官到士兵都靠芭蕉度日。芭蕉数量毕竟有限，大部队过后连芭蕉也难觅了，许多官兵因误食有毒植物而丧生。

饥饿迫使身强力壮的官兵加快步伐向前赶路。部队散了。漫山遍野都是逃生的散兵游勇。体弱有病的落在了后面。

野战医院也在解体。担架兵首先溜了。"失业"的伙夫也不见踪影了。医官虽然不忍心丢下几个女兵，可是她们行动磨蹭，终于还是打个招呼"我们走了，在前面等你们"离去了。周垂庭院长最后也挺不下去，对女兵们嘱咐一番，追赶前面的人去了。

医院两个男兵徐进宝和绰号叫钱小鬼的加入女兵行列同行。

先头部队在山凹里用树木和芭蕉叶搭起许多棚子，供部队宿营。女兵们找到野战医院棚子和衣躺下。

有一天宿营，王苹从树林里寻找食物归来，脱掉湿裤，发现两条腿上爬着几十条蚂蟥，吓得两腿乱蹬，再摸摸身上、肚子上、乳房上也都有那软绵绵的吸血虫。她急得乱蹦乱跳，连呼："妈呀，这怎么办，这怎么办！"几个女兵围着王苹捉蚂蟥，拉不下来，扯断半截，另半截紧叮在身上吸血。护士长灵机一动，叫王苹坐在火堆边，经火一烤，蚂蟥纷纷收缩，姐妹们趁机捉下，扔到火里。

大得像蜻蜓的疟蚊和米粒大的虱子，袭扰着在野人山逃生的人们。

徐进宝被一个同乡排长拉去先走了，告别难友。

刘桂英终于盼来了出国前已建立恋爱关系的何华，大难重逢，相依为命，结伴逃生。

一位一条腿负伤、背枪的营长和女兵们邂逅同行。

一天傍晚，大家走进山凹丛林里。

"救命！"独自行走的陈笑风发出一阵惨叫声。

护士长和刘桂英发现一只大灰狼从前面窜过，她们拼命向陈笑风跑去，边跑边喊："狼！狼！狼……"

大家边跑边喊："打狼！打狼！"

狼把陈笑风扑倒在地上，拖起她就跑。

老营长一瘸一拐地急忙举枪向狼打了一枪，没打中。

何华夺过老营长的枪向狼追击，一枪打中了狼的一条后腿。

狼拖着陈笑风继续向前跑。

"砰！"何华又放了一枪。

狼的两条后腿都被打断了，叼着陈笑风在原地转了一圈，拖不动，松了口，用前脚扑跳着逃命。

老营长连忙跑上去，抱起已不能说话的陈笑风。

陈笑风的颈动脉已被狼咬断，血流如注，老营长扯下衣袖，捂在伤口上，但是血根本止不住。

陈笑风那双美丽的眼睛永远闭上了。

孙月霞被迫跳崖

走出森林，连日大雨，山洪暴发，前进的路被阻。老营长对大家说："先住下，等河水落了再过河。"

大家看了几个棚子，里面都躺着腥臭的尸体，最后寻得只有一具尚未腐烂的尸体的棚子住下。

雨止了，河水也下降了。

老营长说："山沟里的水已经下去不少，水深只要不过头，我们把绳子拴在两岸树上，大家拉着绳子走，说不定能过去，过去一个是一个，保住一条命是一条命。"

大家集中所有背包绳子，连接起来。东岸的绳子拴好了，何华要泅过去把绳子拴在对岸树上，老营长坚决不让他去，自己拖着伤口未愈的腿下水了，冲过惊涛骇浪，游到对岸，把绳子拴好后，返回东岸。

老营长和何华帮助女兵们过河。老营长在前面带路，何华在后面保护。多数人都过河了，只剩下王苹，走到深水区抓住绳子不肯松手。老营长虽已精疲力竭，仍艰难地游过去拉她。一个洪浪翻过来，淹没了老营长和王苹。

老营长浮出水面，胳膊夹着王苹往前游去。

上游翻滚下来的巨浪夹着一棵连根拔起的大树向他们冲过来。

当王苹露出水面抓住浅水区绳子时，那棵大树向老营长的头上冲去。

大树向下游漂去，再也看不见老营长的踪影了。

回归热蔓延全军，夺去了许多战士的生命。其时杜聿明将军正被这种流行病折腾得死去活来，几个落伍女兵也难逃这种时疫的魔掌。

一天夜里，孙月霞开始发烧，大家住下照顾她。第四天早晨，孙月霞退烧了，醒来问道："你们怎么都不走呀？"

护士长告诉她："你发烧三天了，我们在陪你。"

"三天了！"小孙惊讶，"你们应该走，我跟你们一起走，不能拖累你们。"

刘桂英说："你这样怎么能走？现在已经退烧了，休息一两天，我们再走。"

小孙可以走路了，大家高兴地搀着她一起向前走，一天只能走几里路。

隔几天，孙月霞第二次发烧，开始恶心、吐黄水。大家肯定她患了回归热，没有药，束手无策。

小孙第二次高烧也退了。她醒过来又埋怨大家："你们怎么还不走呀！"

"等你好了，我们一起走。"刘桂英安慰地说。

"哼，等我一起走，就是等我一起死啊！"小孙说，"你们再不走，我就寻死，死在你们面前。"

孙月霞开始拒绝饮水，不理睬大家。

夜深了。小孙借口出去小便，走出棚子，鼓劲向前奔跑，护士长发觉，嚷道："小孙跑了！"被何华追上抱回。

小孙进入第三轮高烧，烦躁不安，扯掉难以遮体的破军装，赤身裸体，姊妹们拾起被掀掉的军毯给她盖上，又被她掀掉。

一天，她乘大家去林里寻找食物，猛力推开护士长，冲出棚子，向山崖跑去，大声吼着："你们走吧！"跳下悬崖。这位江南姑娘直坠而下。

王苹与恋人双双告别人世

调皮的王苹也发烧了。发病之初，小王坚持要走，爱她的钱小鬼吃力地架着她走。

王苹第二次高烧连续三天三夜，不省人事，眼睛凹陷，嘴唇干裂。

一天夜里，王苹虽然退烧了，但大家认为这是回光返照，心情沉重，围着火堆，沉默不语。

钱小鬼说话了："小王的烧刚退，还得休息一两天才能走。你们守在这里也难帮上忙，这样拖下去都会垮的，你们不如先走，小王由我来照应，就是背我也要把她背出去。"

躺在木架上的王苹连忙插话："不，不，小钱跟她们走吧，反正我是不行了。"

钱小鬼转身扑到王苹身上，边哭边说："我不能没有你，我不能丢下你。就是死，我们也死在一起。"

护士长问钱小鬼："你能行吗？"

小钱回答："你们放心吧。只要她能活动，我就背她走一截；发烧，我就陪着她。或许她的病能好，就尽可能赶上你们。如果追不上，后面还有掉队的难友，就同他们结伴走。"

钱小鬼说到这里，想到生死离别伤心处，眼睛湿润了："万一她熬不过去，你们守在这里也没办法！护士长，你们走吧，我求你们了！"

护士长冷静地做了违心的决定，留下王苹和钱小鬼。

第二天，护士长和刘桂英、何华流着眼泪告别了王苹、钱小鬼。

后来，刘桂英在途中听掉队的难友说，王苹伏在钱小鬼身上双双死去。

野人山又吞噬了两个年轻的生命。

最后一个女伴的离去

护士长痛经病复发，在野人山腹地坚持爬山，痛苦地捧着肚子说："你们往前走吧，我在这里歇歇，会赶上你们的。"

"不行！要走一块走，要死一块死。"刘桂英斩钉截铁地说。

"你肚子痛，我们慢慢走。现在只剩下我们三个人了，无论如何也不能分开了。"何华望着她那愁眉不展的样子说："你走不动，我和小刘可以搀着你走嘛。"

护士长点头。

刘桂英和何华轮流搀着护士长走。她不愿拖累他们，坐在山坡上滑行。山坡上的荆棘、树杈、石子锋利，一会儿，她的屁股血肉模糊了。

在瓢泼大雨中，护士长摔在泥泞的陡坡上，往下滚，何华拉不住跟着滚。刘桂英眼明手快，把背包向泥坡上一丢，挡住了他们。两人已经滚成泥菩萨。

大家不能再往前爬山了。

何华和刘桂英把护士长搀扶到山脚下，找到一个棚子宿营，刘桂英安排护士长躺下休息。

停了三天，护士长发烧，病情加重。尽管她一再嘱咐刘桂英和何华不要管她了，他俩还是守在旁边，不忍丢下她。

护士长的烧退了一点，刘桂英高兴地给她喂水，问道："你好一点了吗？心里感觉怎样？"

护士长回答："我的肚子疼好一点了，心脏感到特别难受，这不是好现象。你想，千千万万身强力壮的人都死了，我这个样子能熬得出去吗？要是死在战场上该多好啊！你们对我如此情深义重，我只有来世报答了。"

刘桂英伏在护士长身上痛哭失声。

护士长谈了她的身世——

"我的未婚夫在西北当兵，半年多没有信来了，可能……唉！"

"我母亲在湖南家乡，身边只有一个弟弟，不要把我的死讯告诉他们。突然的打击，她老人家受不了。"

她牵着刘桂英的手亲昵地说："桂英，我们五姊妹现在只剩下你了。你无论如何也要挺着爬出山去，把我们路上的情况向院长报告。我没有尽到责任啊，没能把你们带出山。"

她禁不住永别的悲哀哽咽着："如果有机会见到姊妹们家里的人，别忘了代我向他们问好。"

护士长看看刘桂英，又扭头望着何华，无限深情地说："小刘孤苦伶仃，是个好姑娘。你们如果爬出野人山，你要好好待她。"

刘桂英泣不成声，捧着护士长苍白的脸："姐姐，我的好姐姐！"

护士长挣扎着提高微弱的嗓门说："是日本鬼子害苦了我们，是战争毁灭了我们。你们要是走出去了，一定要把这么多人惨死的浩劫告诉世人。"

这天夜间，护士长何珊带着那么多牵肠挂肚的事情溘然长逝。

走出野人山

刘桂英和何华死里逃生，走出了野人山，来到中国远征军集训地印度兰姆伽，她向新二十二师野战医院报到。

刘桂英抽泣着不想说出战友们的惨死情况。

院长周垂庭说："你不说，我也能想象得到。爬野人山的时间拉得很长，饥饿那样久，雨下个不停，疟疾和回归热蔓延整个部队，这些困难都是难以克服的。我知道你们难爬出来，你一名女兵爬出来了，这是奇迹！"

接着，院长满腔悲愤地高声宣誓："野人山的深仇大恨，我们要永远牢记在心，大家要努力训练，杀回野人山，杀回缅甸，为死难的战友报仇！"

炼狱之火

——在美军集中营内的志愿军战俘

———

张泽石

　　1950 年 6 月，美国唆使南朝鲜李承晚集团进攻北朝鲜，并将第七舰队派往中国台湾。9 月 15 日，美国又联合 15 个国家的军队，打着联合国的旗号在朝鲜仁川登陆，并不顾中国人民的一再警告，把战火引向中国边境。为此，中国政府决定抗美援朝、保家卫国，组织中国人民志愿军，于 10 月 25 日开赴朝鲜，抗击美国侵略者。经过朝中人民军队的浴血奋战，终于迫使美国于 1953 年 7 月 27 日在朝鲜停战协定上签字。抗美援朝至此取得了最后的胜利。本文作者原为中共地下党员，解放后随志愿军入朝作战，在部队任见习宣传干事，负责编印《战斗快报》，在一次战斗中不幸被俘，后任志愿军战俘回国大队的大队长、总翻译。作者以其个人经历为线索，全面地反映了志愿军战俘和朝鲜人民军战俘在美军集中营里受到的非人待遇，以及他们为重新回到祖国，建立秘密组织进行斗争的事迹，从另一个侧面讴歌了中国人民志愿军在这场战争中的英勇斗争精神和爱国主义情操。

北汉江陷入重围

1951 年 5 月中旬，我们在朝鲜战场进行的第五次战役第二阶段的战斗开始了。按照上级命令，我们带上一个星期的干粮和轻武器，再次跨过北汉江，沿着铁路向南插进。正面的敌人不战而撤。然而从两侧升起的探照灯光柱，却像尖房顶棚的支柱一般排列在我们头顶上空，指示着它的炮群向我军射击。

三天后，我们已靠近春川，前方传来友邻部队正在围歼南朝鲜军队一个团的好消息。我们停下来担任掩护，但美军却并未前来解围，我们和敌人只有一些零星战斗。

到了第六天，我们忽然奉命迅速后撤，但在到达北汉江畔的芝岩里时又停下来去抢占鸡冠山等山头，掩护友邻部队撤过江去。原来我们军承担了掩护全线大踏步后撤的任务，我们师则为全军断后。

翌日，四周响起了激烈的枪声，北面尤甚。我开始意识到部队已被敌人包围了，但这时内心并无丝毫惊慌。我深信我军是战无不胜的，一定能突围出去。

敌人开始紧缩包围圈，密集的排炮把我军占据的山头上的树木几乎全部炸光，战壕已无法修复。美军步兵在坦克掩护下爬上来了，战士们忍着伤痛、饥饿、疲劳，从岩石后面用冲锋枪、步枪、手榴弹打退敌人一次次进攻。我们这些非战斗人员奉命将所有能收集到的弹药送上去阻击敌人。激烈的战斗持续了一天一夜，敌人不再硬攻而采用飞机、大炮向我军据守的高地倾泻钢铁和凝固汽油。

一天又一天过去了。我们的伤亡很大，弹药所剩无几，而粮食三天前就已吃光，但盼望的援军并未出现。我们终于丢失了周围的制高点，被敌人的炮火压缩在芝岩里南面的几条山沟里。天下起了大雨，部队在山林躲避炮击的混乱中已失去了按建制的联系。我已找不到自己的上级，身边只剩下从四川带出来的十来个宣传队员。我们躲避在一座山岩下面，大家都已全身湿透，周身泥浆，在冻饿之中瑟瑟发抖。这时我才真正感到了形势的严重：既无援兵，又无粮草，找不着组织，甚至辨不清突围方向。透过雨幕，我看见在我们这条山沟里还有数不清的战士正低着头，沉默地互相挤着坐在泥水里。

炮轰停止了，整个战场沉寂下来。忽然，空中响起了惊人的广播声：

"中共×××师的士兵们，你们已经被重重包围了，不要再作无谓的抵抗了。投降吧，联合国军优待俘虏。"这是敌人在飞机上对我们喊话。这使我们精神上受到极大刺激。从来都是我们向敌人喊话，要敌人投降，今天是怎么搞的啊！但这也提醒我们必须立即行动，要力争在天亮之前突围出去，否则真的来不及了。

就在这时，前面沟口上传来一片喊叫声，我听清楚了有人在动员："要突围的跟我走，冲出沟口越过马路就是汉江，生死在此一举，冲啊！"

随即，沟口爆发了激烈的枪声。

"好，咱们就跟着他们往外冲！"我一边对身旁的战士们说，一边解开干粮袋，把珍存的最后一小碗炒面全抖出来分给了大家。水壶早已空了，我们只好舔着树叶上的雨水把炒面咽下去。"咱们什么武器都没有了，怎么杀出去呢？"一个小鬼提醒我说。我正在为难，旁边一位腿上缠满绷带的伤员支起身来说："我这里还有一颗手榴弹，拿去吧，我反正不行了，你们就快往外冲吧！"

我接过手榴弹，紧紧地握着他的手，只感到喉头发紧，什么话也说不出来了。我领着同伴们迅速插到沟口边上，只见前面是约有 50 米宽，

100多米长的开阔地，遍地是突围中倒下的烈士和伤员。这时，敌人的曳光弹从西侧山头交叉着倾泻下来。我观察了一下地形，便攥紧手榴弹，领着同伴们沿着山脚下树丛的阴影弯腰向前猛跑。还没跑出多远，就被敌人发现了。子弹在我四周溅起泥水，只听后面"啊"的一声，一个伙伴已倒在地上。

我大喊一声"卧倒"，就顺势滚进了旁边的水沟。沟里水深及膝，我们只得泡在水中隐蔽起来等待时机。后面又有不少战友往外冲，大都倒在了半道上。看来只有等到照明弹熄灭才好突围。但挂着降落伞的照明弹却一颗接一颗地射向空中，时间在一点点地消逝。

雨停了，东方出现了朦胧的曙光。不久，沟外公路上响起了坦克的轰鸣声。接着，在滚动着浓雾的沟口出现了黑色的坦克炮筒。敌人的坦克进沟了。

"跑，分散往后山跑，趁雾大躲起来再说！"我立即带领战士们跳出水沟，往山上猛爬。山势很陡，我爬了约两丈高，被一块光滑的巨石挡住了路。我把手榴弹插在腰带上，双手抓住石缝中的小树棵子极力往上攀。子弹在我头边溅起的碎石擦破了我的额头。我猛一使劲，小树被我连根拔起，便头朝下摔了下去，一阵剧痛使我昏了过去……

被　俘

我在痛楚中醒过来时，第一眼看见的是一只带铁钉的大皮靴，第一声听到的是："OK！This fellow is alive！"（好，这个家伙还活着！）那只皮靴又踢了一下我的脸；"Get up！"（起来！）我完全清醒过来，看清是几个美国兵持枪围着我，便一下惊坐起来。眼前冒出一片金星，我低头喘息着，下意识地向腰里摸去，发现手榴弹也丢失了。我心里闪过一个念头："完了，一切全完了，我怎么没有摔死！"

随着一声更粗暴的"Get up"，一把冰冷的刺刀挑起了我的下巴，我摇晃着站起来。不远处，随我一起突围的几个伙伴正低着头，双手放在脑后，一跛一拐地被押过来。我身边的几个美军将我交给押送战友们下来的美军士兵后，又继续往山上搜去。

难友们抬头看见我，眼圈立即红了。我痛苦地点点头，进入他们的行列，互相搀扶着走出沟口。

一转出沟口，出现在我眼前的是公路上我军被俘人员的长长的行列——衣衫褴褛，步履艰难，缠着绷带的，拄着树枝的，令人目不忍睹。而两旁押送的美军却耀武扬威地大声吆喝着："Hurry up!"（快走!）我的心像被刀扎般疼痛起来："我们被打败了，打败了，这是怎么回事啊?"

我麻木地移动着脚步，思想上的极度痛苦压倒了肉体上的伤痛："我怎么成了俘虏呢? 我怎么向组织上交代啊!"我想起"杀身成仁、舍生取义"的古训，也想起了狼牙山五壮士，羞耻的泪水涌流出来。

"拼了吧，现在还来得及。"我向身边的大个子美军斜了一眼，盘算着突然扑上去能否将他手中的枪夺过来。正想着，一块石头绊得我猛一趔趄，好久没缓过气来。我明白凭我现在的体力，单独行动只是白白送死。看来只有等恢复些体力，串联些难友再一起行动。到时即使跑不脱，拼死几个鬼子也够本了。我这样拿定了主意。

突然，前面一个美军叫喊起来："Stop, or you will be killed!"（站住，否则杀死你!）紧接着响起了枪声。原来是一位难友捂着肚子正向山脚跑去，美军朝天开枪了。我急得用英语大喊："别开枪，他是拉肚子要去解手!"

我身旁的那个美军士兵惊奇地瞪着我，立即把我带往后面押队的吉普车旁，向坐在上面的军官报告说："这个战俘会讲英语。"

那位美军少尉好奇地上下打量了我一下便叫我上车。他一面开车一面问我："叫什么名字？在哪儿学的英语？怎么跑到朝鲜打仗来了？"我当时心一横，觉得既然已发现我会英语，不如索性实言相告，看他们怎样处置我，便说："我姓张，是清华大学的学生，到朝鲜来打仗是为了保家卫国。"

少尉却嚷了起来："啊，清华大学，我知道它，那是所著名的学校！可惜你上了共产党的当，落得现在这样的下场！"他见我把脸扭向一边不说话，便又温和地说："张，你不用害怕。就我所知，和谈就要开始了，战争结束后双方将交换战俘，你还可以回去继续上学呢！"

他并未注意到这个信息多么震撼了我："和谈！交换战俘！重返祖国！再见亲人！"这是多么可贵的希望之火，尽管还极其渺茫却开始使我振作起来。但当我从车上下来走回队伍时，身后美军士兵的刺刀，又使我回到严酷的现实之中："敌人难道真会放过我们，不把我们送去台湾或送往日本做苦力？"

我一路上歪歪斜斜地走着，严重的饥饿、疲劳使我全身发软，头发晕，但脑子却在紧张地活动着："敌人如果真要把我们弄走怎么办？总不能束手待毙吧！看来这又是一场反美抗暴的斗争，只能团结难友们一起同敌人干。自己不是从沈崇事件才参加反美抗暴学生运动，开始革命生涯的么，现在再继续这场斗争吧！只不过现在是在敌后，条件更艰苦些罢了，但只要有足够的思想准备就没什么了不起！"这样一想，我那惊恐、迷惘的心情开始逐渐安定下来。

在路过一条水沟时，我用溪水洗净了许多天没洗过的脸，还把又脏又湿的棉军衣脱掉，只穿里面套着的一套崭新的单军装，自己也觉得精神多了。

蒙蒙的细雨又下起来，乌黑的云层把两边山头全罩住了。前面，在一片荒凉的河滩上出现了一些军用帐篷和用铁丝网围着的营地。看来，这就是战俘收容场所了。我们被陆续押进了铁丝网。

这一天是 1951 年 5 月 27 日，从此我开始了漫长的战俘生活。

在战俘收容站

铁丝网围着的营地是"前方临时战俘收容站"。我们到达时，下来的战俘还不多，约有 200 人。大家靠着铁丝网坐下来，疲惫不堪沉默不语。外面不远处是一溜帐篷，帐篷的门缝里冒出阵阵蒸汽，顺风飘来诱人的饭香，引得我的胃一阵阵痉挛。

时间过得好慢啊！终于那座帐篷的门撩开了，两个战友把盛着饭团子的箩筐抬到铁丝网的大门口。难友们骚动起来，艰难地站起身拥向大门。

那位在路上押阵的美军少尉在门口大声喊："Chang, Come over here!"（张，到这儿来！）他让我整理好队伍，要大家排成一行按顺序到门口领饭，并要我负责给每人发一个饭团。

我尽力大声地把少尉的话翻译给大家听。队伍很快排齐了，难友们默默地移动着前来领饭。我一边分发着拳头般大小的大麦米团子，一边说："不要暴露军事秘密，不要背叛祖国！"不少难友听了含泪点点头，有的人脸上毫无表情地只直愣愣地盯着饭团，有的则惊恐地看看我，又看看在我两旁持枪的美军，像是说："这是什么场合，你还敢说这种话！"

果然，一个美军士兵发话了："What are you speaking?"（你在说些什么？）我用英语回答他："我在劝告他们，不要吃得太急，否则会引起胃疼。"

另一个黑人士兵冲我伸出大拇指说："OK！"我不禁心中一乐：看

来外语也是一种武器。

最后一名难友领过饭后，那个黑人士兵拿起两个饭团给我，"以资奖励"。我没有拒绝，回到难友身边便将其中一个掰开分给了几个小难友。

不久，那位美军少尉领着一个大胖子上尉来到我面前，指着我说："就是他会讲英语。"胖子上尉端详我一会儿，伸手对我勾了勾食指说："你，跟我来！"

上尉把我领到一辆卡车的驾驶室里，顺手拾起条军毯披在我肩上，开始用英语和我谈话。他说，看见我这个模样很难过，他对中国人是有感情的，因为他是在昆明出生的，中国是他的第二故乡。他又自我介绍说，他叫布鲁克斯，父亲是美国传教士，母亲就是中国人，等等。为了证实他有中国血统，他还用不熟练的中国话说："我愿意和你交个朋友！"

这既出乎我的意料，又引起我的警惕。我不由地抬起头来，从他那高鼻子蓝眼睛里看不出一点黄种人的血统；但从那眼光里却又看不出欺骗和伪善的痕迹。"也许他说的是真话？"我思忖着。

接着，他又用英语问我的姓名，哪里人，父亲从事什么职业，在大学学什么专业。我心想这是些无关紧要的问题，便回答他说："我是四川人，父亲是工程师，我学的是物理专业。"

他又问："你的英语发音怎么会这么好呢？"我告诉他，我中学一直是上的教会学校，英语教师就是美国人。

"哦，原来如此，那么你父母该是基督徒喽？"他有些高兴地说。

我停了一下，心里想到应以灰色面目来迷惑敌人，便说："连我自己也是个教徒呢！"

布鲁克斯显然更高兴了："你看你，怎么又跟着共产党跑来打仗呢？

要是被打死了多不值得！"

"不，我是志愿来的！"

"那你是上当了，共产党就会欺骗你们这些纯洁的青年！"

"但我不能不爱我的国家，就像你也爱美国一样。"

"那当然，但你认为共产党和国民党究竟谁好呢？"

"我是学自然科学的，对政治不感兴趣。见解当然也有些，只不知你希望我说真话还是假话？"

"当然是真话！"

"那我认为共产党比国民党好。"于是，我列举了解放后物价稳定、交通恢复、社会秩序好转、学生也能安心读书了等等事实。

他听完沉默了一下说："张，我欣赏你的诚实，但你太年轻，不懂得政治，你应当继续求学。"最后，他动员我到他们第八军司令部去做翻译工作，并说我如同意，即可解除我的战俘身份，作为他们雇用的文职人员，待战争结束还可送我到美国去上大学。我以未婚妻尚在国内等我，不能违背自己的诺言，谢绝了布鲁克斯的建议。

他看着我，叹了口气说："战俘生活对你会是很苦的，如果你改变了主意，随时可以拿我的介绍信交给押送你的士兵，他们将立即送你去第八军司令部。"随后，他签名写了个条子给我。在送我走到铁丝网门口时，他又对我说："张，现在我派不出翻译人员来管理这么多战俘，就请你担任翻译协助我们的管理工作吧！"

这正是我所希望的，于是便欣然点头同意了。

回到铁丝网内，我决定以当"翻译"来接近敌人，了解敌人对我们的意图，掩护我在难友中开展宣传、组织工作，并决定成立一个秘密组织，取名为"爱国主义小组"，以便去团结难友们坚持爱国气节和共产主义信念。当天我将姜瑞溥同志发展为我的第一名爱国主义小组成员，并和我们团宣传队那些一起突围的同志作了个别谈话，告诉他们回国有望的情况，鼓舞他们振作起来准备同敌人进行斗争，也将他们发展为第一批小组成员。我告诉大家，万一被敌人分开关押，各人要独立作战，独自去发展组织，开展宣传活动。

当上"翻译官"

1951 年 5 月 28 日凌晨，我们同陆续送进铁丝网的近千名战俘分别被押上一长列汽车，送到南朝鲜水原市，下车后集中在一个广场上。这里看起来像是一座学校的操场，广场正中排列了一长串条桌，每张桌子后面都坐着一个穿军便服的文职人员。我们被逐个叫去受审。审讯我的是一个黄种人，他操着广东味的国语，大概是从台湾驻南朝鲜大使馆临时借来的翻译人员吧。

等待被提审时，我就考虑好了对付敌人审讯的原则：绝不能损害我军和我党的威信，不能暴露重大军事机密，但一般情况要如实讲。因此对姓名、年龄、籍贯、文化程度、所在部队番号等，我都如实回答了。但当敌人问到职务、政治面目、军阶、宗教信仰这几项时，我谎报是宣传队员、群众、班级、基督教徒。当敌人问我连队的装备情况时，我说自己不是战斗人员，不了解部队装备内容。最后他们又问到我所在团队的几位指挥员姓名，我说刚参军一个来月，都叫不上名字。

"你是宣传队员，总该知道你的团政治部主任姓名吧?"审问者说。

"大家都只称呼他为张主任。"我说。

这时，他打开一本英语的《中共部队情况汇编》，查阅到我们军、师、团那一页，用手指移动着找到团政治处那一栏，然后点了点头。看到这本《汇编》，我大吃一惊：敌人的情报搞得如此精确，我们的领导机关是否了解这一情况呢?

那位审讯员挥手让我上车，我松了口气，第一次的审讯总算混过去了。

押送我们的汽车穿过水原市郊，来到坐落在城近郊的战俘转运站。

下车后，负责押送我们的军官叫我跟上他走。他把我带到铁丝网内靠近大门口的一个独立帐篷里，对坐在一张桌前的美军中尉说："哈啰，克劳斯，我奉布鲁克斯上尉之命给你送来一位会英语的中国战俘，他已被任命担任翻译，以便协助你管理中国战俘。我已不羡慕你的工作轻松了，我今天一次就给你送来近千名中国战俘，够你忙活一气的哩！"

克劳斯中尉个子不高，棕色皮肤、灰眼睛，他对送我来的军官做了个无可奈何的手势，站起来对我说："我正在发愁怎么让你的同胞懂得我的手势，你来了就太好了。你叫什么名字？"那位军官抢着说："他姓张，是个大学生，还是个基督徒呢。"接着，他又对我说："张，克劳斯中尉是我的好朋友，你不用害怕他，好好替他工作吧。"说完，他对中尉笑笑转身走了。

克劳斯中尉让我坐在他对面的椅子上，又指着帐篷里的一张行军床说："你就睡在这张床上。从现在起你就是我的工作人员，按日内瓦战俘公约，你应享受我们雇用的工作人员同等待遇。你的工作是管理你的同胞们吃饭、看病等生活问题。"说完，他从抽屉里取出一个工作人员用的袖标让我戴上。

我向他表示：谢谢他给予我的优待，但认为还是和我的伙伴们住在一起好。

他说："这只是为了工作方便，你当然随时可以去看你的同伴们。"

正说着，一个南朝鲜人进来用蹩脚的英语问："中尉先生，运来的战俘都进了帐篷，吃饭是不是开始？"

中尉点了点头，随即将我介绍给他："朴，张的英语比你好，汉语更不用说，生活管理就由他负责了，你只负责卫生。"朴斜瞟了我一眼，点头哈腰地走了。

随后，中尉将我带到伙房，叫朴把我介绍给伙房的民工们，并说明以后由我负责分饭；又领我和伙夫们将饭送往各帐篷中，叫我请出两位年纪较大的难友临时负责分发。这时，我趁机在难友中查看有没有我们团的领导人。我当时心里很矛盾，既希望他们都突围出去了，又想见到一两位团党委领导，好在他们领导下开展斗争，特别是希望尽快向领导上说明我主动争取当"翻译官"的意图，免得被误解。

等我们分完饭回到营部时，中尉从一个铁皮柜里取出一个长方形纸盒，他指着上面印的"C—Ration"字样说："这是我们士兵的'日供应'，这就是你今天的定量供应。"

我打开一看，里面有三个肉食罐筒，三个饼干罐头，还有一个纸口袋，里面装有一盒烟，一包咖啡，一块糖，还有一排纸质火柴。我认真地表示希望自己和难友们享受同等待遇。

克劳斯仔细地看看我说："张，我理解你的心情，但我必须区别对待，你是我雇用的工作人员，尽管你的身份是战俘。我们美国是在日内瓦战俘公约上签了字的，我不打算违反它。"

这真出乎我的意料，我想他们要是对待我的难友们也这样就好了。

饭后，我把肉食罐筒带上，对中尉说我要去看看伤员和病号，便到几个帐篷查看了一下，把两位正发烧的重病号扶到医务室去，请美军军医给他们打针吃药。在送难友们回帐篷时，我把罐头塞在了他们的上衣口袋里。两位难友竟然握着我的手呜咽起来。这使我非常难过：战友们是多么需要安慰和温暖啊！

正当我往回走时，忽然听见一阵刺耳的怪笑，我扭头一看，在营外一根电灯杆下，一个站岗的美军正将他手中的烟一根根折断了往铁丝网里扔，而我们有的难友正左右跑着，扑向地上的烟头。

我感到血一下涌上了头，忍不住跑过去大喊一声："回去，你们都回帐篷去！"

那些难友看看我臂上的袖标，勉强回到了帐篷。我跟进去对他们说："尽管咱们落难了，但不能丢中国人的脸啊！"看到难友们那憔悴黑瘦的面容，我心颤了一下，又说："从部队被围后，大家都没闻过烟味了。我这里刚好有盒烟，都来一支吧。"我取出那盒美国"幸运"牌香烟请大家抽，但难友们低下头谁也不伸手了。有位大个子难友竟抱着头抽泣起来。我过去把烟和火柴放在他跟前，赶快扭头走了。

这天晚上，我独自躺在行军床上辗转反侧，不能成眠。我最担心的已不再是敌人将如何对待我们，而是难友们在经受了这么可怕的挫折，环境发生这么巨大的变化之后所产生的严重的消极情绪！我该怎样去扭转这种情绪，使大家尽快准备好迎接各种危难艰苦？此时，我多么希望有人能来指导我啊！

第二天早上，来了一个高个子，纯白种人的美军上士，克劳斯把他介绍给我说："张，这是皮特上士，他今天要带20名你的同伴去修补一段临时公路，你去选20名身体好点的，由你领着跟皮特上士去吧！"我想了想说："我的同伴中有的身体还可以，但由于你知道的原因，身体都很虚弱。如果要干活，我希望能给他们增加点食物。"克劳斯同意给他们每人多发两个饭团。

我走进帐篷宣布了这一情况，好多难友都举手要去。看见这些仍在受着饥饿折磨的难友，心里很不是滋味，我狠着心肠选了20位没有伤病又较年轻的同志，让他们到伙房领了饭食，便随皮特出发了。

要我们修整的是美军营房外的一段泥泞的公路。根据皮特的指示，我们先搬运一些碎石子铺上，再用粗砂盖上。活并不太重，但大家抬着筐仍很吃力，尽冒虚汗。皮特几次要我不参加干活，都被我婉言拒绝了。我不想让难友们把我看成是电影中跟在日本鬼子身边对中国劳工指手画脚的那种汉奸翻译。

中间休息的时候，皮特请我到营房中他住的帐篷里去看看，我跟他去了。在他住的帐篷里整齐地摆了十来张行军床，每个床头都有一个大铁皮箱子，箱子盖上大都放有小镜框、啤酒罐等杂物，有的还放有化妆品。

皮特打开他的箱子取出他全家的相片给我看，告诉我谁是他妻子，谁是他妹妹。接着又给我看一叠他在朝鲜拍的照片，几乎全是些裸体的朝鲜妇女，其中给我印象最深的是一个姑娘裸体坐在秋千上，劈开腿往下荡过来的近照。我感到恶心，赶快把头转开了。他哈哈大笑起来说："你肯定还没接触过女人吧，张？"

"你不怕这些相片被你妻子看见么？"我红着脸说。

"她看见了只会对我更好些！"

我不禁想起解放前美军在北平的胡作非为，对皮特也十分憎恶起来。

皮特见我脸色变了，收起他的东西说："你们中国人真难以理解！"

我沉默着随他回到工地上，心里充满了对皮特的厌恶和对朝鲜妇女的怜悯。

连续几天，每天都有几百名难友从前方下来。人数够一火车了，美军就用专列运往釜山市的战俘集中营去。

我每天忙着安排食宿，照顾伤病员。克劳斯中尉对我的工作表示满意。在他晚上值班时，他不止一次泡上红茶、兑上炼乳请我吃，跟我聊天。

他说他对古老的中国很感兴趣，问我关于长城、紫禁城的情况。我借此机会给他谈了我们的悠久历史与灿烂的文化，谈了新中国成立后对文化古迹的珍视，还告诉他我们为了保护北平古城不受战火破坏所做的艰苦努力。他听了说他希望有一天能去游览北京名胜。我说："等战争过去，中美两国恢复邦交，你的愿望就可实现了。"并趁机问他：和谈开始了没有？战争结束后是真会交换战俘吗？他回答我和谈即将开始，交换战俘是肯定的。这颗定心丸，我第二天就交给了我的难友们。

找到团党委领导

大约到水原后的第十天下午，我从新押送来的战俘中看见了我团的副参谋长杜岗同志。

尽管他头发、胡子都挺长，头上还缠着绷带，一身棉军衣又破又脏，但他那高大的身材和轮廓鲜明的脸型，仍然使我立即认出了他。我真想一下扑上去抱住他，但我还是尽力克制住了这种冲动。

等一切都安排好以后，我悄悄地带上香烟、罐头到他的帐篷里去。见到他我正要开口喊"24 号"（他的代号），他立即用眼睛止住了我。我看了看四周不认识的难友，便指着他头上的绷带对他说："跟我去换药吧。"他往起站了一下没能站立起来，我赶快过去搀他起来走出帐篷。

找了一处僻静的地方，坐下后我一把抓住他的手，轻轻地喊了声"24 号"，就说不出话来了。他眼圈也红了，说："这一仗没打好，我有责任！"接着他问我：怎么也没突围出去？还有哪些同志一起被俘了？

我把情况谈了后，就详细地汇报了被俘后难友们的表现，敌人目前对我们的态度，我自己争取当翻译的意图和组织爱国主义小组的做法，请示他是否可行。他表示完全同意我的做法，表扬了我的主动精神。最后，他指示我进一步了解敌人对我们的意图，要我努力去发现可靠的同志，团结更多的难友，鼓舞大家的斗志，但一定要小心，防止被叛徒出卖。

他还告诉我他谎报了自己是炊事员，打算隐蔽在战士中开展对敌斗争，要我别大意暴露了他的身份。

见了他以后，我觉得有了主心骨，真是十分高兴。可惜两天后他就随大队被押往釜山，一直到将近一年之后我们才又团聚在一起。

到 6 月底，基本上已不再有战俘从前方押送下来。我对克劳斯说："这里的工作已经不多了，我希望能到釜山去和同伴们在一起。"克劳斯说："张，我们这里靠近前方，待遇比釜山要好，你如果愿留下来我是欢迎的，但我不勉强你！"我谢绝了他的挽留。

第二天，我随着最后一列车战俘被押往釜山。这是一列货车，密闭的车厢上只开了两个小窗口，车厢里很脏，充满汗味和尿臊味，幸好人不太拥挤，大家可以轮流到小窗口去换换气。

列车飞驰，我抓着窗口的铁条，深深感到它的坚硬、冰冷。釜山战俘集中营，等待着我的将是什么样的囚徒生活呢？

到釜山集中营

1951 年 6 月 29 日，我随刚被俘的最后一批难友来到设在釜山市的战俘集中营。

釜山是南朝鲜最南端的海港城市，是美军运送侵朝战争军用物资的主要口岸。美军在离海湾不远的一个僻静的山坳里沿公路设置了庞大的集中营群体。每个集中营都由三层铁丝网圈围起来，四个角都有高达 20 米的岗楼。沿铁丝网修有公路，以备坦克、装甲车巡逻和游动岗哨日夜武装监视。离集中营不远的山头上架设有探照灯，附近还有直升机场。集中营附近除了海军陆战队和李承晚警卫部队的军营之外，还有宪兵司令部、远东情报局、第八军情报部等军、警、宪、特机关。

当押送我们的列车抵达釜山火车站时，我们被轰出车厢，强烈的阳光使我们睁不开眼。釜山地区 6 月底的太阳已经十分烤人了。我们穿着被俘时的破烂军衣，在美军押送下汗流浃背地移动着。大多数难友由于一个多月来在山上躲避搜捕、寻机突围的流浪生活，被饥饿疾病折磨得衰弱不堪，整个队伍显得十分狼狈。

拐过一个山角，集中营的密密匝匝的铁丝网赫然出现在眼前。再往前走，就看见在公路旁的铁丝网里站着不少裹着绷带、挂着拐杖的难友。他们虽都换上了美军的旧军服，但不少人仍戴着自己的军帽，其中不少是朝鲜人民军军帽。看来这是伤病战俘集中营，而且中朝难友们被关在一起。

过了几个伤病战俘营，公路伸向一个高坡，高坡旁有一个孤立的集中营，从那里传来《春之歌》的悠扬的歌声，这使我非常惊讶。走上高坡，我看见铁丝网内围坐着上百名女战俘，都戴着人民军军帽，一位臂上佩有袖标的姑娘正在指挥大家唱歌。当她看见我们的队伍后，突然向我们跑来，歌声也随即中断。她站在铁丝网前用带有东北口音的中国话喊："志愿军战友们好！朝中人民是一家，金日成、毛泽东万岁！"

我们的队伍停了下来，难友们抬起了头，我激动地回喊："人民军女战友们好，金日成、毛泽东万岁！"正喊着，冷不防背上挨了一枪托，一声怒骂响在我耳边："Goddam！Don't stop！Don't look around！"（混蛋，不许停留！不许东张西望！）这使我冷静下来，也使我更痛切地意识到自己的囚徒身份。

我们被押送到挂有"第 10 号战俘营"牌子的营门口停了下来。接着，两旁的美国卫兵开始了对我们的"搜身比赛"。他们狂呼着一拥而上，搜索战俘的每一样东西：钢笔、手表、打火机……每当有人搜到一样东西就发出一声欢乐的怪叫。我原以为自己藏得很好的瑞士 Cyma 怀表可以免遭劫难，也被一个大胡子美军在我裤裆里摸到了。他摸到以后得意地怪笑着，硬把我的裤子全部扯了下来，拿着怀表对别的美军喊"Cyma"，炫耀他的胜利。这只怀表本是我父亲送我的珍贵纪念品，1948 年我从清华大学到解放区跨过封锁线时，曾用同样的办法免被国民党士兵搜走，这次却没有躲过更为狡猾贪婪的美国兵。

经过这次光天化日之下的抢劫，我们被赶进了第 10 号集中营。先是列队进入一个帐篷，完成每个人的入营登记，在战俘登记卡上写明姓名、性别、年龄、籍贯、所在部队番号、军阶、职务、健康状况等等，此外还有一个每人必须记住的战俘编号。我的编号是 730030。

随后，我们每 50 人被分在一起，在领到的帐篷中住下来。每人扔给一床旧军毯、一身美军士兵替换下来的旧军衣，上面打印有"P. W."（战俘）字样，拿走了我们的志愿军军装。从此，我们就正式开始了集中营内的战俘生活。

争当"俘虏官"

当我疲惫不堪地躺在潮湿的草垫子上，正思考下一步的行动计划时，进来了一位胖胖的战俘，他操着四川口音问："你们哪个会写英文？要会，就来参加填写登记卡片工作，我们人手不够。"帐篷里无人响应，我慢慢地举起手，他高兴地向我招手，我们一起走出帐篷。

通过交谈，我才知道他叫方向前，是部队里的文化教员。他被俘较早，因会些英文，一直在这个集中营的"卡片登记科"工作。他向我介绍了不少情况，使我了解到这个集中营主要是接收从前方下来的志愿军战俘，经过登记、分类、编队后，即送往巨济岛战俘集中营，只有登记卡片的工作人员和炊事班、清扫队的人继续留在这里。这个集中营里还有一个特殊的小集中营，叫"G－2"，是美军情报部门设置的专门审讯战俘、收集情报的地方，人员也是流动的。管理这个集中营的美军上尉叫泰勒，他手下有一个美军少尉负责后勤供应。负责营内管理的有一个大队部，从大队长、翻译到文书、卫生员、通讯员等都由战俘担任，下面还设有中队和小队。大队长是由美军上尉任命的，其余工作人员则全由大队长挑选。

由于在"卡片登记科"可有较大的行动自由，对熟悉环境、摸清敌我友的情况有不少方便之处，所以我决定同意方向前的推荐，同他一起做卡片登记工作。

几天以后，我确定他是一个敦厚正直的爱国青年，便发展他参加了爱国主义小组。

一天，我因感冒发烧去营内的医务室看病。给我看病的是个黄种人，我以为他是美方雇用的华侨大夫。但等我刚坐在他旁边，他就举起大拇指用很蹩脚的中国话问："你的，蒋介石的这个？"

我惊讶地看着他，没有回答。

他又问："那么，毛泽东的这个？"

我环顾一下周围，用英语问他："你会说英语吗？"

他高兴了，使劲点点头说："当然！"便用英语问我是不是共产党员，我反问他是不是朝鲜劳动党党员，怎么来这里当医生的。

他笑着说："我是人民军军医，去年被俘的，一直在给中国的难友们看病。凡找我看病的，我都要进行考试，如果你说蒋介石好，我就不给你好药！"

他的神情是那么天真，我也不禁笑了，说："你不怕我去向泰勒上尉告密？"

他摇摇头说："我看你不像坏人，你一说英语我就更可以肯定了。因为志愿军会说英语的只有大学生，而大学生是不会当叛徒的！"

"你的这个推理并不可靠，但我可以告诉你，我是你的同志、你的兄弟!"

他激动地站起来，紧紧地抱着我，在我耳边低声说："我是劳动党员，你是共产党员吧?"

我轻轻地点了点头，我们拥抱得更紧了。看到有的病人奇怪地看着我们，他冷静下来，待为我看完病后，又用英语跟我约定晚饭后在医务室见面。

晚饭后，我又来到医务室，只有他单独在那里等我。他一见我，又赶上来和我热烈拥抱。他告诉我，他叫崔成哲，毕业于平壤医科大学，是中尉军医，今年29岁。我也向他介绍了我的一些情况。

他告诉我说，这个集中营里有志愿军的叛徒，已经把握了"G-2"特号的大权，正在帮助美军第八军情报部拷打被审讯的难友。他还对我说："他们把伙房也掌握了，贪污大家本来就很差的伙食。你应主动去争取泰勒上尉的信任，争取把这个集中营的大队部抓住。否则就太晚了!"他抓着我的手，急切地说出了他的建议。

当晚，我躺在炕上反复考虑崔成哲的建议，感到美军现在并不了解战俘内部的状况，由于语言不通，只得任用战俘来管理战俘，谁当上了大队长，谁就掌握了这个集中营的内部控制权。我认为最好的办法是请一位连、营干部来当大队长，我来做翻译，但目前却没有一个我熟悉的连、营级干部。为避免难友们的误会，我也想等见到团里的首长请示之后再行动，可空等下去又怕丧失时机。最后，我下定了决心，不管别人怎么看，还是立即争当大队长，去争当这个"俘虏官"。

第二天，我就来到位于营门口的泰勒上尉的办公室。泰勒看起来有50来岁，像个和善的人。于是，我尽量自然地用英语对泰勒说："哈罗，泰勒上尉。我希望能为您做些什么，以减轻您的辛劳!"

体格健壮、脸色红润的泰勒抬起头来，像看见什么怪物似的惊住了。过了会儿，他才摊开双手说："怎么搞的，你是从天上掉下来的？我怎么不知道在我的眼前还有一位英语说得这么好的战俘！"

"我一直在卡片登记科为您效劳，现在工作量很少了，以致我想我快要失业了。另外，我还希望最好能说说英语，以免错过一个能增强我的口语能力的机会。"

"等一等，你先坐下来告诉我你的名字，你是怎么学会英语的？是不是在美国生活过？"他向我提了一连串的问题。

我把曾对布鲁克斯说过的话又对他重复了一遍。他听后，这才把上身往后一靠说："哦，哦，你想有一个练习英语的机会，你肯定会有的，只要你在我的手下。从现在开始，你就是我的翻译官了！不，等一等，对了，现在这一批战俘过几天就要送往对面战俘营，在那里等待去巨济岛了。你立即为我建立一个新的大队部，你来当大队长。"

我故作为难状地说："大队长？我担心我干不下来，我从来只执行军官们的命令，还没有指挥过别人呢。"

泰勒不屑地一摆手说："有我呢，谁要敢不服从你，我会给他点颜色看的。"

"那我就试试看吧，如果不行，还是只当你的翻译算了。"

"不，你一定行！"

就这样，我戴上了大队长的袖标，真的当上了这第 10 号集中营内最大的"俘虏官"。

集聚爱国力量

任职的当天，我即找来方向前，让他担任我的大队文书，并请他替我物色了管理员、卫生员、翻译员等，组成了大队部。

在第一次大队部会议上，我宣布了必须遵守的两条规定：第一，不得打架骂人，大家都是中国人，要讲同胞兄弟的团结互助；第二，不得搞贪污、搞特殊，要求大家同甘共苦。

随后，我又请管总务的美军少尉布朗领我前去"视察"伙房、清扫队。在"视察"时，少尉指示饭要做好，卫生要搞好。我在翻译时则借题发挥，明确说明违反规定者将立即解除工作，送往巨济岛去。

我用这种策略建立了我的权威之后，开始着手建立核心组织。但这需要首先深入了解周围难友们的政治态度及精神面貌。方向前为我挑选的通讯员小刘、卫生员小夏、管理员小李都是四川小鬼，只有在清扫队担任翻译的曹友是湖北人。曹的脑子受过伤，疯疯癫癫的，曾一度引起我的警惕。每天晚饭后我以讲故事为由，观察他们的反映。

一天，我已睡下了，曹友拿着军毯挨到我身边躺下。我问他是怎么被俘的，他详细地叙述了他作为侦察员深入敌后抓"舌头"被敌人发现后，为掩护战友们撤退，头部受重伤被俘的详细经过。这使我消除了对他的怀疑，于是我向他介绍了当前的形势和必须团结教育难友，同叛徒斗争，坚持革命气节，以及秘密建立爱国主义小组，形成斗争核心的措施。他听后非常兴奋，说："你消除了我心里的苦闷，我就跟着你干了，分配给我任务吧。"我布置他继续装疯卖傻掩护自己，以便接近"G-2"特号里的叛徒们，了解他们的活动内幕，为我们下一步与他们开展斗争提供情报。

大队部里的其他几个小鬼，经过我的观察谈心，也被我发展为爱国主义小组的成员。

一天，曹友带领清扫队到"G-2"特号掏粪，忽然跑来把我单独拉到一个空帐篷里，说："你们师有位叫王芳的团政委正在'G-2'受审讯，叛徒们奉美军情报官员的指使正在残酷地折磨他，想迫使他说出军事秘密，我们要赶快想办法救他。"

　　我想了想，便在香烟盒上写了两句话：您已得了痢疾，赶快要求到医务室看病！明天上午我等您，您的战士。并要曹友想办法把字条偷偷塞到单独拘禁政委的帐篷里去。

　　曹友回到"G-2"特号后，和叛徒们嘻嘻哈哈闹着要去看看共产党的大官。叛徒们随他进去后，他看见团政委蓬头垢面，裹着床破毯子，佝偻着脊背，闭着眼坐在草垫上，便说："这哪里像个团政委，恐怕是个炊事班长吧！"叛徒们哄笑起来。出门时，他走在最后，把字条从背后扔在了帐篷里。

　　是哪个团的政委呢？会不会是我们团的赵政委改了名字？第二天，我站在医务室外面等着"王芳"政委来看病，心里总是想着这个问题。

　　早上9点钟左右，两个狗腿子押着一个行动艰难的老头儿走来，我仔细一看，原来真是我们团的赵政委。我走上前问道："这是谁？还麻烦你们送来看病？"

　　"嘿，大队长，这可是条大鱼！"一个狗腿子说。

　　"什么病？"

　　"他今天一早就喊肚子痛，尽往厕所跑，看来是吃多了，哈哈！"

　　"好吧，你们在外面歇会儿，我带他进去看看是真病还是假病。"说完，我扔给他们一人一支泰勒上尉给的"金骆驼"牌美国香烟。

　　我把赵政委引进医务室，走进白布帘隔开的检查间。当只有我们两人时，我转过身紧紧地用双手握住了赵政委的手。看着他变得十分苍老衰弱的脸，使我不禁流下泪来。赵政委的眼睛也湿润了。

　　好一阵我们相对无言，我擦干眼泪低声说："政委，这里不是说话的地方，我先送您到伤病战俘集中营去养伤治病，我会去看您的。"于是，我把他引到崔成哲医生桌前。

　　崔大夫见我领了他来，便会意地点点头，假装仔细地进行了检查，然后按事先约定，在诊断书上写了一个"病毒性痢疾"的诊断。崔成哲报告泰勒上尉之后，泰勒因怕传染，立即叫来救护车把赵政委送进了伤病战俘集中营。这个战俘营的管理权是在我们自己人的掌握中，赵政委总算暂时摆脱了叛徒们的控制与迫害。

过了几天，我亲自领着掏粪队进入"伤病战俘第三收容所"，见到了赵政委。这时，他已经理了发，换上了病号服，显得精神多了。

在他的行军床前，我向他详细汇报了自己的被俘经过和被俘后的情况。最后，我拿出由我起草，方向前、曹友等同志共同研究过的"爱国主义小组章程"向他请示。

赵政委看后很高兴，他说："敌人可以俘虏我们的肉体，却夺不走我们的革命精神，我相信咱们部队的大多数战士和绝大多数党员不会叛变。你们坚决地干吧，我支持你们!"随后，他又就一些具体斗争策略给我作了详尽的指示和建议。

赵政委的话使我非常激动，不管怎样，我终于找到了依靠，与敌人开展斗争的信心也更加坚定了。此后，我便经常自己带队去"伤病战俘第三收容所"掏粪了。

使我十分高兴的是在第三收容所里，我还碰到了闹胃病住进来的姜瑞溥，他是我的第一个爱国主义小组成员。两个来月未见，他似乎一下变成大人了。他告诉我，他在这里已经发展了两名小组成员，并说在各个伤病战俘收容所里，中国战俘表现都不错，还重点向我介绍了我们师的连级干部李喜尔、韩子建与敌人斗争的情况。我听后，决定立即带他去见赵政委，并请政委直接领导他们的斗争。

1951年9月中旬，我所在的第10号集中营已有500名战俘。有一天泰勒告诉我，他要将这些人送到巨济岛去，并说："在巨济岛上第72号和86号中国战俘集中营已有近2万名志愿军战俘，战俘营总管是杜德将军。现在板门店和平谈判已因战俘是否自由选择回国志愿的问题搁浅了。不少战俘表示去台湾，你自己是怎么打算的?"

"我的未婚妻在国内等我回去，我怎么能去台湾呢!"我认真地回答说。

泰勒笑了笑，拍拍我的肩头走了。

第二天，我将泰勒说的情况向赵政委作了汇报，向他提出了自己想到巨济岛去投入更大的斗争的想法。

赵政委沉吟良久，最后还是同意了我的意见，并告诉我说："第72号集中营是老战俘营，已被叛徒所掌握，86号战俘营叛徒还未能控制，你去后要争取到86号，并和咱们师的宣传干事金甫同志联系，告诉他是我让你去和他共同领导86号的地下组织，开展夺权斗争的。"

回营后，我立即向泰勒请求送我到巨济岛去。

"什么，你要去巨济岛?"泰勒吃惊地问我，"你不知道岛上要比这里苦得多吗?"

我只好撒谎说，我还有一个弟弟也被俘了，我想到岛上去和他在一起，以便能照顾他。泰勒很惋惜地同意了我的请求。

于是，我给方向前、曹友等布置了留在釜山继续斗争的任务。待一切收拾妥当后，便等待被送往自古代高丽王朝就用来流放囚犯的死亡之岛——巨济岛了。

乌云笼罩巨济岛

我们是乘坐一艘大登陆舰被押往巨济岛的。船一抵达港口的码头，我就感到岛上的气氛要比釜山紧张得多：站满了荷枪实弹的美海军陆战队士兵的好几艘巡逻艇，在我们一靠近码头时便立即围了上来；码头上排列着许多手持卡宾枪的岗哨；岸上还有不少战俘被喝斥着搬运那堆积如山的粮袋及美军装备物资。难友们在烈日暴晒下不堪重负的、摇摇晃晃的身姿，使我们一眼就看到了岛上严酷而沉重的集中营生活。

美军押着我们沿伸向岛上腹部地带的公路走去。越过一个小山口时，一座密密麻麻的"帐篷城"赫然展现在我眼前。"帐篷城"的规模之大不能不叫人吃惊。当时我并不知道，一年前美军在仁川登陆切断朝鲜半岛的蜂腰部后，曾俘获 10 多万名朝鲜人民军，也不知道志愿军入朝后也竟有 2 万多人被俘。眼前的景象深深地震撼了我：这么多中朝儿女身陷囹圄，看来这场战争远比我亲身体会到的更为残酷啊！

每个集中营门口都挂有编号牌，我们默默地走过一座又一座集中营。时逢正午，烈日当空，除四周的游动岗哨外，几乎见不到人影。像长城上烽火台一般地排列着的岗楼，高耸在"帐篷城"的四周，加重了地狱般的气氛。

忽然，迎面走来了一支抬着大铁桶的战俘队伍，他们全穿着红色短袖衫和短裤，上面印着又黑又粗的 P·W·字样。那身猩红衣服的颜色在黑色铁丝网和绿色帐篷的映衬下极其刺眼。难友们蓬头垢面、干瘦黝黑的样子，使我想起小时候见过的演马戏的猴子。

当我们两支队伍擦身而过时，他们身上的汗臭味混合着粪桶里的臭味直冲我们扑来。但更令我们吃惊的是押送这些"苦力"的，除带枪的美军外，竟还有手提棍棒、身着同样囚服的战俘。这些工头用中国话吆喝着，催促着那些满含悲愤目光的苦力们。看他们出来的营门，我断定这些苦力是第 72 号集中营的难友，而那些工头，显然是控制了这个集中营的叛徒。

我们的队伍来到第 72 号的大门口，但前面的人并未停下来，我这才舒了一口气。开始时我还真怕将我们送进第 72 号，因为这个集中营的大权已被叛徒所掌握，而要开展斗争恐怕会很困难了。

前面的队伍终于停了下来，我们被送进了第 86 号中国战俘集中营。我们被押进大门，列队坐在广场上听候清点人数、核对战俘卡片。举目四望，我发现这个集中营建在一个平缓的坡地上，两个拐角处高耸的岗楼里有重型机枪俯视着整个战俘营，广场两侧各有三个帐篷群，看来这里有六个战俘大队。

正当我仔细观察这个新的环境时，忽然听见有人操着东北口音喊："730030 号张泽石，跟我到联队部来。"喊我的是一位中等身材，长着络腮胡子，穿戴整洁的"俘虏官"。

他把我带进联队部，负责押送我们的美军少尉对另一位美军上尉说："这就是张。"接着他又对我说："本集中营总管史密斯上尉，他根据他的朋友泰勒上尉的介绍，希望你能协助他工作。"

我转向史密斯上尉，用英语说："上尉阁下，我很高兴为您效劳。"史密斯微笑着说："你来担任我的首席翻译官好吗?"

史密斯的个子超过一米八〇，年近 50 岁，金发碧眼，看样子是个职业军人。我微笑着点头表示同意。

史密斯把在屋内的联队部的同事介绍给我。原来，刚才喊我的是书记长郭乃坚。联队部里有两个翻译，一个叫高化龙，另一个叫安宝元，还有一个叫杨永成的担任通讯员。他们都友好地向我点头致意。

我总算实现了第一步计划，利用我的外语能力，占据一个有利于斗争的位置。就这样，我在集中营里的生活又揭开了新的一页。

两天以后，我利用首席翻译官的地位很快在第一大队找到了赵政委要我联系的师宣传干事金甫同志。当我向他传达了赵政委的指示后，他很高兴，立即向我详细介绍了当前集中营内的斗争形势:

这个联队约有 8000 名难友，分成六个大队。其中一、四、六大队的领导权基本掌握在自己人手中，另外三个大队则为叛徒所控制，叛徒们还掌握了"P. G"队，即联队警备队和"C. I. E"学校，即所谓平民教育学校。伙房和医务室则全在我们手中，联队部目前处于中立状态。一个月前美军曾把第 72 号的联队副、大叛徒李达安调来当大队长，我们动员了以代玉书为首的"弟兄会"，将他揍了一顿，吓得李自己要求又调回了第 72 号。因此现在还没任命联队长。现在，联队部的工作人员公开表示"严守中立"，不介入营内的两派斗争。

谈到这里，他高兴地说："你来了，太好了，你就首先争取联队部工作人员向我们靠拢，使他们成为自己人，这对开展斗争十分重要。"

我表示一定尽力去完成这个任务。我又问他目前营内地下组织情况，他说现尚无统一的地下斗争组织，有一些自发的地下党团支部，因时间短，还未全部联系上。最后，金甫握着我的手说："你来的正是时候，我们要抓紧时机发展斗争力量，争取把集中营内的控制权从叛徒手中完全夺回来！"

听了这些情况，我十分激动，对即将来临的这场斗争跃跃欲试。当时，我并不知道我所面临的这场斗争的严酷性。

一次"鸿门宴"

正当我开始争取联队部成员的工作时，几天后的一个下午，"C. I. E"学校的通讯员忽然到联队部找我，说："美军伍牧师来了，我们校长请张翻译官去一趟，帮助翻译一下。"

我随来人第一次走进了这所学校的办公室。室内并无一件教学用品，只见屋子中央摆了张方桌，桌上摆满了集中营内罕见的罐头食品及罐装啤酒，周围坐了好几个人。

见我进来，矮个子豁嘴的陈校长站起来说："张翻译官大驾光临，欢迎，欢迎。"屋里其他几个人也站起来随声应和。

我平时极少和这些人来往，只知道陈豁嘴是个铁杆汉奸。一看这阵势，立即引起了我的警惕。

"是伍牧师找我么？"

"伍牧师今天没来，是我们兄弟想请张翻译官来叙叙家常。您请坐，随便吃点，我们聊聊。"陈豁嘴干笑了一下，边说边把一些罐头推到我面前。

我在他对面慢慢坐下来，努力用微笑掩饰心里的紧张："我从釜山来的时间不长，整天跟着史密斯上尉瞎忙，没有早点来看望各位，抱歉，抱歉。"

"张翻译官太客气了。"

"您不比我们这些小兵，整天吃完了没事干。"

"大家都是落难之人，不必客气。"

"我们早想请您见见面了。"

屋里的人七嘴八舌地抢着说。陈豁嘴把手一摆，大家这才住了嘴。他端起啤酒罐头说："张翻译官，我们早听说您的才干深受美国人赏识，要是瞧得起我们，今天就是咱们弟兄喝杯团圆酒，今后是有福同享、有难同当。"

我心里已渐渐平静下来，也端起酒罐说："陈校长过奖了，我不过是会两句英语，借此混碗饭吃罢了。今后还要请你们多指教哩。"

陈豁嘴坐下后说："张翻译官，您才来不久，可能不清楚这里的情况，咱们这里虽说进来的都是战士，可也混进了不少当官的，他们在暗中串联，想抓权来压制我们。咱们绝不能让那些当官的共产党分子再骑到咱们头上。您在联队部，又受到重用，您得站到我们这边来，今天请您就是想邀请您加入我们的组织，今后同心协力，一起反对共产分子。"

我把啤酒罐拿在手里转了转，含笑问："你们的组织叫什么？"

"这个，您要是答应参加，我自然会告诉您。"陈豁嘴说。

我把身子往后靠了靠说："咱们都是为联合国军效劳，参不参加组织只是个形式问题。再说，联合国军司令部早就宣布过禁止在战俘营内进行任何政治活动，让史密斯上尉知道我参加什么组织反而不好，您说呢？"

陈豁嘴盯着我看了半天才说："既然张翻译官这么说，我也不勉强您。不过，今天您既然来了，我们还是想听您一句准话，究竟是不是跟我们站在一起？关键时刻能不能仰仗您在史密斯那里替我们说话？"

看来，他们要逼着我表态了。该怎样对付这群走狗呢？我也盯着他紧张地思考着。

忽见他摆了一下头，立即从外面进来了几个手提警棍的大个子 P. G 队员围在我身后，我感到心跳加剧，血往上涌。

"绝不能让他们看出我心慌！"我告诫着自己。当我想到奴才最害怕的是他的主子时，立即有了主意。我把啤酒罐往桌上重重地一放，说："陈校长，您不会认为美军是无缘无故地重用我吧？我的情况，你们可以去问史密斯上尉，或者向第八军情报部调查更好。不过，今天承蒙盛情款待，我也请大家放心，谁是朋友，谁是敌人，我心里很清楚！"

说完，我很自然地环视了一圈，发现他们一时都愣在那里说不出话来。过了一会儿，陈豁嘴才带头鼓起掌来。他翘起大拇指说："张翻译官，有您这句话就行了，来，来，喝酒，喝酒。"

我把剩下的啤酒喝完说："对不起，我得回联队部了，免得史密斯上尉找不着我。"

"好，好，招待不周，张翻译官，多多包涵。"说完，陈豁嘴指挥这群奴才恭恭敬敬地将我送出了门。

走出大门后，我迎着吹来的清凉的海风，这才长长地舒了一口气。

夺旗之战

随着美方在板门店和谈中提出"根据战俘志愿进行遣返"的无理建议，造成停战谈判的僵局之后，战俘营内双方的斗争也急剧尖锐起来。

叛徒们一方面极力发展其"反共抗俄同盟"等反动组织，一方面利用其控制的联队警备队的执法权力，在集中营内不断制造事端，向我们控制的几个大队挑衅，殴打我们的人，制造白色恐怖。

我把从美军《星条报》上看到的有关和谈的消息告诉了金甫。经过研究，我们决定开展以反背叛，争取回归祖国为宗旨的斗争，在群众中大力进行秘密宣传和发展地下斗争组织，并把分散的、自发组织的地下党、团及爱国组织联系起来，形成统一的力量。经过努力，我们争取过来了难友中自发组织的"弟兄会"，在我们所控制的大队中由弟兄会成员组成了自己的"大队警备队"，形成了自己的战斗力量。这样一来，集中营的气氛更为紧张，大有剑拔弩张之势。

1951 年 10 月 9 日下午，金甫叫人找我到一大队去开会，在那里我见到了一大队的时占魁、四大队队长曹明和卫生员钟俊华等较熟悉的地下组织负责人，还有十几个不大熟悉的同志。

金甫在会上说："今天因为形势紧迫，只好请各大队的负责人都到一起开个紧急会议。"

原来，我们打入联队警备队的小李同志得到了一个重要消息。小李介绍说，当天中午，警备队队长周大麻子召集了紧急会议，他在会上从一个包袱里抖出一面国民党的青天白日旗，说旗子是伍牧师送来的，要警备队明天在庆祝双十节时在大门口把旗子挂出来，以便让美军记者拍成照片登出，好让全世界都知道中国战俘不愿回大陆，使在板门店谈判的共产党代表下不了台。周大麻子还说："估计共产党分子会捣乱，要严密监视他们，对为首的要来个突然搜捕，先抓起来再说。伍牧师已跟宪兵司令部打了招呼，必要时美军会协助行动。"

听了小李揭露的敌人这一卑鄙阴谋，大家都十分气愤，当即决定由小李力争将"狗牙旗"偷出烧掉，紧急动员各大队的力量于当天晚上围攻警备队，争取把叛徒们都抓起来。金甫同志归纳大家意见，对这次行动作了详细部署。为避免敌人的大搜捕，大家决定让金甫先到 64 野战医院暂时回避一下。金甫说："在我返回之前，张泽石同志代替我负责集中营的联系和协调工作。"

我感到这次斗争关系到难友们的前途、命运，更关系到祖国和党的荣誉，因而站起来说："我们绝不能让敌人的阴谋得逞，更不能任凭那些民族败类肆意歪曲志愿军被俘人员的形象，即使要付出鲜血和生命也要同敌人斗争到底。"

会后，大家立即回到各大队，分头准备行动去了。我回到联队部时，史密斯正神色不安地看文件。见到我，他立即把文件递给我。只见那份英文打印件上写着：

致第 86 集中营总管史密斯上尉：据悉你营内的中共分子将于今晚举行暴动，我已命令海军陆战队作好一切防范准备，请通知全营战俘今晚将实行戒严：当发出第一声警报时所有在帐篷外的人必须就地立正，第二声警报后必须立即回到帐篷中去。否则格杀勿论。

在文件上署名的是联合国军巨济岛战俘营司令官杜德准将。

"这是怎么回事？"史密斯问我。

我耸耸肩说："奇怪，怎么一点暴动的迹象也没见到，我甚至怀疑那些共产党人真会如此幼稚，不想想即使拼命翻出铁丝网，也不可能游过几千海里到达中国海岸!"

最后史密斯说:"不管怎样,你马上把杜德准将的命令传达下去吧。"

就在我通知各大队和各直属单位负责人前来听取命令时,营外已传来隆隆的发动机声,几辆满载海军陆战队士兵的装甲车开了过来。这些士兵在一个军官的指挥下,在铁丝网周围以 20 米的间距开始挖机枪掩体。显然敌人已经在为"86"升国民党旗作了周密的布置,今晚的夺旗斗争将是一场流血斗争。

传达完杜德的命令,我立即到四大队找曹明等同志研究了新的形势,决定仍由小李力争偷出旗子烧掉,以四大队为主力,以路灯亮为信号,突袭警备队,力争在美军发觉之前解决战斗。

晚饭前,我在联队部人员住宿帐篷中正要准备开饭,忽然传来一阵喊叫:"抓住他!抓住他!"我刚打算出去看个究竟,帐篷门一下被冲开,小李跑进来,他喘着气说:"快把我藏起来,他们要抓我。"

没等小李说完,郭乃坚已把他拉往储藏室,塞在杂物堆里,并拿许多军毯将他盖得严严实实的。等我们端起饭盒时,五六个戴着"P. G"袖章,拿着棒子的警备队员进了我们的帐篷。

我满脸不高兴地问:"你们这是来查看我们在偷吃什么罐头吧?"

一个狗腿子赶快弯腰说:"不敢,不敢,我们在抓一个共党分子,像是跑到你们帐篷这边来了。"

"那好办,我们联队部的人都在这里,请搜吧!"我笑一笑冷冷地说。

狗腿子们伸头往储藏室里看了一遍,见无人,只好扫兴地走了。

通讯员杨永成在外边放哨,我进储藏室把满头大汗的小李拉出来,问他是怎么回事。小李激动地告诉我,他已经把"狗牙旗"偷到手,并塞进伙房的灶火里烧掉了。不幸的是正在他烧旗时，被伙房里的一个坏蛋发现，告诉了警备队，所以他们才追着要抓他。

"你干得太好了！但这里也不保险，等天黑后到四大队躲起来就安全了。"由此我也想到，事情闹大了，坏蛋们绝不会善罢甘休，今晚这一场斗争将决定"86"的颜色。我有些不安地等待着战斗时刻的到来。

太阳终于向西边山后落下去了，夜幕从大海中翻越山顶漫了过来。

路灯亮了，我钻出联队部帐篷，站在坡上，觉得心跳得厉害。我看见100多位战友从四大队、一大队的帐篷里钻出来，弯着腰，手里拿着帐篷杆子、石头等往警备队方面聚集。

突然有人高喊："冲啊！"顿时，"打死叛徒""打倒卖国贼"的怒吼冲上夜空，惊慌失措的站岗的狗腿子抱头后退了。小铁丝网门被冲倒了，战友们冲了进去，扑向狗腿子，一场混战在厮杀声中激烈地开始了。

就在这时，大门外美军警备车上的警报响了。凄厉的声浪盖过了喊杀声，几辆装甲车开进了营门。大约一个连的全副武装的美军下了车，一面持枪跑步向武斗地点包围过去，一面高声喊着："Stop！Stop！"（住手！住手！）武斗双方都被迫停了下来。

我看见高大的史密斯上尉在几个美军的陪同下向联队警备队驻地走去。不久，全部佩有"P. G"袖章的警备队员列队出来坐在广场上。而我们的人却被美军轰回各自的帐篷。

我想：糟了，我们的人一旦被分散，再集中起来就难了，怕要被各个击破。

这时，联队警备队一个中队长跑来喊："张翻译官，史密斯上尉请您去！"

史密斯待我走过来后对我说，他要对"P. G"队员下命令，并让我翻译。接着，他发布命令说："联合国军当局委托你们负责维持战俘营内秩序，你们平时管理不严，以致发生今晚共党分子暴乱。现在我命令你们将主要肇事者给我找出来，宪兵司令部将审讯他们。我调来的美军将在必要时协助你们。"

这样的命令我绝不能翻译出来，便说："史密斯上尉说你们都是中国人，是同胞兄弟，为什么要打架！今后不允许再互相殴斗，不论是谁，打伤人要坐牢，打死人要偿命。"

我刚"翻译"完，狗腿子中就有人喊口号："共党分子要暴动，打倒共产党！"又有人喊："张翻译是共产党，我们不要他翻译！"

史密斯问我他们喊什么，我说："他们表示坚决执行上尉命令，请上尉放心。"史密斯做了个抓人的手势："那好，现在立即行动！"

警备队长周大麻子站起来布置说："别听张翻译的，咱们去把共党暴动分子抓起来再说，一中队去一大队，二中队去四大队，按我给你们的名单搜捕。"

史密斯让我陪他去联队部等着押送人去宪兵司令部。他如释重负地吁了口气，掏出烟来点上吸了一口，又掏出一支扔给我。我为自己无法保护战友们心急如焚，烟在手里却忘了划火柴。

不久我就听到叫喊声和鞭笞声从外面传来，我从窗户里看见一些"P. G"队员已抓了不少人在那里拷打。而站在广场上看热闹的美军，有的在吹口哨，有的在喊："他妈的，顶好！"

当外面的惨叫声愈来愈高时，我终于忍不住对史密斯说："上尉阁下，这样下去恐怕要打死人。真死了人恐怕会给您，给联合国军带来麻烦。"

史密斯盯着我看了半天，说："好吧，我们去看看。"

我跟随史密斯走到门口，他对站在门口督察的周大麻子说："停止惩罚!"我翻译了上尉的命令。周大麻子看了看我的脸色,回过头去喊了声:"史密斯总管让留他们一条狗命,弟兄们歇会儿气吧!"又回过头来,幸灾乐祸地对着我狞笑。我极力忍住了想向这条癞皮狗的麻子脸狠狠地挥上一拳的冲动。

大门外传来了宪兵司令部囚车的刹车声,史密斯让我传令将已经抓来的约60名"暴乱分子"押上囚车。

当我看见头破血流的战友们被押过我身边走向囚车时,心里痛苦异常。我对史密斯说:"这些人伤势很重,是否先送医院包扎一下,以表明阁下对战俘的人道主义精神?"

史密斯听了笑笑说:"OK,按你的意见办。"便向押送囚车的美军做了交代。

接着,我又要求说:"那我陪他们去一趟医院,替医生做做翻译工作吧?"

史密斯又盯着我看了一会儿,说:"张,我知道你是同情这些共产党分子的。你要愿意和他们在一起,我可以满足你的愿望!"

我镇静地向他说了声"再见",便随着战友们上了囚车。

坐在不透气的囚车里,我闭着眼在黑暗中紧握着半躺在身旁的不知名的战友的手,心潮随着汽车的颠簸和轰鸣在翻腾:我就这样结束了在"86"的斗争?我完成赵政委的嘱托了吗?明天叛徒们没法升狗牙旗了。要是没有美国鬼子进来,我们这一仗肯定能打赢!今后"86"更加困难了,我们那些还没有暴露的留在"86"的斗争骨干担子更重了……

在宪兵司令部拘留所

1951年10月9日晚,我们被押送到巨济岛六十四野战医院。在美军医生和人民军战俘医生给我们那些被打伤的战友进行了简单的包扎治疗后，除两位不能行动伤势过重的战友留下观察外，当天深夜我们又被押上囚车送进了美军宪兵司令部拘留所。

拘留所坐落在一条比较平坦的山沟里，附近建有兵营。几个互相隔离开的小铁丝网，显然是关押犯人的场所。在关押我们的这个铁丝网内只有两个帐篷。

第二天早晨，又一辆囚车停在拘留所前，我们都拥向铁丝网观看。果然，押下来的都是"86"的难友，有20多人。他们是昨晚我们被押走后又陆续被抓起来的，其中有四大队的副大队长曹明和时占魁等同志。他们个个都是遍体伤痕，大家一见，禁不住义愤填膺。当我们得知王少奇同志被叛徒毒打致死的消息时，不少人流出了眼泪。昨天晚上，王少奇同志是第一个冲进团警备队，痛打周大麻子的，他是为捍卫祖国荣誉而英勇牺牲的。

上午，一个宪兵将我叫出带进拘留所办公室。坐在办公桌后面的一位黄皮肤蓝眼睛的美军中尉向我介绍说，他是"C. I. D"（美军刑事审讯科）的审查官，负责调查这次流血事件。他告诉我，他是根据史密斯上尉介绍，才希望我为他担任翻译，协助他工作的。

"您准备如何进行这次调查？"我问。

"让我们先从受伤最重的人开始吧！请你领他们逐个来回答我的问题。"

我点头表示同意后，便立即回去同时占魁、曹明商量，决定安排一个顺序，先找表达能力强的同志去，并召集大家简单讲了一下统一口径的问题。在回答问题时，要控诉联队警备队一贯横行霸道，任意打人、抓人，克扣大家的食品，激起众怒；这次流血事件就是他们无辜抓人酷刑拷打引起的；控告他们打死王少奇，打伤我们这么多人，要一致要求严惩杀人凶手，把警备队重要头头送往监狱服刑。

审讯整整进行了一个星期，每个人都被问到了，并有审讯记录。好在是我担任翻译，对有的战友回答得不完全或不妥当的，我翻译时都作了适当的修改补充。但我在态度、用语上完全采取了不偏不倚、就事论事的做法。

审讯结束后，审讯官布莱克中尉对我表示了谢意并和我聊起天来。他对我出身于"基督教、高知家庭、清华大学"很感兴趣，我便借机跟他谈了在战俘营内，美方不恰当地任用了一些坏人担任俘虏官，这些人残酷欺压一般战俘，造成战俘营内动荡不安，并希望他能运用自己的影响，协助解决这个问题。

他耸耸肩，摊开双手说："我相信你说的是实情，但我无能为力。你知道我们官方政策是要支持那些已不再信仰共产主义的战俘，而这些人往往很坏。我本人是讨厌那些没有骨头的背叛者的，我只能在确实查出杀人凶犯时，从军法角度提出惩办他们，但最终决定权在我的上司。至于这次流血事件，我将如实上报，你的伙伴们没有责任，要惩办的凶手是那个 P. G 队长。"

"那么，对我们这些人将如何处理？"

"按美军军法，严重肇事者将作为刑事罪犯被拘留一个月，你们可能一个月后再被送回中国战俘营。"

当我回到帐篷，把这个消息告诉大家后，大家一致感到形势十分严峻。因为我们这些斗争骨干的政治面目已完全暴露，无论是被送回"86"还是"72"，都只能被叛徒们严格控制隔离起来，必将遭到更残酷的精神折磨，直到肉体上被消灭。尽管我个人还可能在"翻译"的位置上免受皮肉之苦，但再想以"中立"面目应付美军及叛徒们是不大可能了。

审讯结束后第二天，原来留在野战医院观察伤势的两位战友也被押到拘留所来。他们从由"86"送到医院去的"熟人"那里了解到，自10月9日流血斗争之后，叛徒们继续以"清查暴动分子"为名，大批搜捕我地下组织成员，撤换了不少"俘虏官"，基本上控制了集中营的内部政权。这个消息更加引起了大家的不安。我把时占魁、曹明、钟俊华、周铁行等同志找到一起，分析了我们面临的形势。大家决定为保存这批斗争的骨干力量，立即向美军管理当局表明誓死不回"86"和"72"，坚决要求单独成立一个小战俘营。

我提出：为加强团结和增强组织领导力量，正式成立地下党支部作为这支队伍的领导核心。大家一致同意了我的建议。但当调查哪些同志是共产党员时，却发现我们81个难友中竟只有时占魁、曹明和我是党员。原来，其余的同志都是解放后新参军的小青年，其中共青团员也只有钟俊华、周铁行、杨守让等五六个人。在"86"时，他们是以"弟兄会"的名义组织起来的。

这样，我们当时便决定由担任过连指导员的时占魁同志任支部书记，曹明同志任组委，我任宣委，并对外兼任我们81人的战俘代表。同时成立地下团支部，由周铁行任团支书，钟俊华、杨守让为团支委，他们参加党支部扩大会议，作为核心领导。

当天晚上，我们举行了由全体难友列席参加的"地下党支部成立大会"。一张用铅笔头在烟盒纸上画的"党旗"贴在帐篷的北墙上。同志们整齐地排坐在潮湿的发霉味的草垫上。我们三个共产党员站在"党旗"下，尽管那盏15瓦的电灯十分昏暗，但墙上的"镰刀斧头"却似乎在闪闪发光。

支部书记时占魁宣布大会开始，第一项议程是全体肃立唱《国际歌》。难友们站起来，室内安静极了，远处传来阵阵的海涛声和铁丝网外美军哨兵沉重的脚步声。我起了一个头，指挥大家低声唱起来："起来，饥寒交迫的奴隶！起来，全世界受苦的人……"大家的嗓音哽咽了，热泪从那一张张黄瘦的脸上淌了下来。

大家坐下后，接着由我代表支部讲话。我先向北方深深地鞠了一躬，面对着党旗说：

"敬爱的祖国，敬爱的党，我谨代表远离您怀抱的三名共产党员和全体被敌人囚禁在孤岛上的战士向您表示我们对您的忠诚！祖国啊，我们自从被迫远离了您，就像一群失去了母亲的孤儿。我们在苦难中每时每刻都深深感受到无依无靠的痛苦……"

刚说到这里，我就说不下去了，背后响起的一片压抑的哭泣声更加揪疼着我的心，眼泪禁不住地汹涌而出。顷刻间，战斗失利，突围不成，大批的被俘，鬼子的淫威，叛徒的猖狂，一幕幕重现在眼前。一种责任感，又使我在伤怀中强忍住了眼泪，继续讲了下去：

"今天，我们三个共产党员，81 名爱国者，重新在您的旗帜下组织起来，做好准备去迎接更加残酷的斗争！我们深深相信祖国始终在关心着我们这些忠诚的儿女，四万万五千万同胞始终在支持着我们这些骨肉亲人……亲爱的祖国，敬爱的党，现在，就在敌人的枪口下，在异国的孤岛上，我们这群炎黄子孙向自己的母亲庄严宣誓——"我举起了右手，握紧了拳头，领读了誓词：

"茫茫大海，汹汹怒涛！生命不息，战斗不止！

宁为玉碎，不愿瓦全！宁做他乡鬼，不当亡国人！"

宣誓完毕，我转过身来，先向难友们表示了我们党支部和大家同生死共患难的决心，然后讲了目前我们面临的险恶前途。要求大家紧紧地团结在地下党支部周围，共渡难关。

紧接着，曹明代表党支部宣布"弟兄会"已完成其历史任务，从现在起停止活动，今后全体"弟兄会"会员将在党支部的统一领导下继续开展对敌斗争。团支部代表和群众代表随后也讲了话，他们代表大家激动地表示了坚决服从党支部的领导，绝不在艰险面前动摇，绝不向敌人屈服的决心。

争取成立"回国战俘大队"

第二天，我告诉来送饭的美国黑人士兵说，我们要向管理当局写封申诉信，请他给拿来纸和笔。这位士兵向我翻了翻白眼，很快取来了一沓白纸，一支蘸水笔和半瓶墨水。

我和周铁行一起研究起草了《告美军战俘营管理当局书》，控诉了在"72""86"中国战俘集中营内，叛徒特务们违反日内瓦公约，企图强迫战俘改变信仰，对战俘实行白色恐怖统治的罪行；并明确表示，我们81人不愿背叛自己的国家，坚决要求回归祖国，希望美方管理当局遵守日内瓦战俘公约，尊重我们的个人意愿；为了我们的生命安全，我们誓死不去"72""86"集中营，坚决要求将我们单独关押，成立一个志愿回国的战俘大队。

随后，我又将它译成英文。中午那个黑人士兵来送饭时，我请他替我将信转交给他的上司。他把那封书写工整的英文信正过来倒过去地看了看，吹了声表示欣赏的口哨走了。

过了一会儿，他又拿着一个空白的军用信封悄悄地进来对我说："你们的信我已送交司令部头头了。你真棒，写得一手好看的英文字，能不能替我写封家信呢？"

我笑笑说："你不怕我在信上进行赤色宣传吗？"

他想了想，回答说："我不怕，相信你也不会那么做。"

"那你怎么酬谢我呢？"

"我给你一盒烟，行么？"

我本想答应，又觉不妥，便说："你知道，你们给的饭太少了，大家老是肚子饿得咕咕响，你能偷着多给我们送些饭菜就好了！"

"这并不难，我把饭压紧些就行。"他高兴地比着手势说。

于是，我根据他的叙述给他在加利福尼亚的老母亲写了一封平安家书。有意思的是他要我在信的最后写上："去年圣诞节没能回国，今年圣诞节回国的希望又不大了，请老母亲和我一起祈求上帝保佑，让战争早日结束吧！"

从那以后，他送给我们的饭菜果然多了些。

我们焦急地等待着管理当局的答复，一连几天毫无音讯。我向警卫要求面见宪兵司令官，他回来说："司令官让你们等候巨济岛战俘总管杜德准将的决定。"我们听后，只好一方面作好充分准备，防止敌人把我们分散开送往"72""86"，一方面耐心地等待。

到了 11 月初，眼看一个月的拘留期限快到了，我们更加紧张起来。党支部研究决定，再一次向管理当局，向杜德准将递交一封态度坚决的英文信。信中表示：如果管理当局不顾我们的生命安全和回国志愿，一定要强迫我们去"72""86"，那就只能将我们的尸体抬进去！到时候，我们将不得不被迫和押送美军以死相拼！

在送交这封信之前，我把信的大意给全体难友讲了，并请大家在信上签名按血印。党支部还决定：一旦美军押送我们离开拘留所，大家要手挽手紧紧扣在一起。到了"72"或"86"大门口，大家要抱成团围坐在一起，敌人如上来强拉，就奋起夺枪和敌人拼命。大家群情激越，一致表示拥护支部的决定。

11 月 10 日，在我们拘留期满的那天早晨，大约 20 名美军来到小铁丝网门口，一个少尉打开门叫我们列队出去。

我们几个领导人互相看了看，紧紧地握了握手。曹明下令按预先安排好的小组排成四列纵队。比较身强力壮的难友都排在两旁，以保护体弱和有伤的难友。

我和曹明带着队伍走上公路。押送我们的美军如临大敌，手中的卡宾枪全都上了刺刀。看这阵势，我们知道将有一场恶仗等着我们。我回头看了看大家，每个战友的脸色都那么沉着，表现出视死如归的刚强劲儿。

当我们被押着走了大约一个钟头后，赫然看见了前面"72"集中营的大门。我和曹明对看了一眼，他便按预先约定的暗号摘下帽子擦汗，示意全体战友作好准备。

在快要到"72"门口时，我大声咳嗽停了下来，后面也立即停下脚步。我对旁边押送的美军士兵说："我有事要找你们的少尉。"

"闭上你的嘴，快走！"他端着刺刀向我逼来。我们又慢慢地向前移动起脚步。

这时，那个少尉赶了上来问："What's matter?"（怎么回事？）我趁机问少尉："请问阁下是否知道我们给杜德将军的信？他有何指示？"

"我不知道，我只是执行宪兵司令部的命令。"

说话间，我们已来到了"72"的大门口。少尉突然喊了声："stop！"（停下！）曹明立即打了个手势，我们哗的一下迅速围成一团。敌人还未反应过来，我们已全部手挽手紧靠在一起坐在马路中间。

这时"72"的大门打开了。几个美军已扬起了枪托。我立即向少尉高喊："如果你们胆敢强拉我们进去，我们只有以死相拼，这你是知道的！一切后果将由你负责！"

那个少尉后退一步，看了看我们的阵容，向他的士兵挥手示意，全体美军立即围上来以刺刀相逼。

见此情景，我又喊道："少尉先生，你如果真下令动武，我就下令我们80个人起来抓你一个人，只要我们还有一个人、一口气，咬也要咬死你！"

少尉惊恐地后退了，示意美军把刺刀放下来。他犹豫了一下，便走进"72"去打电话。

过了一会儿，他走出来，让"72"的 P. G 队员把大门关上，又走到马路对面的"71"号集中营大门口，对那里的美军总管说了几句话。"71"的大门打开了。

少尉走到我面前说："我算是认识你们这些不要命的中国人了，你们胜利了！到'71'去吧，你们将成为一个独立的中国大队。"

我立即站起来，把少尉的话翻译给大家听，大家忍不住欢呼起来！我们的同志站起来，手挽手排成四列纵队，在两排美军的注视下雄赳赳地走进了"71"号集中营。就这样，我们通过团结一致以死求生的抗争，争取到了两年多战俘生活中的一个重大转折。

巨济岛上的斗争

我们进入"71"后，被带到广场左边第三个被铁丝网隔开的、里面有个铁棚屋顶房子的小营门口站住了。"71"联队的美军总管打开了小门，回过头来点了我们的人数，从押送我们的少尉手中接过我们的战俘卡片，核对了一下数目，便挥手让我们进去。

我们进入到铁棚房子里，环顾了一下这个可能是做过仓库的水泥地面的大房子，感到一种新的、比较自由的生活开始了。我们互相看着，像猛然醒悟过来似的一下子拥抱着跳了起来，任胜利的、欢乐的泪水在脸上流着。

忽然，在我们房子的附近传过来整齐雄壮的歌声。我们全都静了下来，是《解放军进行曲》，听："向前，向前，我们的队伍向太阳……"

我们一下子拥出了后门，看见了在右边的铁丝网后面整齐地排列着100多个中国战俘，是他们在朝着我们唱呢。

我们全都扑向铁丝网。开始，大家还呆呆地看着他们，紧接着我们有人哽咽着加入了合唱："……决不畏惧，勇敢顽强，直到把敌人消灭干净，毛泽东的旗帜高高飘扬……"

在对面的行列中，我看见了我最熟悉的战友们的面孔。歌声刚一结束，两边的战友就隔着铁丝网热烈地握手、拍肩、拥抱，顾不得手被铁丝尖划破流血，顾不得铁丝尖扎进自己单薄的衣服里。

当晚，我们偷偷地在隔着军官大队和战士大队的单层铁丝网下面开了一个洞，我与时占魁、曹明、周铁行、钟俊华钻了过去，向以魏林（团副参谋长、老红军）为书记，孙振冠、顾则圣为副书记的军官队党支部汇报了我们在"86"的斗争情况和我们81人脱离"86"的经过，包括我们自己成立地下党支部的情况。

首长们表扬了我们的斗争精神，说我们能保住这批可贵的斗争骨干是立了一大功。我们请求首长们把党团组织合并起来，把战士大队统一领导起来。首长们高兴地接受了我们的要求，决定时占魁、曹明和我参加统一的党支部，团员们则参加统一的团支部。我被任命为"71"联队中国战俘对敌总翻译，配合总代表孙振冠同志负责敌工工作。

孙振冠对我讲了当前对敌斗争的形势和重点。他告诉我，目前和谈斗争已集中在战俘遣返问题上，美方坚持要搞"尊重战俘个人志愿"，并竭力利用叛徒来控制战俘营强迫战俘拒绝遣返回国，以此在政治上打击新生的社会主义中国和北朝鲜的威信及破坏和谈。我们的任务是揭露敌人的卑鄙企图，反对敌人指使叛徒、特务控制战俘营和残酷镇压战俘的罪行，尽力争取扩大我们"71"的队伍和影响。

夜很深了，我们才带着从未有过的兴奋，从"洞"中钻回到战士大队。这天晚上，我第一次睡了一个十分安稳的觉。

支部会上，大家讨论决定要向美军管理当局递交一份正式的抗议书，全面揭发"72""86"的叛徒、特务在美方唆使下对中国战俘犯下的种种罪行，抗议美方肆意破坏日内瓦战俘公约，严正要求美军管理当局撤走这两个营内的叛徒、特务及其打手，让战俘自由地选举各级行政人员，实行内部的民主管理。

在翻译这份"外交公函"时，我发现自己缺少这方面的词汇，需要一本汉英词典。为此，支部决定从发给我们一人一条的军毯中抽出两条来，由会日语的吴孝宗同志在夜晚向在铁丝网外值岗的李承晚伪军"采购"一本英日词典。经过讨价还价，结果在夜深人静之时扔出去三床毛毯换来一本用旧了的英日字典。而为此，我的三名难友就要与别人合盖一床军毯了。

在我的一生中，大概要算这本工具书"价钱"最贵而且对革命作的贡献也最大了。靠它（其中日文注释中有不少汉字），我先后翻译了十多万字的《抗议书》《告美军管理当局书》《给杜德将军的公开信》、《给国际红十字会的备忘录》《给板门店和谈代表们的公开信》等等。这些文件列举大量事实揭露美方阴谋和叛徒、特务的罪行，申明我们全体中国战俘反对虐待、坚持正义、坚决回归祖国的严正立场。

为扩大我们的影响和配合我们向美军管理当局的书面揭发、抗议，党支部还领导大家在铁丝网里举行游行示威。200多人排成双行，打着用中英文书写的大幅标语："强烈抗议美方残酷迫害战俘的罪行！""坚决要求取消战俘营内的法西斯罪恶统治！""反对美方强迫战俘改变信仰！""反对美方强迫战俘背叛祖国！"这些标语都是用纱布绑在帐篷杆子上，用手纸拼成横幅写成的。

我们高声唱着《国歌》《国际歌》《解放军进行曲》《走，跟着毛泽东走》等歌曲，在大约两个篮球场大的操场上来回转圈。

我们的行动首先引起了对面"72"集中营内难友们的反响，许多难友听到歌声，跑出帐篷，扒在铁丝网边上瞧着我们。很快，狗腿子们也气急败坏地跑出来，拿着棒子把难友们又赶回去。于是，我们喊起了"打倒汉奸走狗！""不许迫害战俘！""认贼作父的叛徒可耻！"等口号。

狗腿子们恼羞成怒地跳脚，用极其下流的话谩骂。我们便又唱起："国民党呀那个一团糟呀，汉奸走狗可真不少呀……"

一开始，站岗的伪军、巡逻的美军都站在公路上看热闹，美国兵还大声喊叫："encore！"（再唱一次！）但后来再游行，宪兵司令部就开来了装甲车，戴着防毒面具的士兵跳下来，向我们投掷催泪瓦斯弹。黄绿色的浓烟包围了我们，大家只好收起横幅标语撤回屋内。有了经验之后，我们再游行便只选择刮大风的天气，不仅歌声传得远，毒气也散得快。气得带兵的宪兵头头大骂我们是"顽固不化的死硬共党分子"，并威胁说再闹事就开枪！我用英语大声回答："你们美国不是讲民主自由吗？你们的宪法都允许游行示威，你为什么不允许？你最好请杜德将军来一趟，他为什么不回答我们的抗议？"那个宪兵头头气得干瞪眼，连一句话也说不出来。

我们的斗争行动，使得巨济岛上成立了一个第71号红色志愿军战俘营的消息很快传遍巨济岛和釜山各战俘营。不少在釜山接受审讯后回巨济岛的中国战俘要求到"71"，不回"72"或"86"。对此，管理当局很伤脑筋。

1952年的新年来到了。我们这些被关押在远离祖国万里之外的孤岛上的儿女们带着对祖国的无限思念，迎来了这个充满苦难的新年。

新年过后不几天，在我们"71"的大门口就演出了一幕惨剧。

14名从釜山伤病医院押送来巨济岛的难友，停在大营门前，双手拉住铁丝网坚决要求进"71"，而高大强壮的美军硬要拽他们进"72"。这些伤病难友用拐杖拼，用牙咬，誓死反抗。美军对他们拳打脚踢，将他们一个个打倒在公路上。

我们在里面大声喊叫、咒骂，但无济于事，眼看着这些难友被硬拽进了"72"。不少人失声痛哭，大家纷纷要求党支部想办法救助他们。

为此，支部决定举行绝食斗争，坚决要求美方把他们送过来。我把给杜德的抗议书写好，和孙振冠一起到联队部送给格林中尉，并请他转告杜德，我们宁肯饿死，也要救出这14名难友。

第一天，伙房停火了，美军没有理睬我们。第二天送来的粮食、蔬菜堆在小营门口没人去取，我们动员大家躺着休息，准备长期绝食。难友们开始还想走动说话，到第三天都躺下了。但没有一个人喊饿。

格林中尉开始几次来叫我劝大家吃饭，他说他努力去争取将那14名战俘调过来。

我回答他："大家绝不会进餐，除非见到我们那些被拖进'72'，现在已生命垂危的难友。"

第四天下午，"71"和"72"的大门同时打开了，那14位难友互相搀扶着被送了过来。我们从"床"上爬起来，激动地争着去拥抱他们，完全忘记了饿得钻心的痛苦。

晚上，唐乃耀同志叙述了他被拉进"72"后的遭遇。当他把衣服脱下来，大家都被他背上那几块烙伤的血红色烙痕和翻起来的被烧焦的肉皮惊呆了。多么残忍的敌人，多么坚强的战友啊！

第二天，唐乃耀便和我们一起开夜车写了一份血的控诉书：《致国际红十字会的愤怒揭发信》。

加强反背叛斗争

1952 年的春天来到了巨济岛，但春天并未给战俘集中营带来希望。形势更加严峻了，板门店的和谈僵持着，美方加紧在战俘营推行强迫战俘背叛自己祖国的政策。

叛徒们根据其主子的指示，加强了战俘营内的法西斯恐怖统治，对战俘进行政治迫害和人身折磨。我们通过医院不断听到在"72""86"集中营内难友们奋起反抗和狗腿子们残酷镇压的消息。愈来愈多的人被强迫在身上刺上了反动标语，从在手臂上刺上"反共抗俄""杀朱拔毛"，直到在后背上刺上"青天白日"，许多人被强迫在"要求去台湾的血书"上签名盖手印，甚至被强迫写"绝命书"……

3 月初的一天，"C. I. D"的布莱克中尉忽然坐吉普车来到"71"，要我为他担任翻译，一起去审查一件在中国战俘中发生的"自杀案"。

我被他带到他的办公室，他要我先译出一封"绝命书"。那是写在两张被揉皱了的烟盒上的一封"给蒋总统的信"，大意如下：

我是一个被共匪奴役，为共匪卖命的受苦人，是联合国民救我出了苦海，我日夜盼望着蒋总统派人来接我去台湾，等到现在不来接我，共匪的板门店代表还要强迫我回大陆，我只有一死报效党国！蒋总统万岁！

铅笔字很潦草，我坐在中尉的办公桌前辨认了半天，正要拿起笔来翻译，布莱克走出办公室去冲咖啡。我低头偶然看见中尉未关严的抽屉里有一张写着英文的白纸，我悄悄将抽屉开大点一看，正是这封信的译文。最后那句"蒋总统万岁"的译文后面还打了个大问号。

我赶快将抽屉还原，并立即想到，布莱克已找人翻译过此信，让我再译的原因或是不相信那人的水平，或是想考验我是否可以信赖。我迅速作了决断：必须按原文译出来。

布莱克送来咖啡后一边喝着咖啡，一边看《星条报》（美军军报）。当我咬着铅笔杆抬头考虑一个确切的英语单词时，忽然看见那张《星条报》上的一行标题中有"板门店"几个黑体字，我意识到那是一则关于和谈的通讯。我多么想要过来读一读，但又怕碰钉子下不来台，便先集中精力将那封信译了出来。

布莱克把报纸放在桌上拿过译文仔细读起来。那张报纸虽离我不远，可惜那项关于和谈的消息被压在了反面。

布莱克看完我的译文，满意地说："看来还是你的英文更好，这下我弄清了这份'绝命书'的确切内容。"接着他告诉我，死者是第86战俘营的，今天清早被人发现吊死在厕所里，他将负责审讯这个案子，要我协助他进行调查。

布莱克看看手表说："午饭的时间到了，为了你的良好工作，我请你在这里用餐。"说完，他从柜子里拿出一个军用扁平形铝饭盒，并要我在这里等他一会儿。

一阵强烈的喜悦冲上心头，他一出去，我便拿起报纸，心里咚咚地跳着，迅速翻到那则消息："板门店和谈僵局可望打破，朝中方面可能在战俘志愿遣返问题上作出让步。"

"我的天，让步？"我急速地往下看报道的内容：

"我方出于早日结束战争的愿望和对战俘的人道主义考虑，在此次会谈中，我方首席代表呼吁朝中方面同意我们提出的在中立国监督下对战俘的去向志愿进行甄别。朝中方面未予反驳……"

"啊，'未予反驳'！我们的代表是否清楚在巨济岛上发生的令人发

指的暴行呢?"我又继续往下看:

"……朝中方面代表只是再次提出无根据的指责,重复所谓我方'对战俘实行变本加厉的血腥镇压,企图强迫扣留朝中战俘'的老调。"

"原来祖国了解这里发生的一切,祖国是不会抛弃自己的儿女的!"这时,门外响起了脚步声,我立即放下了报纸。

吃完饭,布莱克用车送我回"71"。在路上,他告诉我明天来接我一起去"86"作现场调查。回到"71"后,我立即把在《星条报》上看到的消息向领导同志作了汇报。他们嘱我找机会继续了解有关报道。

第二天,我随布莱克来到"86"的联队部。史密斯上尉见到我笑着问我:"张,这一向你过得如何?"

"实在说,我过得比在这里时要轻松些。"

"我知道,我理解!"

布莱克中尉请史密斯领我们去查看事故现场。我们来到三大队旁边的那座用石头砌成的简易厕所。

史密斯用手绢捂着鼻子指着那根当做檩条的铁管说:"喏,死者被发现吊在它下面。"

布莱克站在下面自己试了试,看来以他中等偏高的个头用绳子上吊,脚还会在地上。他问:"您认为死者的身材比我矮很多么?"史密斯摊开双手表示他不清楚。

在查看尸体时,布莱克戴上手套拨看死者的头,观察颈下的印痕。他又拿出卷尺量了量死者的身长,然后直起身扔掉手套说:"这是他杀,不是自杀!"

很显然,那根铁管的高度不足以吊死一个 1.75 米高的人。在侦破中,从战俘卡片上可以看出死者是从农村参军的,没有上过学,显然不会有什么文化,所谓"绝命书"绝不会是他本人所写。但在审讯的过程中，联队长王福田、团警队长周演达、三大队长和三大队警备队长等"证人"死不吐口，逼急时，便缄口不语，拒不承认死者是被人所害。

对此，布莱克也只得不了了之。在回来的路上，我问布莱克："案子将怎么处理，杀人犯是否会受到应有的惩处？"

他摇了摇头说："我的职权限于侦破，审讯上报！"

下车后，我回到"71"，详细地向领导同志汇报了在"86"见到的惨况和侦破审讯的经过。通过交换看法，大家根据《星条报》刊登的和谈消息和我汇报的这个血案，认为目前敌人正在大做战俘的文章，我们要提高警惕，作好应变的准备，同时决定要就这个惨案向美管理当局提出严重警告和抗议。

当天晚上，我们心情沉重地连夜赶写出了一份《向美军战俘管理当局的严重抗议与严正要求》，揭发控诉了叛徒们在美方指使纵容下屠杀爱国战俘的极其卑鄙、残忍的暴行，坚决要求严惩杀人凶手，保证不再发生类似惨案。

3月底，我们在"70"联队（由从"72"调往海边去做苦役的近千名"不稳分子"所组成）的同志计划组织一次夺权斗争，以打破叛徒们的残酷统治，粉碎敌人愈演愈烈的强迫难友们刻字、写血书等政治陷害阴谋。

不幸，他们的计划被叛徒告密，韩子建、姜瑞溥、续公度、杨文华等七人被美军押回"72"军官队，日夜加以残酷折磨。

"72"军官队的帐篷正对着"71"，当他们被押着到铁丝网边的厕所解手时，被我们认出。我们当即向杜德写了抗议信，要求立即将他们送来"71"。同时，我们每天早中晚三次集中在操场上唱歌，以歌声鼓舞他们坚持下去。

反对血腥甄别

4月6日下午，格林中尉忽然亲自来找孙振冠。我问格林有什么急事，他说："快叫你们的孙少校到'72'去见联军司令部派来的贝尔上校，他将在那里召集你们中国各战俘营的代表，宣布有关你们遣返的重要公告。"

我立即到军官大队向前不久被我们从"72"要回"71"的赵佐端政委（上校，原我所在团的政委）等人作了汇报。赵政委马上召集了党委紧急会议，研究这究竟是真有其事，还是敌人玩弄阴谋。

老孙说："敌人要扣留我用不着搞这个鬼，而且扣我还不如扣赵政委有用。估计是确有其事，大家不用担心我，我去了会见机行事的。"

我随他到了联队部，要求格林允许我和老孙一起去。但格林摇头说，根据命令各战俘营只能去一名代表。老孙劝我放心留下，他很沉着地随同格林往"72"走去。

大门外排满了吉普车，还有一个排的士兵，一辆顶棚上装有喇叭的广播车也停在那里。看来，确实发生了什么重大事件。

"难道和谈真成功了，要宣布战俘遣返？"想到这里，我的心狂跳起来。当我转过身来，看见所有的难友都已走出来挤在小铁丝网边，眼巴巴地踮起脚向"72"大门望着。

似乎过了很久（其实只有半个小时左右），"72"的大门终于打开了。几个狗腿子把老孙从大门里推出来，老孙涨红着脸回到了"71"，我没敢问个究竟，便陪他急忙往回走。

突然，空中响起了高音喇叭的汉语广播声："战俘们，中国战俘们!"我们惊得停住脚步，周围陷入死一般的沉寂中。

接着喇叭又响起来："现在广播联合国军的重要公告。联合国军将在两三天内对你们全体进行志愿甄别，志愿回大陆的将予以遣返，不愿回大陆的将送往台湾。这关系到你们的终生前途，你们要认真考虑，在甄别前千万不要跟任何人讲。对不接受甄别的少数中共战俘，所产生的一切后果由你们自己负责。"

听完广播，大家都蒙了，想等着再听一次。

广播又再次重复。忽然对面"72"喊声大作，许多提着棍子的败类正疯狂地吆喝着："回去，都给我滚回去！"挥棒驱赶着拥出帐篷来听广播的无数难友。接着，在他们那边的帐篷里、广场上到处响起敲打碗盆的噪音，广播声被淹没了。

我们回到房子里，军官队也都过来了，老孙跟大家讲了贝尔上校召集开会的情况，他说贝尔宣布二三天内就要进行一次审查甄别，尽管他根据日内瓦战俘公约"战俘应全部交换回国"据理力争，反对搞审查甄别，但贝尔连他的话都不肯听完便宣布散会了。下一步怎么办，老孙希望研究个初步方案再征求大家的意见。

为此，党委委员们走出去召开紧急会议，许多人都不肯离开，静静地挤坐在一起等候党委作出决定。

半个小时后，由老孙回来向大家传达了党委的三项决定：

一、立即赶制一面五星红旗，准备好在开始甄别时升起来，号召"72"的难友们在甄别时敢于表达回国志愿；

二、立即联名向杜德送去紧急声明，提出我们的具体要求；

三、我们将拒绝接受"审查甄别"，同时将声明我们全体一致要求回归祖国。

大家对党委的决定报以十分热烈的掌声，并根据分工各自行动起来。

我和黎子颖、何平谷、吴孝忠、张济良一起起草和翻译给杜德的紧急声明。当天晚上 8 点钟，我们将给杜德的紧急信件，中英文各一份送给格林中尉，请他尽快转送给杜德将军。我对他说："在此关键时刻，为了减少中国战俘的死亡，务请您立即送去。"

格林接过信，用手掂了掂，便去打电话给司令部，请杜德的副官来"71"取信。

我们回来时，吴孝忠正向值勤的伪军交涉好，用几条军毯换几大瓶红药水和奎宁丸来"治病"，伪军答应于明天凌晨送来。曹明等人也已经把军用防雨布变成了一幅白绸子。他们先把雨布放在炉子上烤热，再用帆布使劲一点点擦去橡胶，变戏法似的将雨布变成了白色的尼龙绸。

4 月 7 日，太阳躲进了厚厚的云层，浓雾从海上爬出来笼罩着巨济岛。"71" 和 "72" 表面上都极为安静。上午 10 点，美军的广播车开来广播公告，接着又开走了。

我们估计当天下午可能开始甄别审查，便加紧了国旗的制作。曹明用红药水将白绸子染红，用奎宁丸化的水溶液将剪好的五角星染成黄色。在往红旗上缝五角星时，赵政委让大家排好队轮流上去一人缝一针。旗子摆在房子中间，大家肃静地等待着缝旗。这时，外面下起了雨。

赵政委第一个走上去，跪在国旗旁为五角星缝边，有人带头唱起了国歌。赵政委艰难地站起来又跪下去，捧起一个旗角亲吻起来。在低低的国歌声中我听见了哽咽声，眼泪也止不住流下来。

难友们一个个怀着对祖国的热爱，对祖国的景仰，对祖国的思念，对祖国的忠诚前去跪着缝旗、吻旗，此情此景，令人终身难忘。

那天下午美军没有来巡查，我们松了一口气。当天夜里，曾德全等几位比较有力气的战友在风雨掩盖下悄悄地在操场上挖埋旗杆的深坑。军官队的战友将卸下的帐篷支柱，用铁丝绑成一根长达 10 余米的旗杆。

这一夜大家几乎没有合眼。

1952 年 4 月 8 日凌晨，雨逐渐停了。"71"地下党委决定，天一亮就升起巨济岛的第一面五星红旗。

天刚亮，军官队的十几名战友便抬起系好绳子的旗杆冲出去，把旗杆立在坑里立起来迅速埋好。钟俊华、何平谷又冲出去把旗在绳上系好。全体战友也迅速地在旗杆下集合，军官队副大队长骆星一指挥大家唱起了国歌。五星红旗在海风中，在雄壮的国歌声中慢慢地升上了杆顶，骄傲地飘扬起来。

岗楼上的美军先是傻瞪着眼，此时才弄清是怎么回事，于是便大喊起来："降下旗子，你们这些混蛋，快降下，否则我要开枪了！"

在路边值岗的伪军也跟着喊起来，同时还拉响了枪栓。

气氛骤然紧张起来。吴孝忠走上去用日语对伪军说："根据日内瓦公约，战俘有权利保留自己的信仰和升自己的国旗。"

伪军看了看岗楼上正在用机枪瞄准国旗的美军，蛮横地嚷道："不行，再不降旗，我就开枪。"

吴孝忠拍着胸膛说："你敢，你要开枪就朝这里开吧！"

岗楼上的机枪响了，伪军也扣动了扳机，吴孝忠捂着肚子倒了下去。任贵全、孙长青接着也倒在了血泊中。国旗上洞穿了一串机枪眼。

战友们愤怒了，一些同志跑去护理伤员，许多人在地上找石头准备反击。马兴旺营长振臂高呼："大家不要动，共产党员站到前面去掩护群众！"于是，党团员迅速出列拉起手围起一道人墙，《解放军进行曲》的歌声骤然响起。敌人似乎被吓住了，暂时沉寂下来。"72"的帐篷外面站着许多难友，他们抬头仰望着那面不屈的五星红旗。

枪声又响了起来，机枪子弹将旗杆打得木屑横飞，终于系旗绳被打断，旗子慢慢地飘落在保卫它的人丛中。

三个重伤员被战友们抬到了联队部。老孙让我向格林要来了救护车。待汽车开到时，两位美军护士给伤员进行了包扎，大家七手八脚地将伤员抬上了救护车。

上午 10 点，几辆卡车和一队美军开进了第 71 集中营，带兵的上尉对我说："奉杜德将军之命，前来审查甄别。"他指着几个穿军装的黄种人说，"他们会讲中国话，将由他们来审查，请把你们的人排成队，带到联队部跟前来。"

我立即回去报告了情况。大家紧急集合后，带好简单的行李，整队前往联队部。

那个上校又说："你们将一个一个进入联队部，单独地、自由地表明自己的去向，愿意去台湾的立即上车送走。"

我把老孙介绍给他说："这是我们的少校，我们的代表，请听他的回答。"

老孙严肃地对美军上尉说："我们已经明确地向你们的杜德将军表明我们对甄别的态度，我们全体 238 名志愿军战俘也已全部签名向杜德表示了回国意愿，你们不用再麻烦了。"

那个上尉听了我的翻译，看了看格林中尉问："您知道这是真的么？"格林肯定地点了点头。

上尉回过头又看了看正秩序井然地静坐着的这些战俘们那凛然不可侵犯的神色，便挥手说道："那就全部上车去吧！"

我们一面激动地想着"可能这就要上船回国了"，一面列队上了车。

汽车发动了，我回过头来望着"71"集中营，看了看我们整整在那里住过半年的铁皮房子，看了看仍然屹立在那里的旗杆，心里默默地与这巨济岛上的"小延安"告别，再见了，"71"，永远地再见了……

反对强迫扣留的斗争

1952 年 4 月 8 日，我们 238 名中国战俘严正拒绝了美方对战俘强行审查甄别的命令，被美军作为"集体要求回国战俘"送离"71"。在美军装甲车的押送下，我们分乘五辆军用卡车向海边驶去。

车队越过一道石头山梁，一望无际的大海遥遥可望。海上停有几艘舰船，我们初时以为是送我们回国的海船，大家禁不住狂喜起来。眼看汽车快驶向它们了，但卡车却拐进了通向另一条山沟的公路。大海、舰船、海鸥从我们的视线中消失了，大家的心情也沉了下去。

汽车向一个显然是刚建起来的集中营驶去。营外到处倒放着没用完的电杆、带刺的铁丝盘条，以及水泥柱子和未曾打开的草绿色帐篷等。车子在大门前停下，我看见门上挂的牌子上写着：No：602. P. W. CamP（第 602 战俘营）。一个美军上尉带着一名少尉、一名上士站在门口，看着我们下车。

老孙和我走向那位身材魁梧、红脸膛的上尉。我向上尉介绍说："这是孙少校，我们回国战俘总代表，我是回国战俘总翻译。"

上尉自我介绍说他姓博托，接着又将身边的少尉和上士介绍给我们。他说少尉将负责管理生活用品、医疗，上士负责伙房和卫生。他还告诉我们说："你们是第一批送来的回大陆的战俘，很快所有志愿回国的中国战俘都将集中在这里。我知道中国战俘中主要负责军官都在你们中间，我就全权委托你们负责这个战俘营的全部自治管理工作。我仅负责向你们提供生活物资及安全警戒。"

我试探着问他："请问上尉先生，我们遣返回国的日期定下来了么？"他摇头说："无可奉告。我只知道你们将在这里住下去，直到在板门店的和谈完全达成交换战俘的协议为止。"

我和老孙回到坐着等待我们的战友们面前，老孙将情况简单告诉了大家，然后说："我们恐怕要有个长期思想准备，当前主要的任务是行动起来，支好帐篷、建好伙房，以迎接各处前来团聚的难友们。"

随后，大家便分头忙活起来。我们一面干活，一面焦急地期待着自己熟悉的难友能早些到来。我则盼望能见到原来同在"86"联队部的姜瑞溥、张城垣、郭乃坚等人。

不久，装载难友们的卡车接连不断地开来了。我们拥向前去，打开车帮，扶着那些被折磨得行动困难的难友们下车。许多难友一见面便抱头痛哭起来。

当天黄昏，我终于在一辆从"72"开来的车上找到了被几个难友托抱着的姜瑞溥。听到我动情的呼唤，他使劲睁开了血肿的双眼。我抓着他的双手摇晃着，当他看清是我时，眼中涌出了无声的泪水。我们小心地扶他下车，将他送进了重伤员住的帐篷。

从各个战俘集中营送来的难友总共有5000来人，我们不能相信在2万多志愿军战俘中要回归祖国的只有这么点儿人。但是，博托上尉却告诉我除釜山伤病战俘营外，全部中国战俘都已甄别完毕，该送来的都已送来了。

地下党委开会研究了当前严峻的形势，决定在各大队分别召开控诉会，公开举行全集中营的追悼大会，悼念在这次血腥甄别中死难的烈士，并决定举行游行示威，最强烈地抗议美方采取卑劣手段强迫扣留战俘的罪行。此外，党委还决定向美军管理当局提出强烈要求：由我们派人前去调查这次甄别中发生的全部屠杀事件，严惩杀人凶手，重新调查战俘的个人志愿，尽快将那些在其生命受到严重威胁下未能表达回国志愿的战俘送来"602"。

在各大队召开的控诉会上，难友们沉痛地控诉了"四八血腥甄别"

前夕和甄别中发生在"72""86""70"等联队中的暴行，叙述了死难烈士林学甫、杨文华、戚忠堂等人与敌人英勇斗争的事迹。

林学甫烈士是在 4 月 7 日晚被敌人剖腹挖心牺牲的。

那天傍晚，叛徒们将"72"的战俘集中在广场上，谎称："凡是要回大陆的，现在就到大门口上车去。"开始，大家均无所行动。过了会儿，林学甫见大家有疑虑，便站出高呼："要回祖国的跟我走！"当即有 20 多名难友跟他向大门口冲去。但他们立刻陷入了敌人的包围，全部被打倒在地，又被捆绑上双臂拽到 C. I. E 学校的大礼堂去"过堂"。

当时，各大队被这样抓来的共有 120 多人。林学甫被带到讲台上，站在耶稣十字架下，联队副队长李大安手持美军伍牧师奖给他的匕首指着林学甫，要他回答是回大陆还是去台湾。

林学甫挺胸坚定地说："回大陆！"

李大安说："好，那就把你身上刻的字留下。"说罢，便用匕首把林学甫臂上被硬刺上去的"杀朱拔毛"几个字连肉一起削下去。

李大安狞笑着又问："到底去哪里？"

林学甫忍痛高呼："回祖国！"李大安又将他右臂上刺的"反共抗俄"连字带肉一同挖下。林学甫当即昏死过去。

李大安叫人端来冷水把他喷醒，用匕首对着他的胸膛，咬着牙问道："到底去哪里？"

林学甫看了看匕首，用最后的力气呼喊："我生为中国人，死为中国鬼。共产党万岁！毛主席万……"

没等他喊完，便被李大安的匕首刺死了。李大安剖开了烈士的胸膛，挖出了烈士那颗还在颤动的鲜红的心，然后，用匕首挑着它狂喊："看见了吗，谁要回大陆，就这样去找毛泽东！"

在会上，姜瑞溥也愤怒地控诉了杨文华、韩子建烈士被李大安等人活活打死的情况。从"86"冒死冲出来的何雪泉则揭露了两个月前许多难友被骗签名的情况。当时，不少难友被寒流冻病，一些叛徒广泛征求大家签名，以向美军管理当局请求发放棉衣。待大家签完名，他们却将申请棉衣的内容换成了申请去台湾，并公开张贴出来。叛徒威胁大家说："这份签了名的申请书已送交板门店共方代表，共方已经知道你们誓死不回大陆了。你们要再回大陆，只能当做派遣回去的间谍。"恶毒的欺骗和陷害，使许多盼望回国的难友在甄别中不敢再要求回国。

我们收集整理了敌人犯下的种种血腥罪行，汇集了各集中营死难烈士的名单，起草了给杜德的《严重抗议与紧急要求书》，并抓紧了追悼大会和示威游行的筹备工作。

从 4 月中旬开始，我们连续几天举行了大规模的追悼大会和示威游行。

第一天，我们面向大门，设置了灵堂，顶上挂了用中英文写的横幅："沉痛追悼在'四八血腥甄别'中英勇就义的死难烈士！"横幅下面正中是烈士名单，两边是各大队送的挽联，再下面是直径达 2 米的几个白色花圈。5000 多难友戴着用手纸做的白色小花，肃立在灵堂前默哀，唱了国歌、挽歌，听党委代表致悼词。

追悼仪式后，大家举着横幅、烈士名单、挽联、花圈，排成长队沿着铁丝网游行示威。大家一会儿唱挽歌，一会儿唱在部队中学唱的革命歌曲。歌声一停，口号声又起。队伍几乎首尾相接，排满了铁丝网的周围，声势十分浩大。

可能是慑于大家的愤怒情绪和美方不愿再制造新的血案以造成政治上的被动，这天全部站岗的伪军和巡逻的美军都很老实，既未大声斥骂，也没投掷毒气弹。

第二天，"602"又举行了大规模的抗议示威游行。

两块横幅英文标语上写着："强烈抗议美方制造四八甄别血腥惨案""严正要求美军管理当局严惩杀人凶手"。标语是正面朝外挂在大门两旁铁丝网上的。

难友们还赶制了两幅大型漫画：一幅是林学甫烈士英勇就义的场面。高大威严、怒目圆睁的林学甫被反剪捆绑，衣衫残破，满身鞭痕，两臂鲜血淋漓，满头冷汗，昂首挺胸，面对一把刺至胸膛的大匕首巍然不动；身材矮小拖着条狗尾巴、面目狰狞的李大安手举上面醒目地刻有"U. S"字样的大匕首，狂吠着："我要你去台湾（英文）！"林学甫的回答是："生为中国人，死为中国鬼（英文）！"林的话是用大红色字母写的，它横贯全画顶部。另一幅画上，左侧是大脑袋、小身子，身穿美军军装、头戴牧师方帽、胸挂十字架的伍牧师。他正狞笑着用铁链牵着一群长着人面的狼狗。恶狗背上印有"P. G"字样，张着血盆大口，正咬噬着被五花大绑、躺在地上的一群中国战俘。从印有"P. W"字样的战俘口中呼喊出来的，是横贯全画上部的红色大字："中华人民共和国万岁（英文）！"

这两幅巨型漫画挂在营门两侧，吸引了美军、伪军拥来观看。博托上尉对我说："张，我不能不佩服在你的同伴中竟有这么能干的画家。但是，我却不能同意它的有损我的国家声誉的内容。"

"谢谢你对我的同伴绘画才能的夸奖。至于它的内容只不过较尖锐地叙述了一个确实发生了的流血事件。我相信您会同意我们不是在故意无中生有。我一向尊重美国人民的求实精神，相信您也是乐于尊重事实的。"

"我知道在审查甄别时，确实发生过流血事件。但据了解那是你的同胞之间因政治信仰不同而引起的冲突。我听说你们民族从来是喜欢打内战的，比如几年前在你们国土上发生了死伤上千万人的内战，总不能说也是我的国家的罪过吧？"

"博托先生，没想到您对中国的历史还有所研究。但如果您知道蒋介石拿来打共产党的武器也都和画上的那把匕首一样印有 U.S 字样，你就不会这么想了！"

"反正我和我的伙伴们都没有到大陆去参加战斗！"

"是的，我们一向把美国人民，包括军人在内，和你们的政府区分开。我们中美两国人民是友好的。我的中学老师中就有美国人，我的英语就是他们教给我的，现在我还很感激很想念他们。极为遗憾的是你的政府中的掌权者而不是你的国家，这些年来一直与中国人民为敌。但即使如此，我们反对的也只是你们政府的这种政策！"

博托举起双手说："哦，张，我被你俘虏了！但愿我们之间能够合作，在我的任职期间能平安无事！"

我说："我们将尽可能不使你个人为难，也希望您在您的职权范围内，对我的难友们的合理愿望予以支持。"

博托上尉冲我点了点头。

"共产主义团结会"

在我们举行了大规模抗议行动之后，美方为平息战俘营的怒潮作了一点让步，同意我们去墓地祭吊烈士和到"72""86"寻找死难烈士的遗骸。

4 月底的一天，我们在美军带领下分头出发，我随各大队派出的十名代表前去为烈士扫墓。我们乘坐一辆中型吉普，后面跟着一卡车的美国兵。汽车绕过一个山沟，在一片面向大海的荒坡上，有一片低矮的十字架，这就是墓地。

领我们去的一个美军，指着一片新土说："这些就是最近掩埋的中国战俘。"

我们数了一下，共有 12 个十字架。我们的烈士没有一个是信仰上帝的，绝不会料到自己会长眠在基督的十字架下。

我们把带来的小花圈放在烈士的十字架下，又在附近挖了 12 棵小树苗栽在十字架旁。临别时，我们恭恭敬敬地向烈士们鞠躬告别："安息吧，战友们！如果有一天我们能回到祖国，一定要将你们为人民做出的牺牲和对祖国的忠诚，告诉党和人民！"

那些去"72""86"寻找烈士遗骸的同志们则是空手回来的。他们找到烈士们被掩尸灭迹的地点，用军用铁镐挖掘了半天，结果只发现一些头发和衣服的碎片。显然，敌人已先于我们移走了尸体。据说，1953 年被我们抓获的空降到东北当特务的原"72"的叛徒曾供认：那些烈士的遗体在我们派人去之前被挖出来，大卸八块装入粪桶，盖上大粪倒进了大海。

如今，这些不知名的烈士的遗骸恐早已化为太平洋的苦水，而他们的英名却至今不为祖国所知，思之令人万分悲愤。

不久，我们去海边倒垃圾的难友，在垃圾堆中捡到几份美军的《星条报》，回来时交给了我。我在其中一张较近期的报上读到了有关和谈已完全中断陷入僵局的消息。报道中说我方代表在板门店和谈会议上，对美方强行血腥甄别、强行扣留我们数万名所谓"拒绝遣返"的战俘提出了最强烈的抗议。

这条消息使我们大为激动。一方面我们感到必须采取更为有效的行动，向全世界揭露美方在战俘营的严重罪行，以支持我们的和谈代表；一方面我们原来以为可能很快交换回国的幻想被打消了，认识到必须作好长期承受集中营的痛苦生活，长期对敌进行斗争的思想准备。

在"602"回国支队建立之初，地下党委在积极组织对敌斗争的同时，便努力健全组织。而今，要使大家适应长期艰苦斗争的形势，必须进一步巩固内部，健全组织。为此，地下党委决定重新建立一个更能适合斗争形势的组织。

对于这个组织的名称，大家很费了一番脑筋。一方面，几乎所有参战的部队都有被俘的同志在战俘营里，而来到回国支队的 5000 多名战友互相都不很熟悉，连难友本人是否是共产党员都靠自报；另一方面，汇集到"602"的各战俘营原有的地下斗争组织很多，加上一年多来难友中政治状况变化很大：许多原在部队不是党员的同志，特别是很多参军不久的知识青年，在斗争中表现很突出，而有些原来是共产党员的人却表现一般，个别的甚至有丧失气节的行为。如果再仅以原部队党员作为成员组成地下党，是不符合当时的实际情况和斗争需要的。

最后，赵佐端政委根据多数领导同志意见，提议将领导集中营斗争的核心组织定名为"共产主义团结会"。这既表明了它的政治方向，也表明了它的任务和宗旨。同时，也有利于团结各个部队和各个地下斗争组织成员，有利于发展非党群众加入组织。

"团结会"的章程，基本上是按照党章的内容制定的。会员的标准与发展入会的手续，和党员的标准及发展党员手续完全一样，只是更加强调了保持革命斗争气节和准备为共产主义献身的要求。

"团结会"的各级组织也完全按照党组织形式设立，各中队有支部，各大队有分委会，全支队设总委会。各级组织都设有组织委员、宣传委员、保卫委员、敌工委员、机要秘书。总委会则设有相应的组织组、宣传组、保卫组、敌工组、机要秘书组，由各常委分管。

赵政委任总委书记，杜岗、魏林、孙振冠、顾则圣、马兴旺等任副书记。总委常委多由在斗争中表现突出的原营、连指挥员担任。记得当时的总委组织委员是陈吉庆，宣传委员是张城垣，保卫委员是李喜尔，敌工委员由孙振冠兼任。总委机要秘书组由黎子颖负责，敌工组由我负责，高化龙、安宝元等同志都参加了敌工组。我还被总委任命为"回国支队"的支队长，并兼任"对敌总翻译"。

"共产主义团结会"向全体战友宣布了"团结、学习、斗争"三大任务。从此，在"共产主义团结会"领导下，中国战俘的对敌斗争便从原来自发的、分散的斗争，进入了有统一组织领导、团结一致的崭新阶段。

活捉杜德事件

1952 年的"五一"国际劳动节刚过，我们派往医院与朝鲜劳动党巨济岛地下党联系的同志带回了一条重要消息：为揭露敌人强迫扣留战俘的血腥罪行，挫败敌人破坏和谈的阴谋，巨济岛朝中战俘地下行动总指导委员会作出决定——活捉敌酋杜德准将，迫使其公开向全世界承认美方在战俘营犯下的种种罪行。

我们"602"的任务是立即开展游行示威和绝食斗争，要求面见杜德谈判，解决改善战俘营待遇问题，并在见到杜德后立即停止绝食，给杜德造成唯有他亲自出面，我们才能相信美方管理当局的诚意而停止斗争的印象，以便朝鲜人民军同志在他前去谈判时设法活捉他。

接到任务后，我们详细研究了行动计划，决定在 5 月 3 日递交"要求美军当局改善战俘生活条件，要求直接与杜德将军谈判"的致杜德将军的信函，并于次日搞一天游行示威，于 5 月 5 日开始全体绝食。

在我们不面见杜德将军绝不停止绝食的强烈要求下，杜德准将于 5 月 6 日带领一名中校副官及一个排的卫兵坐车前来"602"同我们进行谈判。

这次别开生面的"谈判"是在"602"的大门口进行的。我们在铁丝网内，身材粗壮、脸色红润、戴着玳瑁框眼镜的杜德站在门口，他的卫兵排成扇形，如临大敌般地持枪护卫。老孙代表战俘与杜德谈判，我担任翻译。谈判完全按我们事前的计划进行，致使杜德准将满意地离去。

5月7日黄昏时分，巨济岛美军司令部的詹姆斯少校神色匆匆地坐着敞篷吉普车来到"602"，要我和孙振冠立即跟他坐车走，说是杜德将军召集各战俘营的代表开会。

我和老孙又惊又喜，看来事态正在按我们总的安排发展。我们急忙带上大事记、备忘录、抗议书等文件上了车。谁也没料到，我们会从此一去不复返，会这么匆忙地离开"602"和几千名骨肉兄弟。

汽车急速地沿着山谷里的公路奔驰，海风猛烈地吹着，低低的乌云追赶着我们。沿途一个又一个集中营内人声鼎沸，许多朝鲜人民军难友在铁丝网内互挽手臂，有节奏地摆动着身体高唱人民军战歌。看来岛上似乎发生了重大事件。

快到"76"集中营时，汽车慢了下来。公路两侧排满了坦克、装甲车、宪兵和美国海军陆战队士兵，他们持枪在手，似乎准备随时投入战斗一般。

到了"76"大门不远的地方，只见大探照灯的几条光柱从对面山坡上射在大门内外，门外广场上更是黑压压地挤满了各种战车和部队，枪口、炮口都直指铁丝网内。

更加触目惊心的是，大门之上悬挂着一条长达10米、宽达2米的巨幅白色横标，上面用黑色英文大字写着："你们胆敢开枪，杜德将军就性命难保！"

进了大门，我们被朝鲜人民军的战友们热情地簇拥着走进了专为代表们预备的帐篷内，见到了各朝鲜战俘营的代表及女战俘的代表同志。

大家互相热烈握手、拥抱，抢着用朝文、中文、英文混在一起的"国际语言"互相表达胜利的喜悦和兄弟的情谊。

随后，"76"的战友们详述了活捉杜德的经过：

当天下午1点半钟，杜德在一个排的全副武装警卫下坐着防弹装甲车来到"76"，同紧闭的大门内的战俘代表谈判。警卫人员抵近大门，用冲锋枪做出随时可以开枪的姿势。"76"的代表当即指出，在这种气氛中根本不可能进行谈判！堂堂的美国将军为什么会害怕手无寸铁的战俘？

杜德看看士兵的阵式，又朝营内观察了一下，挥手让士兵们收起枪靠后站立，只有他的副官手持《日内瓦公约》站在他身边。

于是，代表们严肃地提出了美方战俘管理当局违反《日内瓦公约》的种种罪行。开始，杜德还装作认真地叫副官查阅有关条文，并逐条进行狡辩。争论的时间一久，杜德便有些不耐烦了，遂让副官代他回答，他自己则掏出指甲刀修剪指甲，一副漫不经心的样子。警卫士兵们也开始松懈起来，散乱地站在一边交头接耳。

就在这时，从海边倒粪便的清洁队抬着粪桶回来了。大门打开，杜德和副官只好捂着鼻子退在旁边等候战俘们过去。眼看只剩最后十来个战俘了，突然这十几个身强力壮的敢死队员扔下粪桶将杜德和副官围住，迅速地把他们推进大门。当敢死队员急速回身关大门时，那个副官灵巧地蹲下身从人缝中冲出，使劲拉开大门跑了出去。

站在门外的警卫竟完全吓呆了，战俘们立即用铁杠插上了大门。这一切发生得如此迅速，待警卫士兵清醒过来持枪冲向大门口时，只看见杜德被四名敢死队员抬着飞快地跑向帐篷。杜德极力地挣扎着，断断续续地呼喊："Save me！Save me（救救我）！"

门外的美军官兵慌乱已极，警报声嚎叫起来，坦克、装甲车、宪兵、步兵、海军陆战队陆续开来，层层包围了"76"。

但这时由杜德签署的命令也由战俘送了出来："我命令：为防止事态扩大和保证我的安全，绝对禁止开枪。我同意立即召开全岛朝中战俘代表大会，协商解决问题。即令怀特上尉将代表们接来，将部队适当撤离76号集中营。"

随即，杜德根据战俘的建议，传令将电话接入"76"，运来他所需要的食物、用品，以及召开战俘代表大会所需的用品。

"我们总算尽可能地为这位'特级战俘''战俘的战俘'，作出了妥善的安置。""76"的代表们这样结束了介绍。我们忍不住一同哈哈大笑起来。

营内中心广场上支起了一座崭新的帐篷，是专为杜德准备的。棚内地上用军用毛毯当地毯，墙上也挂了军毯来保温。靠里面还用白布隔出了一个盥洗间和便所，在靠近床边还摆上了办公桌及椅子，桌上还放了一束插在罐头筒里的野菊花。这座"将军别墅"同我们的囚室已有天壤之别。难怪第二天被派来接替杜德职务的美第一军参谋长柯尔逊准将在电话中发愁地询问杜德受到的待遇时，杜德竟得意地回答："您不用担心，我在这里生活得像中国的皇帝一样。"

第二天上午，朝中战俘代表大会正式开始。会场设在一座新支起的长方形的帐篷中，五张方桌拼在一起，周围摆了两排长凳，主席位置后面墙上并列着用纸做的朝、中国旗。17个战俘营的43名代表围坐四周，对着主席位置的是"被告席"。大会推举人民军的师团参谋长李学九同志为代表团团长，推举我们的孙振冠教导员为副团长。

在进行控诉发言时，朴德准将被叫了进来，他步履艰难，低着头走了进来。各战俘营的代表轮流发言，他们列举了大量事实，控诉美方迫害、虐杀战俘，以及将战俘秘密运走，做化学战、细菌战和核子战试验品的罪行。杜德在铁的事实面前，惶恐地低着头，摆在桌子上的手不住地发抖。

好几次，朝鲜战友用拳头砸在桌子上问他："我们说的是不是事实?"杜德惊慌地站起来说："是事实，是事实。"说完之后，并不敢坐下。

大会主席叫他坐下，并说："我们是共产党人，并不想用你们对待俘虏的手段来对待你。我们尊重你的人格，绝不会给你任何侮辱。但你也要尊重自己，作为美国的将军，应该有勇气承认事实。"

杜德显然有些感动，深深地点着头坐下了。

从上午到下午，控诉大会在极为悲愤的气氛中整整进行了六个钟头。会后，为更有力地控诉敌人的罪行，我们要求将我们的秘书长黎子颖和朝语翻译柳一同志接来参加大会。杜德立即打电话照办，让人接来了老黎、老柳。我们连夜作了系统的发言准备。

第二天，即5月9日上午，由我代表中国战俘发言控诉美军利用战场投敌的叛徒，送他们到日本东京进行特工训练后派回战俘营，镇压、迫害战俘的罪行。我的控诉持续了三个多小时，杜德一直低着头。待我讲完，杜德撑着桌沿站起来，声音嘶哑地说：

"我有责任，我，我有罪。"

下午，代表大会起草了《朝中战俘代表大会向全世界人民控诉书》和《美方战俘管理当局认罪书》。同时，大会讨论提出了四项释放杜德的条件：

1. 立即停止美军的野蛮暴行：侮辱、拷讯、强迫写血书声明的做法，威胁、监禁、大量虐杀、机枪扫射以及毒气、细菌武器、原子武器等试验，按国际法保障战俘的人权和生命；

2. 立即停止对朝鲜人民军和中国人民志愿军战俘进行非法的所谓

自愿遣返；

3. 立即停止对数万名在武力下处于被奴役地位的朝鲜人民军和中国人民志愿军战俘进行强迫性的"甄别"；

4. 立即承认朝鲜人民军和中国人民志愿军战俘组成的战俘代表团，并予以密切协作。

另外，还决定由代表团团长单独和杜德谈判，让杜德在《认罪书》上签字，促使他认清目前和谈的形势，了解我们的斗争并不是针对他个人，而是为争取消除阻止和谈进展的障碍——战俘问题，为争取早日结束战争，实现和平作出贡献。同时，我们还决定明天举行全战俘营的静坐示威，以便促使杜德下决心。

5 月 10 日早上，我们送出了给柯尔逊的《朝中战俘代表团关于释放杜德将军的四项条件》函件，同时举行《认罪书》的签字仪式。

大会正要开始时，东京"盟军总部"派来处理杜德事件的波特纳准将来到巨济岛，并立即要求与杜德通电话。在电话中，对方似乎不相信杜德会没有受到伤害和侮辱。但杜德要求波特纳帮助让代表大会顺利结束，不要采取强求行动，波特纳表示将一直不离电话，注视事态的发展。

签字仪式开始时，我们请杜德听取了《认罪书》的内容，并说明允许他提出不同意见。

杜德请求阅读文件全文。在仔细读完后，他对一些词的用法提出了一些异议，认为那些提法有损他国家的尊严，希望我们考虑修改。

代表团长同大家交换了一下看法，决定尊重他的意见，尽可能作了一些非原则的让步。

最后，杜德听完修改稿，点头表示同意。待我们誊清这份后来震惊了全世界的文件请他签字时，杜德换上花镜，抽出钢笔，再次仔细阅读文件。读到某些地方，他停了下来，眼睛离开文件，长久地思索着。看得出来，他尽管有所准备，然而，思想斗争仍然十分激烈。他当然很清楚在这样的文件上签字，对他的政府将带来的难堪后果，更清楚对他个人的前途命运意味着什么。

最后，他直起腰来，靠着椅背向前凝视着，又取下眼镜，擦着镜片深思着。全体代表都默默地看着他，屋里静得可以听见杜德粗重的呼吸声，帐篷外面围坐着"76"的7000多名战友也是鸦雀无声。这确是一个重大的历史时刻啊！

终于，杜德将军重新戴上了眼镜，把钢笔移向文件签名的位置，停了停，便迅速而熟练地签署了他的全名。然后，他放下钢笔，如释重负地往后一靠，闭上了眼睛。我看见他额上沁出了细微的汗珠。

这时，全体代表站起来，鼓掌祝贺代表大会的胜利结束。杜德也站起来，轻轻地击了一击掌。代表团长和代表们依次走向杜德与他握手。紧接着，帐篷外面传来了惊天动地的祝贺胜利的欢呼声。

当天中午，我们收到由柯尔逊将军签名的回函，信上基本同意了大会关于释放杜德的四项要求，并要求立即释放杜德。下午，美方又宣布，由波特纳准将接任柯尔逊为巨济岛战俘营总管，由他同我们就释放杜德进行最后谈判。

由于我们的斗争已基本取得胜利，遂和波特纳较顺利地达成了协议：我方立即释放杜德将军，美方则立即将代表们送回各集中营，并保证绝不进行任何报复。

波特纳在协议书上签字后，我们全体代表愉快地一起欢送杜德将军到大门口，与他握手道别。波特纳扶着杜德坐上小轿车，车子开动后，杜德还不无激动地挥手告别，离开了使他终生难忘的巨济岛"76"战俘营。

几天后，我们从一个美军士兵偷偷扔进来的《星条报》上，读到了关于在板门店我方代表向全世界公布的那份由杜德将军亲自签署的文件，并据此向美方代表提出了极为严厉的谴责的报道。从报上可以看出美国白宫和五角大楼引起的惊恐与混乱，以及世界舆论的哗然。可以想象，美国官方是何等狼狈，他们再三捏造的所谓朝中战俘不愿回国的真相，终于大白于天下。

这个消息使"76"内的谈判代表们禁不住互相拥抱着，含着喜悦的泪花互相擂着对方的胸膛，许久都安静不下来。但我们并没想到，杜德事件虽暂告一段落，却远未结束。

美军的残酷报复

杜德获释后，波特纳立即撕毁了协议，除了女战俘代表外，所有代表全部被继续扣留在"76"等候处理。

岛上各集中营，包括"602"中国战俘回国支队，为声援"76"，要回自己的代表，掀起了声势浩大的抗议示威，遭到了波特纳用毒气和扣粮、扣水的镇压。

总指导委员会估计到恼羞成怒的美国当权者绝不会善罢甘休，一定会残酷报复，甚至实行大屠杀，便决定立即作好反屠杀的战斗准备。

为此，"76"全营组织了战斗队和敢死队。队员们挖掘了坑洞和战壕，制备了"燃烧弹"（装满汽油的瓶子，用时点燃扔出）、"梭镖枪"（将汽油筒剜成尖刀，绑牢在帐篷支杆上），全营进行了战斗动员，并举行了战斗演习。

6月10日，即释放杜德一个月之后，美方果然对"76"进行了大规模的血腥镇压。

美军先是以数千兵力紧紧包围了战俘营，然后用坦克从四面八方压倒铁丝网突入营内，跟在后面的特种兵部队用火焰喷射器烧毁帐篷，步兵则用机枪、冲锋枪扫射，整个战俘营火光冲天，枪声震地，其中还夹杂着美军士兵野兽般的咆哮。

"76"的战斗队员、敢死队员们高声呐喊着投入战斗，全营几千战友为鼓舞斗志，唱起了《国际歌》。三辆美军坦克被我们的"燃烧弹"烧着了，一些正持枪扫射的美军被从后面战壕中突然飞来的投枪刺中号叫着倒下，但更多的是英勇的敢死队员们圆睁怒眼，高呼着"祖国万岁"，跃出战壕，向坦克、装甲车扔出最后一颗熊熊燃烧的汽油瓶，壮烈地饮弹而亡。

在这场血腥的大屠杀和反屠杀的斗争中，人民军战俘共伤亡300余人。

在整个血洗"76"的过程中，我们四名中国代表被朝鲜战友们坚决地堵在地下坑道中，不让我们参加战斗。他们恳切地说："志愿军同志们，我们要向全体中国难友们负责啊！你们万一有什么差错，我们将来怎么向你们的祖国和人民交代呢？"

直到战斗结束，我们被美军赶出了坑洞。只见整个"76"已被夷为平地，到处是燃烧着的帐篷、衣物，空中弥漫着刺鼻的硝烟、汽油味，地上到处躺着我们的伤员和阵亡的烈士。被燃烧着的坦克仍在冒烟，一些美军伤员正在被抬走。

我们这些活着的、没受伤的战俘被轰赶到广场中央，勒令列队坐在地上。我们全体代表被一个个点名叫出来，陆续被押往营门外的特大型卡车旁，被驱赶着爬上车尾部的铁梯进入车厢内。车帮约有1米高，上面罩有不带刺的铁丝网，厢底上有很多牲口粪，车厢里臭气难闻。我们被刺刀逼着将双手抱在颈后，蹲在车厢里。

当代表们全部到齐后，卡车发出巨大的轰鸣，将我们载离了巨济岛

"76"战俘营。

汽车一路颠簸，似乎走了很久，终于在一次故意的猛烈刹车后到达了目的地，我们全都重重地摔倒在厢底板的牲畜粪便中。

押送我们的美军大声咒骂着："浑蛋东西，赶快滚下去！"

下车后，我直起身来，看见面前有座人字形屋顶的石砌楼房，门栏上刻着英文的"最高监狱"几个字。楼房两侧围有高达3米、顶上装有电网的石头围墙。我正看着，背上挨了一枪托，只听到一声命令："浑蛋，给我滚到墙根去，面对墙蹲下，把双手放在脑后！"我踉跄着被赶到墙根。一种人格被侮辱的耻辱感深深地刺痛了我，心里翻腾起极度的愤怒。

过了难挨的半小时，我们又被连踢带打轰赶进监狱大门。在侧面的一间屋子里，我见到了脸色苍白的老孙。见他额头上肿起的大包和血迹，我心里十分难过。

一个美军监狱管理人员过来给了我一把理发手推剪，比画着要我和老孙互相把头发剪光。我用英语告诉他："我从来没有理过发，不会使用推子。"他盯着我看了一眼，指着老孙说："你会讲英语，那你告诉他让他先给你剪，犯人在监狱里不许留发！"我还想告诉他老孙也不会理发，老孙已经从我手里拿过推子说："跟他无法讲理，让我来试一下吧！"我只好偏着头尽力忍着头发被夹、被拉扯的疼痛，让老孙给我推光了头。

然后，我又十分小心地为老孙剪头。看到他脸上肌肉不断因我的蹩脚手艺而哆嗦时，我真想扔掉推子。结果，不管我怎么努力，仍然把他那一头漂亮的黑发剪成了"花头"。看着自己的"杰作"，我忍不住苦笑着对老孙说："真对不起，理得太糟了！"

老孙叹了口气说："早知有今天，我该在部队时就学会理发！你摸摸自己头上吧，可能比我的脑袋更难看。"我一摸，果然也是个花头和尚。

接着，监狱看守又命令我们解去裤带、鞋带，搜了身，拿去一切金属物，连帽徽也被摘走了，又将我们逐个带往牢房。

老孙先被领走，临别时他在暗中紧紧地握了握我的手，一股热流流进我心里，我知道这里包含着兄长般的嘱咐和信任。眼看他提着裤子被领进了左侧第三个铁门，我也被一个看守领向右侧第二个铁门。

进门后，看守打开第一扇木门，让我把鞋脱在门外。我刚躬身往里走，他却一脚把我踹了进去。我从地板上翻过身来，愤怒地喊道："我抗议你们这种虐待战俘的暴行！"

那个看守皮笑肉不笑地瞪着我说："在我们这里没有什么战俘，只有战犯和刑事犯！"说完吹了声口哨锁上门走了。

"好嘛，我们从战俘升级为战犯了，真得他妈的感谢美国鬼子！"我坐在牢房地板上自我嘲笑着，揉着被撞疼的膝盖。

环顾这间单人牢房，顶多有 0.8 米宽、2 米长、2 米高，除了顶上是铁丝网外，五面都是松木板，这大概是防止因犯自杀的措施吧。"真可笑，要自杀用不着等到今天，老子还要留着这条命跟你们拼到底呢！"这么想着，我的情绪逐渐平静下来。整整一天所受到的强烈刺激使我渐渐闭上了双眼，沉入了痛苦的梦乡。

第二天早上，我被开门锁的声音惊醒，接着是一声喝斥："滚起来，都跟着出来！"

今天来的是另一个看守，身材短粗，棕色头发，一脸横肉。我站起身出门，穿上皮鞋，提着裤子，防备着他的踢打走出铁栅门。

代表们也正在陆陆续续从后门走出去。当我走出后门，才看清后边是被高墙围着的一个篮球场大小的操场，墙外两个角上各有一个岗楼，几个戴钢盔的美军士兵坐在机枪后面对着我们指指划划。

墙内的鬼子端着刺刀吆喝着叫我们排成双行，然后发出了"跑步走"的命令。大家一手提着裤子跑了起来，穿着没有鞋带的鞋跑步还真得有点本事。由于大家从昨天早上就滴水未进，干渴、饥饿使我们的脚步越来越慢。

领头的看守又端起枪威胁着大喊："快点，不许停下来！"直到我们代表中一位上年纪的朝鲜战友被石头绊倒再也爬不起来，才让停下来。

大家拥上去，扶起了那位全身发颤的战友，愤怒地看着这群不通人性的野兽。突然，在混乱中我发现了黎子颖和柳一同志，便转过头去向他们点头致意。

"放风"活动大约延续了半小时，我们又被轰回了各自的牢房。回到牢房，因感到又饿又渴浑身乏力，便躺了下来。刚躺下，就听到头顶上喝道："坐起来，不准躺下！"

我抬头发现一个卫兵正朝下看着我。我这才又学会一条美国监狱的洋规矩，犯人白天不许躺下。我靠墙坐起来，抱着双腿，低着头，闭上眼轻轻地摇晃着身体，发现这种姿势比较省力，于是这成了我在牢狱生活中的标准姿态。

上午 10 点左右，总算听到了开铁门的声音，然后看见一个黄皮肤的面孔凑在小窗口前冲我喊了声："希克沙哈斯木里达（朝语：开饭了）！"幸好我能听懂这句话，忙过去接住他从窗口递进来的半碗大麦米饭、一小碗酱油汤。

我吃完碗里的每一粒米、每一滴汤，饥饿的感觉反倒更强烈了。我想这是由于在"76"时朝鲜战友为照顾我们，给我们吃了一个月的"满碗饭"，使我变得有些"娇气"造成的。

放下碗，我又靠在板壁上闭上眼。胃里的空虚感使我想起了孟子的那句名言："天将降大任于斯人也，必先苦其心志，劳其筋骨，饿其体肤，空乏其身……"我们的祖先几千年前就总结出了这么一条精辟的人生经验，祖国人民将降什么样的"大任"于我呢？作为几千名坚持回国的中国战俘的一名代表，我现在的"大任"是什么？我能不能承担这个重任呢？

想到这里，"共产主义团结会"那些领导同志，赵政委、魏林、顾则圣、杜岗、马兴旺、陈吉庆、李喜尔、张城垣的面影，我那些从"86"一起冲杀出来的战友，时占魁、曹明、钟俊华、周铁行、曾德全等人的面影，我发展的那批爱国主义小组成员，姜瑞溥、曹友、方向前等人的面影，陆续浮现在我的眼前。

想起他们，想起在这监狱里还有孙振冠、黎子颖，还有这么多朝鲜战友们在一起，我的心里踏实多了，孤独感、软弱感一下子消失了。我又抱着双腿轻轻地摇晃起来……

逼迫悔过

不知过了多久，我又从迷糊中被开门锁的响声惊醒，在我的小牢门前立着一个中等个子的小白脸美军少尉。他将右手食指翘起来勾了勾，示意我过去。

我很惊奇，不知他想干什么，站起身走了过去。

他查对了我的姓名后说："你跟我出来！"我随他来到外间那两张办公桌前。他坐在桌子后面，指着桌上放着的一个文件夹说："你是中国战俘代表，你先签字吧！签了字就可释放你回去！"他打开文件夹，把签字笔往我跟前推了推。

"我总得先看看是什么内容吧！"我说。他点点头把文件夹推近我。

我俯下身看那文件，标题就使我大吃一惊：《悔过书》！我急速地读下去，大意是"承认朝中战俘代表团对杜德将军非法地施加了极大的精神压力和人身折磨，强制杜德在《认罪书》上签了名，承认这是一种犯罪行为，保证今后绝对服从战俘管理当局的命令"等。

我把签字笔推回去对他说："这完全与事实不符，事实是杜德将军签名完全是自愿的，我们对他的人道待遇，柯尔逊将军、波特纳将军都是确认了的！"

他把签字笔拿起来在手中转着，盯住我看了好一阵说："看来你是很喜欢这监狱生活，不愿回到你的同伴中去了？"

回去，立即回"602"去！这确是个诱人的建议，但我怎么向战友们交代？如果这封《悔过书》被放在板门店我方和谈代表面前，甚至向全世界公布出去，我怎么向祖国人民交代？想到这里，我摇摇头说："不，不！"便背过身去。

我听见他终于从椅子上站起来走向我的声音，他用手抬起我的下巴，盯着我说："那就回牢房吧！"

我随他走回牢房，他跟进来把我推靠到墙角，眼里露出凶光，咬着牙说："我让你尝尝蹲监狱的滋味！"说着，一拳打在我小腹上，剧痛使我弯下了腰。接着，下巴上又受了另一下拳击，我的头朝后仰过去，重重地撞在墙上，眼前金星乱冒。未等我缓过来，脸上又连续挨了七八个耳光。我明显地感到嘴里的血腥味，忍不住蹲下呕吐起来。

牢门"哐"地一下被关上、锁上了。我仰靠在板墙上，喘着气，感受着小腹、下颏、后脑、两颊火辣辣的疼痛……

牢门的锁又响动起来，我不由自主地哆嗦了一下。我被自己的软弱气坏了，狠命地在大腿上掐了一把。

进来的不是那头凶狠的人狼，而是那位棕色皮肤的看守长。从阶徽上我看出他是个中尉，我作好了挨打的精神准备。他厌恶地看了看我吐得一地的血水脏物，看了看我身上的污迹说："出来清洗一下吧！"我站起来随他走出去。牢门外站着一位在监狱服刑的朝鲜战友，提着水桶和笤帚等着打扫我的牢房。

出门后，看守长叫一个上士看守领我去洗澡。那位上士拿着一身衣服领我进入大门旁的一个小空房间。

我没有找到淋浴装置，正怀疑着，他叫我脱光衣服。我以为他会打水来，便转过身对着墙脱下衣裤，突然一股冰冷的、冲力极大的水柱把我一下冲贴在石头墙上。开始，我感到剧痛，但很快就麻木了。接着，冻得我全身剧抖起来，我只得用手臂护着头来回侧身抵挡这股水流的鞭打。

一阵狂笑传来，我气愤极了，但强大的水柱不允许我张口，我被冲得倒在地上打滚。过了好一阵，狂笑停止了，水流停止了，我逐渐缓过气来。睁开眼，见那个上士把一个消防水龙头挂在墙上。我艰难地爬起来，咬紧牙使劲穿上上士扔给我的囚衣。他叫我走回牢房，在锁门时，他说："这是世界上最彻底的淋浴，不是吗？"对我怪笑了一下，走了。

我坐靠在板墙下，先是全身发冷，怎么也控制不住牙齿的碰撞，然后是发烧，觉得皮肤像着了火似的，好久好久才缓过劲来。我闭着眼，任仇恨的怒火在心中燃烧。

这天晚上，我不断被噩梦困扰。直到第二天早晨叫我们出去"放风"时我才醒来，感到头炸裂似的痛，周身发冷。

这次来叫我出去的是位年轻的黑人看守，当他听我说我感冒了，便触了下我的额头，转身出去将看守长请来。看守长也试了一下我的额头，回身对他说："让这个中国人歇着吧！"过了一会儿，黑人士兵端来一杯热水和一包 APC，他从窗口递给我，摇了摇头说："你躺下吧，不要紧，我去对上面的卫兵讲一下。"

我服了药片躺下，不久又陷入昏迷之中。这场重感冒延续了三天。第四天早上放风时，老孙、黎子颖一见到我，立即向我靠来，一面跑步，一面急切地问我怎么回事。我简要地谈了这几天的遭遇和病情，为不使他们难过，我只轻描淡写地叙述了受的那些折磨。

他们要我提高警惕，好好养病，并告诉我柳一同志已放回"602"，估计是因他只是一般随行人员，未被定为"战犯"。

这天上午刚吃过饭，那位小白脸美军少尉又来了。他在牢门口奸笑着说："张，现在考虑好了吧，愿意签字了吧？"

我立起身，两腿牢牢地站稳后说："请给我纸笔，我要向波特纳写封抗议书！"

他脸色沉下来，眼露凶光朝我走来。我也作好了准备，与他对视着。他出手了，第一拳仍然是朝我腹部击来，我往下蹲了一下，拳击在我的胸腔骨上。我下意识地用双手去阻挡，他抓住我的手向墙板上压去，又用膝盖朝我下身猛然一击，一股钻心的疼痛使我失去了知觉。

等我醒来，这条人面狼已经离去。虽然我的下身、胸骨比上次挨打还要痛些，但我的情绪却平静多了，甚至还有点高兴，高兴我的精神总算坚强了些。

又过了一天，我决定采取主动，给波特纳将军写抗议信。在"放风"后，我向看守长索要纸和笔。看守长没说什么，便从抽屉里取出纸笔给了我。

我回到小牢房便开始写信，在信里对中朝战俘谈判代表受到虐待、被强迫在《悔过书》上签字，以及那位白脸少尉对我施加的人身侮辱与摧残提出强烈抗议，坚决要求立即无罪释放全体代表，让代表回到各自的战俘营去。

这封抗议信，使狱中的看守长对我有了较深的印象。他将信转出后的一天深夜，竟把我叫了出去。这天是他值夜班，他在办公桌上摆了两筒罐头和一瓶威士忌、两瓶啤酒，请我陪他聊家常。

日子在极其单调苦闷的心境中熬过去，眼看"七一"快到了。在头天放风时，我和老孙、黎子颖跑在一起，我建议明天绝食一天，并由我立即向波特纳提出书面抗议：谴责美方不遵守双方协议，扣押代表入狱，要求立即释放全体代表。

他们赞许地点了点头，黎子颖还紧紧地握了握我的手，使我很受鼓舞。

回来后，我请看守长给我纸笔，在牢房的地板上很快写完了"抗议信"，并请看守长代为转交，他答应了。

第二天，我们三人拒绝进食。当天下午，布鲁克斯上尉和一个端着盘子穿白大褂的美军来到我的牢房。我只在前方战俘收容站见过他一次，由于他给我的印象很深，所以一眼便认出他来。

他进来后上下打量我一会儿，说："张，你瘦多了！你不听我的劝告，落得如此下场，我为你感到难过。"

"承蒙您来看我，谢谢！我并不后悔没到你们第八军去当平民翻译！"

"你又不是共产党，跟着他们胡来对你有什么好处？"

"我本来不是一个共产主义者，但你们却把我教育成了一个相信马列主义的人，这算是你们一大功劳哩！"

布鲁克斯的脸色一下变了："我不允许你在监狱里搞什么绝食斗争！我奉波特纳将军之命来劝说你们，如不服从命令，我将给你们注射针药，让你们的胃里沸腾起来！"

我看了一眼那个美军端的盘子，纱布下盖的果真是注射器。

我正色道："布鲁克斯先生，如果你真敢对中国战俘代表下毒手，如果我不死，我一定向全世界控诉你！"

他恨恨地看着我，一挥手和那个美军医生退了出去，把牢门"砰"的一声关死了。临走，他从窗口对我吼了一句："我要让你永远在这里待下去！"

第二天，我抽空问老孙，布鲁克斯去见他没有，给他打了针没有。老孙说："那个上尉就是布鲁克斯吗？打什么针？他进来看了看，话都未说就走了。我还以为是来查房的呢。"

我遂把他在我牢房的情况汇报了。老孙说："你做得好，你在斗争中是越来越成熟了！"

上午进餐时，我们三人都在碗底发现了一个肉团。这是监狱伙房的朝鲜战友偷了美军供应的罐头给我们的慰劳，这使我的心情十分激动。

在这个监狱里，除了每天一次放风，两次吃饭，晚上听命令躺下睡觉外，其余的时间都只能困在小牢笼里呆坐着，任生命无声地流逝。直到 1952 年 9 月 10 日下午，我们在狱中被囚禁了整整三个月，才被宣布"服刑期满"。一辆大卡车将我们这剩下的 18 名被正式判为"战犯"的朝中战俘代表押往"巨济岛战犯集中营"。

我扶着老孙一起爬上卡车，最后望了一眼这座美利坚合众国的正式监狱，背着美国军事法庭强加给我们的"战犯"罪名，离开了这座阴森森的石头牢狱。

在"战犯集中营"

"巨济岛战犯集中营"离岛上美军最高监狱不算远，但离其他普通战俘集中营却很远。当我们到达之时，天色尚早。为"迎接"我们，岗哨增加了很多，还有不少手执防毒面具的卫兵。

这座集中营建在一块荒芜的河滩上，比我想象的要大得多。从大营门进去，东西南北都有互相隔开的小铁丝网，正中是个足球场那么大的操场。每个小铁丝网都有小门可进入操场。关押我们的小铁丝网离大门很近，很小，里边只有一个帐篷和一个厕所，厕所旁有一个可以冲澡的小房间。

在我们对面隔着大门的是管理人员的帐篷、伙房、医务室、库房、清洁队等。除了几个负责管理的美军人员外，勤务全部由被判刑的朝鲜人民军"战犯"战俘担任。这些人民军战士都是在游行示威、绝食斗争中与美军和李伪军发生流血冲突的"罪魁祸首"。

谈判代表团成员的到来，引起了很大骚动。每个铁丝网内的"战犯"都排着队向我们敬礼、唱歌、喊口号，欢迎我们这些新"战犯"。美军立即向人群扔掷毒气弹，黄绿色的浓烟在铁丝网内外升起，那些铁丝网外的毒气弹是战友们又扔回去的。这场特殊的欢迎仪式直到我们全部被押进"代表团特殊小队"的铁丝网，并被轰进帐篷之后才告结束。

待押送的美军走了之后，我们18个人互相握手拥抱。代表团团长老李又特意向我们两个中国代表介绍了其他朝鲜代表的姓名、职务、所属战俘营编号等。我这才知道除了他和老孙为正副团长外，我们其余16名分别代表16个志愿回国的朝中战俘营（女战俘营除外）。

这一天大家都很兴奋：总算熬过了最高监狱的单独囚禁以及肉体上、精神上的折磨，战友们又都聚到了一起。尽管大家都离开了自己所代表的战俘营，但现在毕竟又组成了一个新的战斗集体。不管前面有多少艰难危险，总可以同战友们一起从事一些比在监狱更有效的、集体的对敌斗争了。

当天晚上，我躺在老孙身旁问他今后该如何开展斗争。老孙想了想说："形势很严峻，敌人已把我们同广大战友隔开，今后我们大概将长期被困在这里，敌人是想在隔离生活中消磨我们的斗志。另一方面我们又是他们的人质，作为用以要挟我方和谈代表的资本。我还担心他们会继续对我们施加压力，强使我们为他们在世界舆论中消除杜德事件的影响服务！"

听了老孙这番考虑深远的分析，我也感到了担子的沉重。该怎样去打破敌人的如意算盘呢？我还没找出答案便沉入了梦乡。

第二天，老孙被请去和几位朝鲜师级领导人开了一个会。老孙回来时向我传达了会上讨论的情况。会议同意老孙昨晚对我说过的他对形势的分析，并决定成立特别支部，吸收老孙和我参加劳动党。我与老孙同三位朝鲜战友分在一个党小组里。特别支部书记由原平壤俄语大学校长辛泰凤同志担任，老孙任副书记。支部还作出决定：要求大家加强团结，努力学习，顽强斗争。在对敌斗争方面，决定一方面继续向敌人提出抗议，坚决要求撤销"战犯"罪名，把我们释放回各自的战俘营，一方面积极设法与"总指导委员会"取得联系，以便参加统一的斗争行动。

我听了很高兴，为我们被朝鲜战友接纳为劳动党员完全成了一家人而欣喜，也为我们又有了一个新的坚强有力的支部而宽慰。

在"战犯集中营"的第一个月里，我们曾花了相当多的时间和精力争取美军战俘管理当局将我们释放回去，写了不少抗议书，还进行了绝食斗争，但却毫无结果。不久，我们通过清洁队的战友同总指导委员会取得了联系，这才知道总领导人老朴同志已被敌人单独拘押，和谈也已中断。总指导委员会建议我们暂时休整一下，整顿队伍，积蓄力量，准备好迎接更加艰苦的斗争。

这些有机会外出的清洁队的战友不久又带回一条消息说，"602"的志愿军已全部移往济州岛去了。他们在被运走之前曾进行多次斗争，坚决要求送我们回去，否则便拒绝上船，结果遭到了严厉镇压，被强行押走了。这使我们在精神上受到很大的打击：回国支队中只有老孙和我两个中国人留在巨济岛上了。

当时，尽管朝鲜战友们多方安慰我们，但我的情绪仍然波动很大。我在学俄语的练习本背面写了一首唐诗，以表达自己当时的心境：

君问归期未有期，巴山夜雨涨秋池。

何当共剪西窗烛，却话巴山夜雨时。

这首诗被老孙检查我的作业时看见了，他沉默良久才说："我们家乡有句俗话：出头的船篙先烂，但船篙总得有头才能用。我们恐怕要作出更大牺牲的准备！"

我看出他已作了最坏的打算——被敌人永远扣留或者杀害。我望着他说："老孙，活，我跟你活在一起；死，我与你死在一起！"

他用手臂紧紧地抱着我的肩，又安慰我说："敌人也不敢轻易杀害我们，他们还有被俘人员在咱们手里呢。你那么思念你故乡的巴山夜雨，有一天会再见到的！"

10 月中旬，朝鲜劳动党巨济岛地下党传来了关于济州岛第八集中营中国战俘的消息：中国战俘在 10 月 1 日国庆节那天升起了十面国旗，向全世界庄严宣告中国战俘的回国意志，却遭到了敌人的残暴镇压。护旗勇士们被杀死 56 人，重伤 129 人。这个噩耗使我们十分悲痛，更增加了我们对敌人的仇恨。

那天晚上我失眠了，一直想象着济州岛上战友们赶制五星红旗、绑旗杆、挖旗坑、在黎明时升起十面国旗的情景。战友们那雄壮的国歌声响在我耳边，敌人大屠杀的硝烟火药味进入我的嗅觉，战友们赤手空拳与敌人搏斗时的英姿也不断出现在我眼前……

第二天，我们以中国战俘代表的名义向美军管理当局递交了一份《最最强烈的抗议书》。从那以后，我们便更加思念在济州岛艰苦斗争的战友们了。

在"战犯集中营"里，由于我们是代表团团员，又都是军官，营内其余的朝鲜战友对我们十分照顾和尊敬，他们来送饭或抬垃圾都要敬礼。我们所有的劳务都由他们替做了，连往外运粪便都不让我们动手（也可能是管理当局怕我们到外面被其他集中营的战俘看见后闹事）。美军管理当局对我们这些代表似乎也采取了一种只要我们不领头闹事，就尽量不招惹我们的态度。这使得我们这些"战犯"在物质生活上反而比在当普通战俘时要稍好一些，连我们睡的草垫也换成了木板连铺床。但这点物质上的"改善"，却远不能补偿我们精神上因被迫脱离自己的战斗集体而受到的损失。

1953 年新年过后，从劳动党地下党带来的关于和谈的消息令人沮丧，美方仍不想结束战争，我们回国的日子仍遥遥无期。

3 月 6 日上午，托雷上尉忽然来到我们住的帐篷说："一个重大新闻：你们的斯大林去世了！"说完，他把藏在背后的手举起来，他手里拿的是一张《星条报》。随后，他又对我说："张，你给大家读一读今天的头号新闻吧！"

我接过报纸一看，果然有镶有黑框的斯大林穿着元帅服的头像登在报纸上，粗大的黑体字——"斯大林去世"横贯全幅。我举着报纸给战友们看，大家都被这一消息惊呆了。战友们痛苦地低下头，屋里响起了一片啜泣声。

第二天，巨济岛"战犯"集中营的全体难友举行了沉痛的追悼会。早上 8 点，大家列队面向广场站在铁丝网后面，唱起了朝文的《斯大林大元帅》之歌。

场外的美军、李承晚军队的士兵平静地看着这个场面，没有像往常那样叫骂、扔毒气弹。大概他们被我们这些共产党人的真挚感情所折服，被我们所表达的"全世界无产者团结起来"的气势惊慑住了。

和谈终于签字了

1953 年 4 月，传来了和谈双方达成了先交换伤病战俘协议的惊人消息。

帐篷里沸腾起来了，这是多么令人高兴的事！那些受尽折磨的伤病难友可以脱离苦海了，而我们回国也有望了！但此时我们也更担心美方会将我们这些"战犯"作为人质不予交换。

于是，我们起草了一份给我方和谈代表的备忘录，详述了在巨济岛"战犯"集中营被关押的近千名"战犯"的人数、组成情况，以及被美方无理判为"战犯"的原因和经过。请求我方代表在和谈会上揭露美方企图长期扣押我们作为人质的阴谋；要求美方立即取消"战犯"罪名，立即释放我们回到各自的战俘营，等待交换遣返回国。

代表团成员首先在备忘录上签了名、按了血手印，各小号内的战友们也签名、按手印，然后将这份备忘录交由地下联络员带给巨济岛地下党送往北朝鲜。我们希望它能平安地通过敌人的严密封锁，出现在板门店我方代表手里。

当时，我们的思想全集中在这上面，白天黑夜大家谈论的也几乎都是这个问题。日子过得显得更慢了。

6 月 10 日下午，我们从托雷上尉那里知道了和谈终于在今天上午签字，战争终于从此结束的消息。我们忍不住当着他的面就欢呼、拥抱起来，眼泪在笑声中从每人脸上流下，托雷也搓着手愉快地看着我们。

我忽然觉得应该感谢他及时把这样好的消息告诉了我们，遂转身去和他握手致谢。大家也都走过来跟托雷握手表示感谢。战友们七嘴八舌地抢着说："让我们共同庆祝今天这个节日吧！""战争终于结束了，双方军人不再生死相拼了！""双方的人民不再互相仇视了！"

托雷一面微笑着和我们握手，一面说："我也和你们一样，希望早日离开这荒凉的岛子，回到我的妻子和女儿身边去呢！"

十几天之后，巨济岛上的朝鲜战俘集中营的战友们开始遣返回国了。满载着战俘的车队开始从"战犯"集中营的大门外驶过。我们拥向朝着公路的铁丝网，激动地向首批遣返的战友们挥手道别。当车上的人民军战友认出自己的代表时，便发出"敬礼"的口号，大家转向我们庄重地敬礼。

车队过完，我们回到了帐篷里，大家各自躺在床上都不说话。我知道大家和我一样，心里被焦虑、渴望、等待的情绪折磨着。

从 7 月到 8 月，眼看一车车的战友们被送走，而我们自己却毫无音讯，大家都有些沉不住气了。本来就不多的饭食，每餐竟都有剩余。来送饭的朝鲜战友忧虑地看着我们，无可奈何地摇摇头把剩饭取走了。

大家派我去向托雷打听消息，询问我们是否将被长期扣留下去。托雷听完我的话，耸耸肩做出无可奉告的姿势。问的次数多了，托雷遂说："张，我自己也希望你们早日回去。我在这里和你们一起成天在铁丝网里待着，已经觉得自己也成了囚犯！请你告诉大家再耐心等一等吧！"

当天下午，托雷拿着一个足球来对我说："张，你们到操场上去玩玩足球吧！"

我努力做出高兴的样子翻译了他的话，并请大家一起到操场上去玩。但大家到操场上只玩了半个小时便不想玩了。周围各分号的难友们羡慕地拥到铁丝网前面来"观战"。于是，我便请托雷把球依次给其他各分号的难友们玩。他同意了。

从此，"战犯"集中营反而有了运动场上的欢笑声，只是我们这个小号内仍然气氛沉闷。大家知道，如果敌人要扣留人质，我们绝难幸免。

我不知道怎样来描述当时我们的心情，也很难找出合适的词句能恰当地说明那种可望而不可即的难熬心情。因为，我们所企望的不是一般的利益，而是自由和尊严，是新的生命。

到了 8 月中旬，托雷又给我们带来了一个好消息，他告诉我们："和谈双方达成了交换'战犯'的协议，你们可以回国了！"我们心上的一块大石头这才落了地，但也更加急切地盼望着回国了。

结束"战犯"生活

8 月底的一天，托雷上尉来到我们住的帐篷对我说："你和孙少校拿上行李出来吧，车在门外等着送你们走。"

我几乎不敢相信自己的耳朵，呆呆地看着他。他又重复了一遍，我确信无误后才一下从床上跳了起来，并转身去拉老孙。

老孙显然也听懂了托雷的话，他坐起来要我问托雷为什么只送我们，朝鲜战友们何时走。

我问了托雷，他说："先送你们回到你们的同胞中去，好一起回国，他们当然也快了。"

所有的朝鲜战友都围过来，抢着为我们收拾行李：一床军毯，一条毛巾，一把牙刷，一个饭盒，一双筷子。看着他们那种难舍难分的样子，我们即将回国的欢乐情绪又被离愁所压倒。

从 1952 年 5 月 7 日谈判代表团成立到今天，我们在一起整整度过 15 个月，而这又是什么样的 15 个月啊！

我们和朝鲜战友们一一拥抱告别，泪水模糊了我们的视线……

当天，我和老孙被押送到一个紧靠港口的铁丝网内，这显然是专为押送战俘上船回国临时修建的转运站。在这里，我和老孙被分别送往战士队和军官队，我们还未来得及说话便被分开了。

我在战士队见到整整一帐篷的在济州岛被判为"战犯"的难友，他们都是在历次斗争中被敌人抓来的"领头暴乱分子"，其中有不少是原来"71"的战友。

他们一见我进来都惊异地站起来了，接着是一阵欢呼："张翻译回来了！"大家围过来和我握手、拍肩。我高兴得说不出话来，眼泪也止不住流了下来。

我在人群中看见了马兴旺营长，遂挤过去握着他的手问："你怎么没分在军官队？"

"我自一被俘就说是炊事员，遣返也是按战俘卡片来区分军官和战士的。"接着，他告诉我，大家正在研究怎样去向敌人提出会见咱们红十字会代表的要求，以便有机会向祖国亲人控诉敌人的罪行。

我惊喜地问："咱们祖国的红十字会代表真到巨济岛来了？"

"这是我们的估计。因为刚才站岗的美军扔进来一包中华牌香烟，大家分析可能是咱们的代表带到岛上来的。大家正议论找谁去跟美军谈判呢，你回来得正是时候！"

我立即根据大家的意见起草了一份《致美军管理当局》的英文信，要求让我们立即会见中国红十字会代表，否则我们将拒绝上船。

经过交涉，美军士兵同意让我们派代表去见负责的美军少校。于是，我和马兴旺一起走进美军管理人员的帐篷。那位美军少校一见我们便十分傲慢地说："我不知道有什么中国红十字会代表到岛上来，你们立即给我回去！"

我拿出那包中华烟对他说："我们已得到这包中国出产的烟，这证明我们的代表已来到岛上。"

他哈哈大笑着说："不错，根据双方协议，国际红十字会是派了代表到双方战俘营进行考察，为此，板门店给代表们预先运来了给养。只可惜你们中国红十字会的代表并没有到岛上来，这些中华牌香烟只好由我们分享了！"我们表示不相信他的话，并声明不见代表绝不上船。

回到战士队营地，我们全体中国"战犯"举行了一次示威：唱歌、喊口号，坚决要求会见中国红十字会代表！

这天晚上睡觉时，我发现大家脱下的皮鞋都是崭新的，大家的衣服从里到外也都是新的。一问，才知道这是前天他们到这里时美军强迫他们换下的。显然，美军是要以此证明他们对待俘虏是优待的。为此，大家进行了坚决抵制，但遭到了美军"毒气弹"的镇压，最后还是被美军强行把大家的衣服剥下收走了，不少战友为抢夺旧衣服还挨了枪托。

第二天早上，一个美军中尉来通知我们准备上船。我们则静坐示威，我对中尉说："不见我们的代表绝不上船！"

美军中尉最后说："你们中国红十字会代表只到了釜山考察，确实没有到岛上来！"于是，我们便要求会见其他中立国的红十字会代表，美军中尉听了便转身离去了。

不一会儿，头戴防毒面具的全副武装的美军开来了，催泪弹也扔了进来。大家立即用军毯盖上全身。

我听见美军咒骂着进到铁丝网内，正想掀开军毯看一下，忽见一双美军大皮靴站在了我眼前，紧接着一颗嘶嘶作响的毒气弹塞进了我的"军毯防线"。一股极难闻、极刺鼻的浓烟呛进了我的嗓子，使我剧烈地咳起来，两眼非常难受，眼泪愈流眼睛愈疼。

我站起来跑进了帐篷，那个美军追进来扭住我的手臂，将我拖到铁丝网外面的通道上。我睁开眼，看见我们的人都被美军拖了出来。

那位美军中尉认出我后，走过来要我叫大家排好队上船去。我转身寻找马兴旺同志，看见他一面擦着被"催出"的泪水一面对我喊："告诉他，我们要向全世界控诉他们的暴行！"

我对中尉大声译出了这句话。他说："我不管你们向谁控诉，我的任务是要押你们上船！"说完一挥手，美军士兵将刺刀指向了我们，逼迫我们走出了转运站。

到了港口码头，我看见一艘万吨巨轮停靠在趸船外侧。在巨大的趸船甲板上坐满了人民军难友。我们被押着走上趸船，走过他们留出的通道，走向高达十几米的巨轮舷梯。

这时我忽然听到一声"张东母"（张同志）的喊叫，循声望去，我看见了代表团的朝鲜同志正坐在那里向我挥手道别。

我兴奋地举起握住的双手向他们示意："永远团结在一起！"然后上了舷梯。

我们被押进了一个宽大的货舱，过了一会儿，巨大的轮机轰鸣起来。我感到船身在转动，遂扑向舷窗，只见巨济岛码头转动起来，然后向后退去，愈来愈远。撞击在石砌码头上的浪花飞溅着，在阳光下闪着银光，一群群海鸥在浪花中嬉戏着。似乎这里只是一个安详的、和平的、从未发生过人间悲剧的普通海岛！

巨济岛退得更远了，像突出在大海中的一座黝黑的山峰。我想起两年前被敌人用登陆舰押送来时，第一次见到它在大海中的可怕形象。整整两年过去了，我们在这座荒岛上度过的日日夜夜真像一场噩梦！

啊，我们就这么离开了这座死亡之岛！那汹涌的海水能洗净我们流在你身上的血泪吗？能冲掉我们留下的愤怒的呐喊声吗？能抹去我们在那些烈士坟头旁留下的足迹吗？

回归祖国怀抱

1953 年 9 月 5 日，我们最后一批"战犯"战俘，包括近 140 名志愿军战俘和近千名人民军战俘被美军押送到仁川港。下船后，美军又立即将我们用火车押往汶川市。

傍晚，列车抵达汶川，我们被关进一所由军用仓库临时改成的拘留所。第二天早上，一位美军中校陪着几位穿着平民服装的人走过来，其中竟然有一位身穿中山装、年约 50 岁的慈祥长者。

我们大家都站起来拥到关押我们的铁笼边。只见这位长者快步走过来对我们说："我是祖国派来的红十字会代表，今天特来看望你们！慰问你们！"

"唰"地一下，所有瘦骨嶙峋的手都伸到铁笼外，伸向了这位祖国的使者、祖国的亲人。

大家抢着、争着跟他握手。后来我们才知道，他是党中央派来的潘芳同志。一些年纪小的战友已经哭出了声。

潘芳同志一面轮流和眼前的同志握手，一面环顾大家高声地说："同胞们，同志们，几年来祖国深知你们所受的苦难，也了解你们的英勇斗争，全国人民一直在关心着你们，为你们能早日回国作了最大努力……"

他后面的话被愈来愈高的痛哭声完全淹没了。啊！我们终于听到祖国的声音了！原来祖国并没有忘掉那些陷入地狱仍为她奋战的儿女，党没有忘掉那些虽落入魔掌但仍在用生命捍卫她的战士……

整个拘留所被哭声震撼着，地上洒满了泪水。潘芳同志也掏出手绢擦着满脸的泪水。他向大家摆手说："同志们，同胞们，请不要再难受了，今天就送你们去板门店。你们就要回到祖国的怀抱了，祖国人民正在殷切地等待着欢迎你们呢!"

潘芳同志总算走到我们这边来了,我一把抓住他的手使劲摇着,他深情地望着我,点着头。我旁边的难友又把他的手抢过去握着,有人终于喊出了大家的心里话:"感谢祖国亲人来看望我们,我们将永远做祖国的好儿女!"大家情不自禁地紧跟着喊起来。

我看见那位美军中校和其他几位国际红十字会代表远远地站在门口互相说着什么,看那神态,好像他们终于理解了这些中国士兵对自己国家的感情。

中午,给我们送来了最后一顿午餐:一个纯大米饭团,但大家都吃不下去。

卡车终于在门外发动起来了,心急如火的我们被送上车,离开汶川,驶向板门店。

车队在蜿蜒的小路上奔驰,公路窄,坡度陡,转弯多,车速已够快了,但我们仍希望它快些,再快些。

车子爬坡了,过了一个山口,下面是一片绿色的洼地。远远地我们看见洼地中央有几座绿色的帐篷,帐篷前好像是个用树枝搭成的门楼。我的心剧烈地跳动起来,那就是板门店吧?

山脚下有一道不太高的单铁丝网防线,顺着山势在草丛中延伸过去。这肯定就是分界线,前面就是中立区了,恐怕那里真是板门店了!

那座牌楼越来越近了,上面的四个金色大字也愈来愈清楚了。啊,看清了,那是"祖国怀抱"四个字!那金色的光芒是多么耀眼啊!我的泪水一下涌出来了,噢,祖国,祖国!

车队在牌楼前停下来,从帐篷中拥出来的许多穿白衣的志愿军军医和护士早就排列在停车场前。

车刚一停,他们就拥上前来。带队的美军中尉从驾驶舱里走下来,向我方负责接收遣返战俘的志愿军军官敬了礼，交上了我们的名单。我们的军官还了礼，接过名单，清点完人数，便点头让大家下车。

车帮一打开，我们这些憔悴消瘦、形容枯槁、只穿了一身内衣的归俘，不等抓住前来扶持的军医、护士们的手便迫不及待地往下跳，一个个扑在亲人怀中放声痛哭起来。

我最后被扶下车来，由一位年纪和我差不多的年轻护士搀扶着。我只觉得天地在旋转，脑子嗡嗡作响，分辨不出是别人还是自己在哭，也分不出流出的是悲愤、羞耻的泪水，还是欢欣的泪水。

我脚步僵直地跟着这位护士进入了帐篷，他替我脱下了全部衣服，向我身上和扔在一旁的衣服上喷洒消毒药水，并用毛巾给我擦干，拿来全套志愿军的内外衣。我像一个完全失去意识和知觉的病人，任他一件件给我穿上衣服，戴上军帽。我抚摸着身上散发着染料香味的军衣，久久地、呆呆地望着他。

他脸上现出了惊慌的神色，一把将我紧紧地拥抱在怀里，摇晃着我喊道："同志，同志，你不能这样，你要说话啊，说话啊！"

我终于听懂了他的话，"啊……"我长长地呼出了一口气，但控制不住全身的剧烈颤抖。

他把我抱得更紧了，像对孩子一样不断在我耳边说："好了，好了，我的好兄弟，这下可回到祖国来了，回到亲人身边了！你们的斗争真了不起，这一切我们都知道，都明白！不要再难过了，啊，听话！"

我在他的抚慰下慢慢镇静下来。外面的汽车发动机声又响了起来，我不由自主地打了个寒战，往后挣扎着。

他赶紧说："这是咱们自己的汽车，是来接你们去医院疗养的，不要怕，美国鬼子早就滚蛋了！"

我完全清醒过来，低头捏着自己身上的崭新的志愿军军服，知道这一切确实不是在做梦，而是真真切切回来了，自由了，不再是个俘虏了！

我把头靠在他肩上由他搀扶着走出帐篷，上了停在外面的那辆苏式中型吉普。车上已有十来个难友。那位好心的护士同志和我紧握了手说："你先去医院，等我收拾完就去看你。"

汽车开动了，我们被送往开城志愿军前方医院。从此，完全结束了我从 1951 年 5 月 27 日被俘到 1953 年 9 月 6 日交换回来，这一段漫长的、永生难忘的战俘生活。

在开城志愿军医院，医生为我们仔细进行了体检，我们几乎都患有贫血、胃病、气管炎、关节炎等一系列疾病，不少同志还有外伤，我们都得到了很好的治疗。

为医治我们心灵上的创伤，由贺龙元帅带领的第三届入朝慰问团特地派了一个分团到开城来慰问我们。许多著名的艺术大师为我们这最后回来的 100 多名"战犯"专门演了一场十分精彩的节目。梅兰芳、程砚秋、马连良、周信芳、马思聪等人精湛的艺术表演令人陶醉，王昆演唱的《白毛女》选曲和《王大好要和平》，使我想起在集中营内唱这些歌的情景。

第二天，我代表 6000 名回国的战俘向慰问团作了报告，汇报了我们在集中营所受的残酷迫害和对敌人的坚决斗争；讲了我们对祖国铭心刻骨的思念和早日回归祖国参加社会主义建设的强烈愿望。

报告一结束，慰问团的同志便围上来跟我握手，大家抢着说："你们受苦了！你们不愧是祖国的好儿女，你们仍然是最可爱的人！"

歌剧院的一位女同志取下胸前的捷克英雄伏契克烈士纪念章给我别上，王昆同志擦着泪水对我说："我从你开口讲第一句话就止不住自己的泪水。"洪深同志还在我的笔记本上，为我写下了一些勉励我的话……

1953 年 9 月 13 日，《人民日报》报道了这次报告会。我的亲朋好友看报后才知道我并没有牺牲。很快，我便接到了他们写来的充满亲情的来信，讲了在我离开祖国后这几年的巨大变化。

不久，战友们被送回祖国，我们近 30 名原集中营"共产主义团结会"的主要领导人和担任机要工作、文秘工作的战友被留下来，整理我们在美军战俘集中营两年多来的经历及我们所知道的各方面情况。

此后，我们还参加了"解释代表团"的工作，争取那些被敌人强迫扣留下来的中国战俘，能利用他们被押送到中立区接受"解释"的最后机会，冲破敌特控制回归祖国。

但我们完全没想到经过三个月的"解释"工作，在 16000 多名被强迫扣留的中国战俘中仅有 400 多人拼死摆脱叛徒们的严密控制，作为"间接遣返"的战俘从中立区归来。这 400 多名难友回来时，那遍体鳞伤、悲痛欲绝的样子，完全是一副从地狱中逃出的冤魂的形象，真是惨不忍睹。这又使我们再次看到了巨济岛那炼狱之中的熊熊烈火，看到了他们为回国所作出的艰苦努力和所付出的巨大代价。

1954 年 1 月，"解释"工作结束，我们坐上火车，重新跨过鸭绿江，踏上了祖国的土地。鸭绿江水还是那么碧绿，安东市却已焕然一新。桥头聚集了许多手执鲜花、红旗的祖国亲人，他们在等待欢迎我们。那一刻，我们是多么想跪下来亲吻这离别了三年的炙热的土地啊！

至此，在我生命史册中的特殊的一页完全翻过去了。历史给这一页，用炼狱之火打上了深深的烙印！

（梁翊据原著缩写）

图书在版编目（CIP）数据

战殇：血泪记忆／刘未鸣主编．— 北京：中国
文史出版社，2018.9
（纵横精华．第二辑：历史的侧影）
ISBN 978 - 7 - 5205 - 0790 - 5

Ⅰ．①战… Ⅱ．①刘… Ⅲ．①中国历史—史料—民国
Ⅳ．①K258.06

中国版本图书馆 CIP 数据核字（2018）第 259503 号

责任编辑：金硕　胡福星

出版发行：**中国文史出版社**

社　　　址：北京市海淀区西八里庄 69 号院　　　邮编：100142
电　　　话：010 - 81136606　81136602　81136603（发行部）
传　　　真：010 - 81136655
印　　　装：廊坊市海涛印刷有限公司
经　　　销：全国新华书店
开　　　本：787 × 1092　1/16
印　　　张：19
字　　　数：236 千字
版　　　次：2019 年 2 月北京第 1 版
印　　　次：2019 年 2 月第 2 次印刷
定　　　价：58.00 元